典范与传承

邱建一 著

中华国宝级
文物背后的
艺术史

海峡出版发行集团 | 海峡书局
THE STRAITS PUBLISHING & DISTRIBUTING GROUP

目 录

绘 画

陶瓷青铜杂项

台北故宫博物院离我们很近，却离我们很远

记得那是一个炎热的夏天，虽然已经夏末，但是外双溪的清晨还依稀可以听到蝉鸣。正是在这里，开启了一段令我一辈子难忘的记忆。

这是三十年前的事了。

每个礼拜总有几天，我一早起床就得到这里报到，在停车场附近与三五个同学会合后，就往老师家出发。台北故宫博物院在外双溪的小山坡上，从至善路的小岔路进入，会先进入一条龙柏参天的环形道路，然后才会抵达这间保存了中国古代文化精华的伟大博物馆的大门。1965 年台北故宫博物院从台中雾峰北沟搬迁到这里以后，成为台湾的文化重地，到访参观的人很多，每天熙熙攘攘的游客、来来往往的车辆一定得经过这条环状道路，但很多人不知道道路两侧的房子就是员工的宿舍。

这些房子和博物馆一样老了，在蓊郁的树丛间，几幢老式的混凝土建筑上爬满了各种绿色的植物，高大的树木吞没了人为的建筑，灰色的水泥墙面只有各种深深浅浅的绿意。这些古旧没有任何装饰的房舍，就这样三三两两坐落在环形道路旁不起眼的小

小步道的两侧，自成一个个小小聚落。

靠近本馆的左侧，有一座不太大的停车场，大概是因为在台北故宫博物院搬迁到这里的时间点，当时大部分的人都还买不起汽车，所以当初规划时没想到有一天家家户户都能有几辆车的景象。在每天开放参观的时间段，这里的停车位总是一位难求。我们几个才二十多岁的小毛头，清晨即起，匆忙梳洗之后就在这里先行会合。由于约定抵达的时间在每日开放参观之前，所以停车场里只有鸟叫虫鸣，回荡在清晨的空气里。

人都到齐后再到老师家门口等候，不可以迟到也没人敢迟到，没有点名也不需要点名，请假是没有的事，这是要算学分的课堂，没人敢躲懒不来。我总觉得这里是私塾、书院，老师们像是古代的山长、教谕，让古老的传统在这个现代世界里依然流淌。

几位老师的习惯都不一样，有位老师就在宿舍的客厅里讲课，桌椅沙发都撤了，小小的客厅仅能挤进几个人，摆起一张老旧的木板长条桌，坐在桌旁还得背顶着陈年白华的水泥墙面，常蹭了满衣服都是点点粉粉屑屑。几个小毛头就这样围着老师听课，没有讲义、没有现代教室里的电脑影音设备，只有聊天、陈谷子烂芝麻，聊北海，聊厂甸，聊古董店、旧书摊，聊紫禁城、颐和园，一肚皮的老北京故事。

老先生讲到老北京的回忆时，比讲授这些古文物更兴奋，北京城门的骆驼队、夫子庙庙会的大姑娘大婶婆、信远斋的酸梅汤、北海公园摊座的杏仁豆腐。他一边讲一边带着笑，仿佛手里就端着青花碗装着满满的冰镇酸梅汤，满鼻子的桂花飘着香味在这外双溪的空气里，还有一粒粒的现磨新鲜杏仁从书页中掉出来。

老先生不但是老北京了，还是个旗人，年纪大了但真的是充满童心。他爱种花，满园子各种香花，尤其又爱种兰花，蝴蝶兰、树兰、素心兰、虎头兰都喜欢，宿舍前的小小花园里种了各式的兰花。但不知道怎么了总是不开花，老先生无可奈何，只好把每次出席什么学术研讨会、演讲活动时主办单位给他戴的绒花、纸花都留了下来，一年累积下来装了满满的一大盒。每到过年时，把这些绒花纸花通通一口气给满园子都别了上去。

真是漂亮啊！远远望去有一园子的姹紫嫣红，蝴蝶兰花头顶上长出玫瑰，树兰旁长出百合，红的白的黄的一大片好不热闹。大家都夸赞满园子花开得好，老先生也笑得灿烂。

实物资料要上手，这位老师的讲桌抽屉里总是一堆的藏品样本，就装在老式的铁制广式月饼盒里。他一边聊一边拿出来给大家摸摸看看。坚持上手是必要的功课，光是看书本背资料那是远远不够的。但如此珍贵的东西，在我们这几个小毛头面前就这样蹦了出来，一时间大家面面相觑，没有人敢伸出手接过来。

"不要怕！拿在手上才是真的。"

"握在手里！用手掌心。摸摸看它的皮壳，这个沁色要很久才会生成。"

老师一边示范，一边笑眯眯地用字正腔圆的北京腔说："你们拿拿看，这个手感重量感才是对的。"

老先生是个很风趣也很谦虚的人，他不爱人家叫他专家之类的头衔，即便他真的是个权威。每每在举办研讨会、大型演讲时，主办单位总会想办法邀请他到场以增风采，而且也总会请老先生上台讲几句话以增加这场活动的重要性。

"哎哟！我每次胸口都扑通扑通地跳。"老先生带着动作，摸自己的胸口，"这个我也拿不准。考古资料这么多，这是你们年轻人的世界了。"

在老师的宿舍上课时，快到下课时间总会叫我们其中一个先到门口张望一下，看看门口有没有人堵在那儿等。

债主吗？当然不是。这些人都是一些藏家，捧着多年收藏的心头好，但还是拿不准，所以就找上这位泰斗老先生，希望他可以看一眼说两句话，经老先生品鉴过总是可以加分不少。老先生被搞到烦了，所以下课后要出门前，总得我们去探探风，看是不是又有人堵在门口，让他又出不了门。

"都是真的！"

等在门口的藏家们喜出望外，捧在手中多年的宝贝果真是宝贝。

"又不是塑胶灌的，石头哪有假。"老先生心肠好不愿意伤人心，转头对我们嘟囔着说，"但年代就不对了！"

另外有位老师带我们进台北故宫博物院，就在展厅里逛啊逛走啊走，边聊边上课。但上课日的早上我们都得先起个大早，伴着清晨的鸟叫虫鸣到老先生的宿舍门口集合，等老先生出门再陪着他一起慢慢地散步到展馆。不是老师不让我们进门，老先生很严谨的，上课前得先拜师，虽然没有三跪九叩行大礼，但拜师的形式总是要的，就在这屋子里。而每次上完课，有时陪老先生回家休息，总会在那个小小的客厅里聊几句话，偶尔得陪他吃吃饭、喝杯水才告辞。

还记得那天的那场拜师，想来真的是令人汗颜，还真是不知道天高地厚的小毛头。开学第一天，所长带着几位年轻的师长与助教，再带着我们这几个小萝卜头，由学校安排九人座公务车，带着简单的束脩，专程前往老先生家拜师。

记得当天一到老先生的宿舍，几个人鱼贯而入。老先生已经穿戴整齐在客厅等了，一看我们到了，当下就说："来来来！你们坐！"

我们几个小鬼一听到坐，就大剌剌地坐下了。老先生也坐着跟我们聊个几句，大概就是问些姓名、年龄、住哪儿之类的话。此时，带着我们去拜师的师长们却没人敢坐，一个个肃立在老师身后，表情肃穆，眼神肃穆，仪态也肃穆，还带着点紧张，只差额头没有冒出汗水而已。

"你们也都坐啊！"老先生转头对师长们说了。

还记得所长大概是这样回答的："没关系！你们聊，我们站着就好了。"

老先生也不搭理他，继续和我们闲聊几句，就这样所长与其他几位师长助教站到拜师结束。场面带点尴尬，因为连我们几个小萝卜头即便再迟钝，都感受到了当天的凝重气氛。

"端茶送客"也是在老先生这儿第一次看到的场面，我们这些年轻人哪知道这是什么礼数。直到老先生端茶，所长立刻带着我们告辞，离开老先生的宿舍。在走出大门时，仿佛看到所长与几位年轻师长，长长地吁了一口气，好似完成一件伟大而艰困的任务一样。

不到一个礼拜，就开始上课了。当然不在学校，就在台北故宫博物院。

早上太早，老先生大概也刚起床不久，所以要我们先在门口的小院子等一下。他都是准时开门，一分一秒都不差，就是那么准时。即便已经退休许久，还总是西装笔挺，戴着一顶老式的毡帽，提着更老式的皮质公事包，不管晴雨冬夏总拿着一支弯把的黑色大伞，这把伞是他的手杖吧？其实我觉得这还挺像是私塾里的藤条教鞭。

我们几个小萝卜头就在门口等，老先生一出门我们立刻上前帮老师提着这个不知道装了什么宝贝的沉重公事包，跟随着他，沿着环形道路的小径往台北故宫博物院方向出发。虽然老先生的个性比较严肃不健谈，但面对我们这些像是他的孙子年龄的小小学生，他还是一路走一路聊，指着在清晨里散发清香味道的大树："这龙柏是我说要种的，当初他们嫌贵，现在不是挺好的？"

老师年纪也大了，不禁站也不能久站，一进台北故宫博物院就先到他的办公室，帮他先扛把椅子，他的秘书也帮他用老式的保温杯先泡好了一杯茶。我们总有人要抱着老师的公事包，一人拿着杯子，另一个扛着椅子，然后就开始一整个上午的课程。

这位老师的课堂就比较严格点，走到了展场，面对这些张挂在展览柜里的作品，他总是第一句就问："来，上面的字念出来！"

中国古典书画，诗书画相倚。诗歌与绘画像是孪生兄弟般紧密地联结在一起，所以要看画前得先读诗，读诗之前得先搞定书法，书法不会看，诗歌搞不懂，画就甭提了。

但是啊！才二十多岁的小鬼头哪懂得这么多。这简直是个残酷大考验，即便是在课前做再多的准备，但面对浩如烟海的书画藏品，哪能件件都知道。是楷书是行书那倒还好，不懂诗的意思，但至少字也还勉强看得懂，来个小和尚念经有口无心就成了。但是面对草书就没辙了，尤其是一些大师的草书，根本就不按牌理出牌，满纸龙飞凤舞，美则美矣，但就是看不懂。古代哪来的标准草书可言，经常就是面对这些作品发愣，认识的字就念出来，不认识的就支支吾吾混猜瞎说。

记得以前读到前人讲古代的私塾，塾师遇到这种瞎混摸鱼的背书，总是会抽出长板藤条，"嗖"的一声就来一鞭，学童的哭喊声、塾师的痛骂声，书本里描述的古代私塾场面够凄厉够吓人。还好，当时已经是20世纪的尾端了，教育已经不流行又打又骂的。老先生也不搭腔，就这样皱着眉头听我们瞎混，也不打断我们，就等着我们稀里糊涂地读完令自己也莫名其妙的诗。

总记得老先生对我们没有斥责，也没有责骂碎念，只是自言自语低声说个几句："这样不行啊！这样不行啊！"

然后，老先生自己会把诗一字一句地慢慢读出来，带着有点重的乡音，倒也挺有味道的。之后他会再说："来，你们再试试看。带点感情，读读看体会一下。"

> 荷尽已无擎雨盖，菊残犹有傲霜枝。
> 一年好景君须记，正是橙黄橘绿时。

这是一首写在宋代画家赵令穰扇面《橙黄橘绿》上的题诗（原画已装裱为册页），原诗来自苏东坡的《赠刘景文》，因此诗作与画作都叫作"橙黄橘绿"。但题在扇面上的诗有个字与原诗不同，已被改过了。"正"与"最"一字之差，意境不同，感觉也不同。

《橙黄橘绿》的行草书题跋，据说有可能是南宋高宗的亲笔题字。赵构的书法很好，以宋代书法来说，他的书艺不在父亲北宋徽宗赵佶之下，甚至有青出于蓝的气势。但可惜赵佶实在是太有名了，他的人生大起大落，再加上他在位时期迈入极盛的宣和

赵令穰《橙黄橘绿》

画院，以及他那极具特色的瘦金体，所以儿子被老爸的锋芒所掩盖，知道他的人并不多。

不过，这件作品上题跋的字迹还是柔弱了点，比起赵构的几件经典书法来说，气势就是差了一口气。所以，即便这是赵构的书法，但也未必是佳作。

至于这张画作的作者赵令穰，以宋代画院巅峰时期的职业画家水准来看，赵令穰的笔墨也并不是十分好。但这样比较对赵令穰并不公平，因为他并不是画院里的那些从全国各地海选招募而来的职业画家，他的真实的身份是宋代的皇族赵氏家族成员之一、宋太祖赵匡胤的五世孙，只是因为雅好文艺，所以能写字能画画，而画作也还可以就是了。

所以，《橙黄橘绿》在台北故宫博物院大量的扇面册页画作收藏中，并不是很起眼的一件。

但这件作品，是让我真正踏入古典世界的开始。

记得就在那年少的岁月里，某天看到这件《橙黄橘绿》正在展出。小小的一张册页，在台北故宫博物院还没重新装修改建前的有点拥挤陈旧的玻璃柜里静静地躺着，千年的历史在这里安安静静地等待。

在那天，老先生拄着他的雨伞手杖，带着我们几个小鬼头慢慢地踱步到这张画前，最后停在展览柜前。但这次，他很反常地没有要我们先读出画作上的诗，而是在画作前沉默了很久。

台北故宫博物院是个很安静的地方，在那天更是安静。一阵的静默无声，仿佛时间都已冻结。

老先生突然自己开始读起了画作上的题跋，带着乡音，浓厚的乡音，一字一句慢慢地念了出来。不像是对我们说话，而更像是读给自己听，专注而且投入。

当时我并不懂《橙黄橘绿》的典故，更不知道刘景文的故事，只知道这首诗的感觉很美，语意直白易懂，"一年好景君须记，正是橙黄橘绿时"，大概也能知道这是勉励人要活在当下的意思。但是，毕竟是太年轻了，《橙黄橘绿》的意境不止于此，当下没能懂，也不知道这诗除了美之外还能有些什么。

在这几个学生中，大多都是由我来担任扛椅子的任务，老先生年纪大了不禁久站，所以讲课时不时得坐着，我就搬着那张沉重的木头椅子在他身旁跟着，适时请老师坐下，免得老师累着。当时我们只有几个同学，一个帮老师拿着杯子，一个拿公事包，我就搬着椅子，戏称为"持杯门生""执包门生""执椅门生"。

扛着椅子的我，离老师最近。当下看到老先生专注地读完了诗，脸上一时间仿佛有了光芒，一种说不出来的感觉。在这张历经了人生岁月的脸上，有种神奇的魔力。

是泪光吗？可能是光线太暗了，我眼花了吧！

但是我真的看到了，这位一生奉献给文物的老先生对诗、对画的感动，与对生命的感慨。相隔千年，苏东坡、刘景文、赵构、赵令穰，在台北外双溪里与老先生的相遇。

但是，当下我还是不太明白。这张不起眼的画，笔墨技巧只能说是尚可，而题字的书法也不是很高明到能让人耳目一新。整体来说，这画看起来还挺普通的，灰灰暗暗又小小的一张，真的没啥让人一眼就被吸引的地方。台北故宫博物院那一堆宋画收藏里，随便找个几件都比这幅作品好。那为何老先生要感动成这个样子？

当天下课后，我回到学校的图书馆，忍不住好奇开始查找《橙黄橘绿》的背景资料。在那个没有电脑没有网络的年代里，一切都得回到读书的本质，到书海当中梳耙寻找原始的来源。当然，现代人习惯用搜索引擎输入关键字，找资料的习惯截然不同。网络资讯也不能说不好，在这个资讯爆炸的时代里，确实可以方便迅速地查询到相关的资讯，但资料往往太过单一。而且电脑是很笨的东西，你得告诉它要找什么。若你没告诉电脑要找什么，它什么也不会告诉你。但过去那种到图书馆翻查书本的老方法，也不能说是笨，反倒是在如烟浩瀚的典籍寻找资料来源的过程中，可以意外地找到更多更有趣的讯息，读书的趣味也就在这里。在达成目标的过程当中，永远会有柳暗花明、另辟蹊径的乐趣。

在几天的时间里，我在关渡的图书馆的小研究室里堆满了宋史的相关资料，找找刘景文看到米元章，翻翻赵令穰看到苏东坡。哎呀！原来这几个人根本是玩在一起的好朋友。

　　然后开始读这几位宋代文友之间的赠答诗，读他们写的文章，读他们的生活，读当时的时代。那个中国历史上最早的黑名单《元祐党人碑》原来与他们有关，大奸臣蔡京也牵涉其中。他们虽然已经过世约千年之久，原本是冰冰冷冷的文字，但读了它，把一切一点一滴串联在一起之后，他们不再是历史上的一个个名字。原来他们是活着的人，会哭会笑有血有肉的人。

《元祐党人碑》

　　在那个平常人很少的图书馆里，我突然有个感觉，《赠刘景文》诗不是写给后人赞美欣赏的，苏东坡大概也没有想到千年之后，会在台北故宫博物院里出现他的诗。虽然古人说"人无远虑，必有近忧"，但苏刘等人应该不会如此聪明地预想到，他们两人的赠答诗会被画在扇面上，又被赵构给写下，然后再流传千年被人赞美。

　　苏东坡写的是他的感慨，在面对人生无常时的一种文人式抵抗，表达小小的抗议、一点点无奈、更多的希望期许而已。他的诗，文字美意境美，是一首好诗。但这是他自己的诗，送给朋友的诗，在那个飘摇的时代里。

在那一瞬间，我突然懂了！

书画艺术的本质究竟是什么？

文人与文人的生活才是根本的所在，这些古人根本就不在乎他们的"艺术"是什么，他们也没有想要"为天地立心，为生民立命"的那种野心。这些都只是文人生活的一种形态，就像是今天我们上馆子、看电影一样地稀松平常。即便某位书法家写了范仲淹的《岳阳楼记》，也不是因为要推广"先天下之忧而忧，后天下之乐而乐"，他们没有想要当另一个范仲淹，而仅是喜欢这篇文章，或者就只是接受某位友人的委托写下来而已。

当天，老先生自己一个人静静地看完了《橙黄橘绿》，他也没说别的什么，单只说："我们回去吧！"

在离开时，他自言自语地说："味道好极了！味道好极了！"

"味道好极了！"

"味道好极了！"

多年后，我也开始踏上了教职一途，虽然现在不用再吃粉笔灰，教室有了电脑，有了投影仪，一切的科技化设备都有了，但是内容还是老东西，用的还是老方法。"味道好极了"成为我在上课时常讲的一句话，这大概在我心目中就是最好的意思吧。来自老先生的这句话，我终生受益于此，也是对老先生的感念与记忆。

"味道好极了"这句话究竟是什么意思？一时之间很难解释得明白，这需要时间的累积、经验的沉淀，年轻时是无法懂得的。年轻人爱的是春暖花开，但世事无绝对的美好，还是有春夏秋冬花开花谢的一刻。有人说，某些东西年纪还没有到是不会懂的，就像是某电视台播放的日本旅游节目，常看到日本人在吃某些种类的寿司生鱼片时，会用一句话形容："这是大人的味道！"

大人的味道，意思是说它可能不是甜美的，还带点苦，带点涩，带着三分无奈、七分感慨，以及一肚皮的不合时宜。但是以上的这些综合在一起，就是真实的人生啊！在19世纪西方美学里，英国曾经出现用"品味"二字来描述一件"好的"艺术品，但是好的未必是美的，所以他们用品味二字来替代。虽然品味的定义人人不同，但这倒是符合艺术的真正本质，因为艺术品未必都是美好的，它综合了各种人生经验，除了美好的那一面之外，还呈现出各种面向，丑恶、暴力、流血、嗜杀这些东西都是人类本性的一部分，我们的血液基因里就有这样的特质存在，所以艺术也会出现这样的内容。

虽然现今已经很少用"品味"二字来作为评价的标准了，大概是因为在某些强迫症的研究者看来，它太过于宽泛而无法定义吧？但我倒是觉得挺好的，因为它可以解释一些现象，比如说为何创作，以及它到底是什么的根本问题。

味道好极了，这是人生的味道、大人的味道。如人饮水，冷暖自知，没有经历过的人可能也很难理解究竟是什么味道。

"荷尽已无擎雨盖，菊残犹有傲霜枝。"

如果把这两句诗对比那份黑名单《元祐党人碑》（台北故宫博物院现还保有一个后刻的拓本），看到苏轼等一干"朋党"全部列名其上，名字被刻在碑上当作国家的敌人昭告天下，就会知道这两句究竟是什么意思了！

在赵令穰的画作中，他只画了一河两岸，河岸的树丛是橘子

树，有绿橘子、黄橘子，橙黄橘绿，几只水鸭在河上漂荡，几丛
芦苇，一缕远山，清清淡淡，没有呐喊，没有呻吟，没有慷慨激
昂，只有一抹回忆，两行轻烟，连两岸的人家行人都没有。刘景
文与苏东坡君子之交淡如水，在画面中就这样呈现出来。

这，难道不就是"味道好极了"吗？

艺术品或是艺术家的风格是什么，这是什么流、那是什么派
的，我几乎从不提，也很少讲。或许是因为我一直认为这些分门
分派的艺术分类法，几乎都是后人为了方便整理，才帮这些古人
安放上的头衔吧？艺术史又不是武侠小说，干吗没事帮古人华山
论剑搞派别呢？

虽然这不是中国艺术史的例子，但这件发生在西方艺术史的
案例倒是挺有趣味的。毕加索我想大家都应该听说过吧？这位被
某些艺术史书籍划分在立体派的当代艺术大师，在他晚年曾经有
个出版社想要帮他出本回忆录，所以派个编辑帮他做口述记录。
据说，当这位编辑做完功课，兴冲冲地带着录音机去拜访毕加索
时，在访谈的过程中问了毕加索关于身为立体派画家的一些看
法，希望他可以谈谈立体派一些不为人知的典故、故事之类的，
以作为出版时的内容。

结果，毕加索听到这位编辑问他身为立体派画家的看法时当
场暴怒，开始用西班牙国骂回答，三字经五字经七字经全出口，
噼里啪啦一串炮火全开，骂得这位编辑灰头土脸而归。

毕加索的暴怒是可以理解的，因为他不是立体派画家，他认
为立体派是他发明的，因为他的生命中只有一小段时间属于立体
派。毕加索不属于立体派，立体派属于毕加索。

后来，这位编辑痛定思痛检讨自己的疏失之后，再度前往拜

访毕加索，这次他学乖了不再问立体派，而是改问绘画风格的问题。结果，当这位编辑问到某件作品的用笔笔触，为何大师要这样画时，毕加索又暴怒了，当下这样回答：

"香蕉你个芭乐，你他妈的管我怎么画？"

请读者原谅我引用蔬菜水果作为脏话的代用词，也请原谅我这么直白地把问候别人父母的话写出来。但是，我深深觉得毕加索的回应既直接又有力，这就是创作者本人对于"风格分析"的看法。毕加索的反应，忠实地呈现出创作的行为，其实是很难用那些分析技法的"风格"来解释。而且，即便风格能够分析又如何呢？难道分析了风格，就可以像是电脑复制一样，再复制另外一个相同的艺术家吗？再复制一样的艺术品那又有何意义？

创作的行为是一种"当下的感觉"，过了那个当下，创作者本人也无法再复制一样的作品，画家无法再画下那一笔，诗人也写不出同一句诗。当然要拥有那样的当下，需要一些环境与情境的配合，比如说创作者本人有那样的天赋，有卓越的技巧，再加上情境的引导，在种种机缘的凑合之下，碰撞的火花诞生出最后的杰作。

元代大画家也是大书法家赵孟頫（字子昂），在大德五年（1301 年）曾经提出一段非常著名的绘画理论叫作"古意说"，内容是这样写的：

> 作画贵有古意，若无古意，虽工无益。今人但知用笔纤细，傅色浓艳，便自为能手。殊不知古意既亏，百病横生，岂可观也？吾所作画，似乎简率，然识者知其近古，故以为佳。此可为知者道，不为不知者说也。

这段文字的内容与文人艺术的"拟古""仿古""摹古"的理论基础有很深的渊源。"古意说"是很重要的，这是古典审美品味的主要来源之一，发思古之幽情是文人们追寻的目标，宋代的大文豪欧阳修是这样说的：

> 古画画意不画形，梅诗咏物无隐情。
>
> 忘形得意知者寡，不若见诗如见画。

"古"这个字对于这些文人来说一直都是一种指标，从这个字再衍伸出来的"古意"，从北宋以后始终都是最高指导原则。

但是，究竟什么是古意？这两个字在历史上历朝历代都有人试图加以解释。而且从这两个字出发，后来又被联系到"士气""士大夫气"的说法，与文人画正式接轨。

但是在以上那段赵孟頫的说法当中，我觉得最有趣的一句话是"吾所作画，似乎简率，然识者知其近古，故以为佳"。看样子赵子昂是认为，要达成所谓的古意这个目标，在外在的风格上要"简率"，简就是简单，率就是率直，两个字合起来大概的意思是"就这样简简单单地随意画画就好了"。

大画家赵孟頫说他自己是随便画画，这我是不信的。画家的自谦之词，只是人家在跟你客气，我们可别当真啊！

赵孟頫一直都是艺术史上的大师，不管是绘画或是书法都有他的大师地位。他写了一手好字，从王羲之兰亭系统而来的赵氏行书堪称一绝，论字的美形、字间行距、字体大小的掌握，赵孟頫比王羲之可说是更上一层楼，后世许多人练行书都是拿赵孟頫作为范本，据说清代的乾隆皇帝学的就是赵孟頫。

台北故宫博物院有几件很重要的赵孟頫的书迹与画作，也有他的夫人管道升的作品。这些作品整体呈现出来的感觉，不管是笔墨功夫，还是文人底蕴，都是经典中的经典、佳作中的佳作、楷模中的楷模。而他的绘画作品当中，似乎有两种路线并存，一种是极度的笔墨技巧展现，像《调良图》就是最好的范例。这张作品画了一人一马，白描的技法简直是出神入化，画面中一阵清风从左侧而来，人物的须眉、马匹的鬃鬣随着风声冉冉而飘，赵孟𫖯控笔的技巧令人赞叹，他若自称第二，大概也没人敢说是第一。

但是，与《调良图》这类技巧卓越的画作相对，赵孟𫖯还有另一类型的作品存在，画面看似呆板，笔墨技巧看似笨拙，但却是赵孟𫖯"简率"主张的经典范例。《水村图》（北京故宫博物院藏）与《鹊华秋色》（台北故宫博物院藏）就是最著名的代表。

赵孟𫖯《鹊华秋色》

《鹊华秋色》现今是被评定为"国宝"级的展品，这件作品被认为是赵孟𫖯一生的代表作。由于年代久远纸质脆弱，为了避免受损所以限制展出，大概每几年才会展出一次，每次也只展出四十天左右而已。

这件作品的好，就好在笨，好在拙。记得当年老先生这样评价这件作品，他笑笑说："《鹊华秋色》啊！它笨得很可爱。"

一件作品笨，被认为可爱？

一件作品拙，被认为是杰作？

我想现代人大概很难理解，像这样的一幅画作，怎会被称为杰作？甚至曾亲眼看过这幅画的观众，心中或许有个很大的疑问，觉得自己读小学时美劳课的涂鸦都比这张画来得好。这张画到底是好在哪里呢？

其实，《鹊华秋色》的"笨拙"就是文人绘画的精髓之所在了。赵孟頫自己都说了，我的画看似简简单单随便画画，但知道的人就会知道这是以古人为师的画作，所以这种画才是好的画作。

"笨拙"不是笨拙，那是因为赵孟頫所认定的古代画作相对技巧不好，所以看起来比较笨拙，虽然笨笨的，但重点不在外在的表象，而是内在的精神性。赵孟頫在自己的另一张画作里这样说：

> 余自少小爱画，得寸缣尺楮，未尝不命笔模写。此图是初傅色时所作，虽笔力未至，而粗有古意。

在以上的这段话里，他先摆明了说：别说我不会画画喔！我是从小就开始画画的，而且非常用功，只要一拿到纸笔就拼命地写啊画的。然后，再说自己的这张画，他又自谦一下，说自己画得不太好"笔力未至"。古人都是这样的，我们随便就好，也别太当真了。

最后一句话，赵孟頫终于露出他真正的本意，他说自己的这张画作是"粗有古意"。大概的意思是说，我这张画虽然画得不太好，但还是有点古意的。短短的三十七个字，这个大文学家赵孟頫还安排了起承转合，先声明，再自谦，最后峰回路转叙述自己作画的真正目的。

在赵孟頫创造的艺术世界里，他的主张都环绕在文人艺术的目标"古意"二字之上，而他认为要达成这种目标，刻意追求笨拙技法的"简率"成为一种手段，而最终的成品就是像《鹊华秋色》这样的作品了。

笨拙只是一种手段而已，看到画作时能够发思古之幽情，才是真正的目标。在这种定义之下，这类文人画家的作品，就像是一座桥梁一样，作品本身不是目的，而是一种与古人沟通的手段。"识者知其近古，故以为佳"，这是赵孟頫对观众看画时应有的心态的建议。

艺术的流派，在这些艺术家的生命中其实并不重要，赵孟頫终其一生也没搞出个"赵派"出来，事实上他也从未有这样的野心与企图。至于他的作品所呈现出来的，也只是他对什么是"好的艺术"的看法而已。

最重要的是，以《鹊华秋色》来说，这件作品的诞生，根本是一件"赠品"，这是赵孟頫送给好友周密的礼物，而且是让周密睹画思景，怀念家乡以解乡愁之用。不管是周密还是赵孟頫他们两人压根都没想到，最终这张画会成为台北故宫博物院的国宝级展品，然后被摆在玻璃柜里让路人甲乙评头论足。

赵孟頫一生到底画了多少画？赵孟頫一生的画作到底呈现出什么样的样貌？像是《鹊华秋色》这样的作品，到底在赵孟頫终其一生的作品当中又代表什么样的意义？

其实，现存确定为赵孟頫真迹的画作也只有那少少的几件而已，只从这少数的几个样本数，就要定义赵孟頫这个人，而且还要为他分门分派，我想这对艺术家本人来说是不公平的，对艺术品来说也不客观。

所以，既然如此，那么我们为何就不能单纯点，就画而论画。

"它笨得很可爱！"

简简单单一句话，就道尽了这件作品的本质。没有那些唠唠叨叨的风格分析、繁繁复复的技法讨论，无须把一件原本很简单的事搞得很复杂，这样不是很好吗？古人说，尽信书不如无书。又有人说，言多必失。

艺术史研究经常会看到有些很著名的大学问家、大学者，在做研究时搞出来的一些乌龙案例。

以书法史来说，文献资料都说汉代有个很重要的习字帖叫作《急就章》，它和秦代就已经出现的《仓颉篇》与未来的《千字文》《百家姓》有前后继承关系。这种习作帖不但是练习书法的基础，也是蒙童学习认字的开始，所以它虽然不是什么经典文学，但在历史上有很重要的价值。《急就章》与《仓颉篇》合称为"篇章"，所以古代的学童常会被问读了几个"篇章"，就是来自以上这两个习字帖。

《急就章》虽然只是古代刚开始学识字的学童启蒙书与习字帖，但它起首的第一句就难倒了汉代以后的学者。第一句是这样写的："急就奇觚与众异。"

"觚"到底是什么？还有，为何要"急就奇觚"？

大概是因为古代的文人个个都要学写字，写一手好字在科举考试派得上用场，但未必得学画画吧？所以，书画虽然并称，但书法史的研究比绘画史更早更古老，著作也比绘画史多得多。

"觚"这个字在过去就有很多人试图做解释，唐代的大学者、经学大师、博览群书而且从小就是个神童的颜师古曾经这样说：

言学僮急当就此奇好之觚，其中深博，与众书有异也。

但是啊！以上这段文字写了半天，绕来绕去的，到底什么是"觚"，颜师古有讲等于没说。

清末民初的章太炎，也对"觚"做了解释：

此政体者，谓之共和，斯谛实之共和矣，谓之专制，亦奇觚之专制矣。

章太炎这位大学者也是史学家、思想家、朴学大师，他对"觚"的解释更神奇，居然拉上了共和与专制政体。但到底什么是觚？他越说越模糊，让人一点都搞不清楚。明明只是汉代的启蒙习字书，和政治有何关联？

直到20世纪30年代，"觚"的具体真相才逐渐明朗。瑞典学者贝格曼带领了西北科学考察团的支队，在经过内蒙古的额济纳河流域时，发现了汉代的居延烽燧遗址，在三十多个遗址中出土了一万多支的汉简，这些简牍现今被命名为"居延汉简"。

我们终于在这一万多支的居延汉简当中看到了"觚"的真实样貌，也看到写在"觚"上面的秦汉习字帖《仓颉篇》《急就章》到底是什么。现在已经知道，所谓的"觚"根本就只是一根刚刚从树干砍下的小树枝，剥去树皮后，拿刀把小木棒稍微削平整平，让原本是圆的树枝，变成一个柱状多面体，然后拿这个木棒来练习写字。而且练完字之后，拿刀削掉刚刚写的字迹，还能重复回收多次再使用，一直到这支"觚"被削得越来越细无法再使用为止。

简单地说，如果《急就章》是习字帖的话，那么"觚"就是用来练习写字的习字本。

颜师古与章太炎的解释是错的，但他们的错处只是因为当时没有考古资料可以佐证，所以就只好自己用想象完成了对"觚"的描述。但由于这两位都是大师，所以他们的解释对后来的研究者影响深远，就这样一错再错错了千年，直到1930年大家才恍然大悟"觚"到底是什么。

艺术史的研究其实像"觚"这样的案例还不少，有时过多解释是不必要的，颜师古与章太炎的解释，反倒把事情都搞复杂了。回归到艺术的本质，或许这样大家都可以松一口气，真相有时真的是很简单的。

大概很少人知道，元代大画家大书法家赵孟頫在台湾有寺庙在祭拜，新北市就有全台湾唯二的两座庙宇在祭拜赵孟頫：三重大仁街的南圣宫和八里下罟子的南岳宫。但这两座庙宇其实是同一个，因为另一座寺庙是分宫，只是时经多年后两座庙宇兄弟分家，也就各自独立发展了。

这两座庙宇的主神都是"南岳圣侯"（有时称为"南岳圣佛公"），原本来自福建的汪姓家族移民时带来的同安祖庙分灵。但是南岳圣侯究竟是谁？历来说法纷杂，有典籍记载指出，他就是关圣帝君。但现今庙方却认为是赵孟頫，据传庙方在二十多年前回同安祖庙进香时，获得神灵降旨，还写下一块匾额，现今就悬挂在庙里：

南岳圣侯，赵孟頫，回庙志，松雪道人。

赵孟頫号松雪道人，根据这块匾额的内容，赵孟頫就是南岳圣侯。这位元代的大书法家大画家，因此升格为神明，广受信徒奉祀。

南圣宫与南岳宫，由于奉祀赵孟𫖯的缘故，所以每年五月庙庆时节，除了传统的节庆仪轨之外，也会同时举办书法比赛。庙宇的庆典与书法比赛同时进行、宗教与艺术同时呈现，这确实很罕见，但也因此让庙宇显得更有特色。

大约在十年前，由于工作的需要，我曾到这两座庙宇做过些简单的田野调查。庙宇墙上挂着赵孟𫖯的那幅粉红色纸写的"回庙志"，旁边还有一幅大大的"龙"字，据传也是降灵当天所写的。上面的落款是赵孟𫖯的名字，而且那一天赵孟𫖯还记得带印章，也顺便盖了书画印，虽然盖得有点糊。但书法字体不佳，很明显没有这位大书法家最得意的兰亭行书风格，看样子降灵的当天赵孟𫖯状况不太好，或是酒喝高了手抖了，所以字也写得不好。

同一面墙上还有《鹊华秋色》的复制画。另外还有一幅书法，也是赵孟𫖯的落款，上面的字迹是篆书大字，写了五个字"清明上河图"，带有一行落款是"翰林院学士赵孟𫖯"。

《清明上河图》原作者是北宋的张择端，明清时期又出现过几件复制的版本，现今在台北故宫博物院就有好几个不同的版本，但都是明清时期绘制。《清明上河图》的原作在流传过程中，虽然一度曾出现在元代秘府，却又被装裱工匠偷换出宫流落民间，一直在江南地区流传。

赵孟𫖯在杭州一带待过很长的时间，在这里他与许多江南文人和收藏家都有来往，或许在地缘关系上，他可能与《清明上河图》有关联，也有可能他曾看过，所以留下那几个大字篆书"清明上河图"。但实际上这种情况是不会发生的，因为赵孟𫖯任职高官，在元代对宋代皇族成员优遇的情况下，他先后任职刑部主事、翰林承旨，死后还被封为魏国公。所以身为官员的赵孟頫，借给他天大的胆子，不敢也不会在这件从皇宫中偷窃出来的画作上签名盖章，这万一被逮到的话，可是会全家一起掉脑袋的大事。所以，庙方墙上张挂的《清明上河图》上面的赵孟頫题签，应该是不对的。

台北故宫博物院离我们很近，却也离我们很远。

南岳圣侯赵孟頫的书迹，有它应有的宗教信仰价值，我们也无须质疑。但事实上，真正的赵孟頫书迹就在台北故宫博物院，就在距离这两座庙宇的不远处。

赵孟頫的真迹与相关的作品，大多都收藏在外双溪的台北故宫博物院，那里有一大批元代书画精品的收藏，不定期常会看到这些作品轮流展出，大约每三个月就会轮展换展一次。这些大师名作其实离我们很近，每天上午八点半准时开放对外展出。

但是，似乎他们又离我们很遥远。即便近在咫尺，却又很陌生，如同远在天涯。大部分的人对这里的认知与了解，大概就只是那个白菜与那块肉吧？大家都知道翠玉白菜与肉形石，但除了这两件之外就不知其所以然了。

最有趣的是，即便知道翠玉白菜，但对它的认知也是一知半解。在台北故宫博物院的文物分级当中，这白菜归属于"重要文物"，但媒体报道一直到现在还是叫它"国宝"，台北故宫博物院再三澄清它不是"国宝"，但好像也无人理会。而即便连台北故宫博物院也不敢打包票说白菜是清代晚期光绪的妃子瑾妃的嫁妆，唯一的记载只知道它是1933年紫禁城搬迁时从永和宫里找出来的，清宫档案包山包海记载一大堆内容，但就是没提到这棵白菜，连一个字都没有。永和宫是瑾妃住的地方没错，但事实上这里曾有一堆妃子住过，不是只有瑾妃一人，永和宫也不是瑾妃专属的。但走进台北故宫博物院，还是一堆人围着白菜信誓旦旦地说这是瑾妃的嫁妆，并引申出各种民间传说故事，最后还把慈禧老佛爷陪葬品的白菜与其联系在一起。

台北故宫博物院各类收藏都有，清宫档案文献资料的数量是最多的，但说起精品的话，大概就是指乾隆时期"三希堂"建立的那些书画收藏。虽然1924年溥仪被逐出紫禁城后的一小段时期，曾有一批文物流出皇城之外，但大致上，清宫文物的书画精品收藏大多都在台北故宫博物院的库藏之中。

书画精品大多在台北，但是似乎离我们很遥远，更不用说那一大批清宫档案与奏折文书了。这批这么重要的文献就在台北，但人们对它们的认知就更少了。

最遥远的距离，不是物理的距离而是心理的距离。但要跨过这个距离其实是很简单的，坐上捷运公车就会到了，台北说大不大，开车骑车很快就会抵达外双溪。

《橙黄橘绿》在，《鹊华秋色》也在，当然大家最爱的白菜也不会缺席。赵孟頫与苏东坡还活在那儿，赵构与岳飞还在互相通信！

走进台北故宫博物院吧！

它没有离我们很远，就在那儿，一直都在。

引　言

中华民国说好的钱没给，你能怪溥仪吗？

——故宫国宝沉浮记

台北故宫博物院文物的藏量，据说约占了两岸故宫博物院文物的百分之二十二，但真是如此？紫禁城的精华文物，如今大部分都已经在台北故宫博物院？或是台北故宫博物院里的文物，其实只是当年溥仪精挑细选、"赏赐后"剩下来的？

当年紫禁城的文物，是由乾隆皇帝盖了章收藏，却让嘉庆皇帝给装箱封存的。时迁季移，到底都发生了些什么，让溥仪在时代动荡之际，重启了箱子？1933年日军侵华，文物迁运到上海、南京，之后兵分南、中、北三路，辗转又到了四川、重庆，之后搭船来到台湾，仓皇的搬迁旅程中又都遭遇了什么？

风雨飘摇之际，是否真数得清、算得明，故宫文物到底流失了多少？这故事，得要从1912年说起⋯⋯

说好的清室优待条件呢？

历经甲午战争和八国联军，清朝急于变法图强，立宪派和革命派争斗了一番，北洋军阀于是与南方革命军达成协议，由袁世凯代表北洋军阀，与当时垂帘听政的隆裕皇太后协商政权转移。

袁世凯在获得临时大总统孙中山的辞职让位保证后，加紧了与清廷议和的进程：他先游说、买通庆亲王奕劻与大臣那桐，同时又贿赂隆裕皇太后身边受宠的太监张兰德（小德张），去威吓隆裕皇太后，称清王朝大势已去，如果革命军攻进北京，皇室可能被灭族，但若是同意退位，就可以享有优待条件。

1912年2月12日，隆裕皇太后接受了《关于大清皇帝辞位之后优待之条件》（简称《清室优待条件》），颁布《清帝退位诏书》，历时268年的大清帝国正式终结。

> ◎大清皇帝辞位之后，尊号仍存不废。中华民国以待各外国君主之礼相待。
>
> ◎大清皇帝辞位之后，岁用四百万两，俟改铸新币后，改为四百万圆，此款由中华民国拨用。
>
> ◎大清皇帝辞位之后，暂居宫禁，日后移居颐和园，侍卫人等照常留用。
>
> —— 1912年2月12日《清室优待条件》（摘录）

据说隆裕皇太后在《清室优待条件》上签了名后，将笔一扔，掉头往屋里走，边走边大哭："祖宗啊！祖宗啊！"泪奔而出……

然而，说好的每年给予退位皇族四百万两，中华民国政府根本无力支付，据《太监谈往录》的记载：

> 入民国后，皇室优待费年年锐减，内府大臣极力罗掘供应皇上、后妃及四位皇阿娘之经费，渐感支绌。

清朝皇室退位后，帝制虽然被废除，但溥仪及后妃家人、皇室大臣们，仍然居住在紫禁城里，维持着小朝廷的运作模式。皇宫中日常开销庞大，但又没有稳定的收入来源，这让被逼辞位的溥仪备感压力。他的英文老师庄士敦在回忆录中提到："内务府是吸干王朝血液的吸血鬼。"

紫禁城的总管：内务府的压力与贪婪

关于内务府，在北京城的胡同里、巷弄间，百姓们口耳流传有这么些小故事：

一天，道光皇帝发现绸裤的膝盖上破了个小洞，就让内务府去缝补一下。补完了，道光皇帝问花了多少钱，内务府回答："三千两银子。"

道光皇帝一惊："为何要三千两银子？"（当时买个家奴只要五两银子。）

内务府解释："皇上的裤子是有花的湖绸，剪了几百匹绸缎才找到对应相配的图案，所以贵了。一般的补丁，如果不需要配对的图案，只需要五两银子就好了。"

一次，道光皇帝看到军机大臣曹文正朝服的膝盖上打着块醒目的补丁，突然问他："外面给破衣服打个补丁需要多少银子啊？"

曹文正一愣，看看周围的太监，发现太监们都不怀好意地瞪着他。曹文正硬着头皮虚报价钱："外面打一个补丁需要三钱银子。"（其实，三钱银子当时可以买整套普通衣服。）

道光皇帝惊叹："外面就是比皇宫里便宜，我打个补丁需要五两银子呢！"

光绪皇帝早餐要吃四个鸡蛋，内务府管理的御膳房报价三十四两银子，平均每个鸡蛋耗银八两多。

清代规定一两银子折新钱一千文，旧钱则可折一千四百到一千六百文不等。当时北京市价，一个鸡蛋大约两文钱，一两银子可买五百个鸡蛋。也就是说，御膳房浮报的蛋价是市价的四千倍以上！

如果用这个标准来换算一下，光绪皇帝每年耗费在购买早餐的鸡蛋上，就要花掉一万两千三百零八两白银。

内务府这样花钱，皇帝压力能不大吗？

庄士敦，苏格兰人，是牛津大学的文学硕士，1919 年进入紫禁城内教授溥仪英语、数学、世界史、地理，对溥仪竭诚尽忠、倾囊相授，也因此备受溥仪敬重，师生情谊极为深厚。在他的回忆录《紫禁城的黄昏》一书中，庄士敦对溥仪的处境有这样的描述：

> 民国建立后，满洲之所以接受既成事实和服从袁世凯领导，乃是因为清朝皇帝接受民国的优待条件而发布退位诏书之故。

溥仪很清楚自己当时的处境，他面临的最大困难是紫禁城根本无法维持开销，中华民国政府答应要给他的每年四百万两白银，不仅从未完全支付，就连 1916 年国民政府另外购买热河行宫及沈阳故宫的文物，更是连一毛钱都没有支付，皇室随时面临着破产的命运。

要节省开销，溥仪首先想到的是解散内务府，但庄士敦认为在紫禁城财产清点尚未完成之前并不适合，溥仪对宫中到底有多少财产，其实也完全不清楚。

因此，为了支应日常开销，内务府偶尔会在溥仪的授意下将宫中物品拿去典当，以弥补财务赤字，国民政府对此也从未干涉。庄士敦表示，国民政府除了不把这些财宝当国家财产外，对于因为不能履行退位优待条件导致皇室财政困难也感到歉意。

记得吗？优待条件还提到：皇室成员可暂居紫禁城，但永久居住地是颐和园。

庄士敦认为搬入颐和园有许多好处，不但可以避免成为别人控诉的把柄，生活也会比在紫禁城简朴，顺便还可裁撤内务府的官员，又可借着转变环境，让溥仪身心能健康发展。

但内务府官员自然不愿意丢了肥差，一直拖延搬迁的时间。他们用以抵抗搬迁的借口，就是建议要把紫禁城所有的物品都搬到颐和园，而这当然无法在短时间内达成。

1922年12月1日，溥仪与婉容大婚，虽然距清帝退位已经十一年，但这场婚礼仍依清室祖制，以满族传统进行，各地的军阀、王公贵族、满蒙王公、寺院喇嘛等都送了礼。据庄士敦的说法，大婚除收到的各方厚礼外，还有一百万银元现金。但是，溥仪被赶出宫后，冯玉祥没收了所有礼物，仅把自己送的白玉如意归还给溥仪。

婚礼中，庄士敦被赏为一品顶戴，之后更兼任"修缮颐和园大总管"。就在庄士敦被任命全权处理颐和园事务的当天，溥仪和婉容一起去颐和园游玩，本该负责安排溥仪行程的内务府官员却百般拖延，还找了国民政府官员出面阻止，最后溥仪车队只有六辆摩托车护驾。庄士敦在回忆录中表示，内务府官员们只要溥仪还活着，让他们有钱拿，可以合理地偷偷中饱私囊，至于皇室的处境如何，根本就不在乎。就连颐和园的修缮费用，事后发现内务府工匠的估价，都比市价多出了六倍。

1923 年 6 月 26 日，建福宫花园的静怡轩、延春阁、敬胜斋以及花园南侧的中正殿等建筑在火灾中焚毁，建福宫花园连同收藏的珍宝悉数变成灰烬。

打更太监马来禄是第一个发现火灾的人，但太监对消防知识一无所知，对如何灭火更是一窍不通，只能抢救物品。意大利公使馆的消防队于城外发现火灾，立即开着救火车赶到紫禁城，但却被挡在皇宫门口，因为城内仍遵照清朝宗法规定，没有皇帝的旨意，任何外人都不能踏进皇宫内苑一步。内务府大臣绍英阻止消防队进宫的同时，派人报告溥仪，但找到溥仪时，大火已经烧了一个多小时。溥仪命令内务府官员打开紫禁城东墙侧门，让意大利与荷兰的消防队进宫救火，但东墙的入口距离建福宫花园将近 1600 米，从东交民巷闻讯赶来的各国使馆消防队，虽急忙入宫救火，但紫禁城内没有自来水，消防车与消防水管无法使用，后来只好把所有的水管接在一起，取紫禁城外护城河的河水来扑救，但完全无济于事。无奈之下，意大利消防队指挥大家拆除宫中尚未被波及的房屋，试图隔断火道，才终于将大火扑灭。最后，静怡轩、慧曜楼、吉云楼、碧琳馆、妙莲华室、延春阁、积翠亭、广生楼、凝晖堂、香云亭等完全烧毁。自此，建福宫花园将近八十年，都在废墟瓦砾堆中。

事后调查，有一说，失火是人祸。

1923 年，溥仪听说北京街上新开了多家古玩铺，许多珍品疑似从宫内被盗出贩卖。因此，溥仪决定要全面清点存放历代皇室收藏的库房：建福宫。但是，就在清点的前一夜，建福宫失火。溥仪的堂弟溥佳，对失火原因有这样的描述："建福宫大火后，根据消防队说，他们初到宫中救火时，还闻到煤油气味很大。溥仪

建福宫 —— 清朝皇室的收藏库房

建福宫是一个狭长的院落，南北长约110米，东西宽约21米，建筑群位于紫禁城西北，坐北朝南。乾隆七年时（1742年），利用明代就已修建的"乾西五所"的其中四所及五所，以及南侧的狭长地带修建成建福宫及花园。本来是乾隆皇帝"备慈寿万年之后居此守制"之用（意即：预备作为皇太后驾崩后的守孝居所），后来因故没有执行。但是乾隆很喜欢建福宫，常来这里游玩吟诗作乐。嘉庆四年（1799年），乾隆死后，嘉庆皇帝将建福宫收藏的珍宝、文玩全部原样封存，后来的几位皇帝也都没有再启封，更没有清查。直到清末，建福宫一带的宫殿房舍，例如敬胜斋等建筑，已经成为清宫库房，专门用来收藏皇家的珍宝。以建福宫花园为中心的周边楼阁，平时也作为供奉佛像、法器、佛经的地点。清代九位皇帝的画像、历代名人字画、古玩等都存放在这里，甚至溥仪大婚时收到的礼品，也一并存放在这里。

溥仪在《我的前半生》一书中的描述

关于建福宫，溥仪在《我的前半生》一书中描述："我十六岁那年，有一天由于好奇心的驱使，叫太监打开建福宫那边一座库房。库门封条很厚，至少有几十年没有开过了。我看见满屋都是堆到天花板的大箱子，箱皮上有嘉庆年的封条，里面是什么东西，谁也说不上来。我叫太监打开了一个，原来全是手卷字画和非常精巧的古玩玉器。后来弄清楚了，这是当年乾隆自己最喜爱的珍玩。"

听说，就更认为是看守自盗而故意放火了。"

另一说，则是因为天灾。

建福宫花园失火后，外界议论纷纷，各种阴谋论随即出现……

第一个可能性：电线失火。内务府为了平息溥仪和外界的猜测，对外界通电并登报说明，建福宫失火的起因是神武门电线短路走火，造成建福宫德新殿起火。

第二个可能性：油灯失火。紫禁城虽已采用电灯照明，但许多房间和院落仍采用油灯照明，油灯挂在木柱上，天长日久，极易引发火灾。

官方最后对外发布的正式说法是"电线失火"。负责保护清室安全的国民政府步军统领聂宪藩亲自在现场指挥，事后发布通电："本月二十六日夜十二时，神武门电线走火，由德日新斋（敬胜斋内悬挂匾额的题字为'德日新'，所以又称德日新斋）内延烧。"当时，紫禁城经常放电影消遣，电影机、电灯房就设在德日新斋，负责管理的太监缺乏用电常识，漏电失火也有可能。

溥仪在《我的前半生》中回忆："内务府后来发表的一部分糊涂账里，说烧毁了金佛二千六百六十五尊，字画一千一百五十七件，古玩四百三十五件，古书几万册。这是根据什么账写的，只有天晓得。"

溥仪当时正想找块空地建网球场，这片火场正好派上用场，于是命令内务府马上清理。整理场地时，发现许多被烧熔的金银铜锡，数量不少，内务府于是找了城里的各家金店来投标，最后某金饰店以五十万银元买下灰烬的处理权，在灰烬里捡出熔化的黄金一万七千多两。在金饰店把值钱的东西都拣走之后，内务府又把剩下的灰烬装了许多麻袋，分赠给属下的官员。

后来还有个谣传，内务府的某位官员子孙说，叔父施舍给北京雍和宫和柏林寺每庙各两座黄金坛城，直径和高度均有一尺上下，这些黄金就是用麻袋里的灰烬提炼出来的。

国宝流浪记：靠变卖文物为生的末代皇帝

1924 年，第二次直奉战争爆发，10 月 23 日冯玉祥前往前线的途中突然折返北京，发动"北京政变"取得政权后，就打定主意要驱逐溥仪出宫。11 月 5 日上午 9 点，冯玉祥的参谋官鹿钟麟，突然率军包围紫禁城，勒令皇室三小时内必须离开紫禁城，同时以国民政府的名义，拿出《清室优待条件》之"修正版"，要求溥仪无条件接受。最后，溥仪与家人只被允许带走可以带得动的随身物品，与一两个宫人双手所能带走的东西，随即在军队戒护下，由神武门仓皇离开紫禁城，自此展开流亡生涯。

◎大清宣统帝即日起永远废除皇帝尊号，与中华民国国民在法律上享有同等一切之权利。

◎自本条件修正后，民国政府每年补助清室家用五十万元。

◎清室应按照原优待条件第三条，即日移出宫禁。

——《修正清室优待条件》（摘录）

溥仪离开了紫禁城后，国民政府成立清室善后委员会，1925年开始查点清宫遗物时，发现许多文物遗失！委员会依据"赏溥杰单"、溥杰手书的"收到单"的记载，编印出《故宫已佚书籍书画目录四种》，在序言中提及：

……皆属琳琅秘籍，缥缃精品，天禄书目所载，宝笈三编所收，择其精华，大都移运宫外。国宝散失，至堪痛惜！

溥仪如何由紫禁城运出国宝

国宝转运其实早已经开始了。将国宝运出紫禁城的动机，还是由庄士敦提点了溥仪，时局已太乱了，劝他要做好准备，先行移走一部分物品。而庄士敦的预言果然成真！

皇宫内各宫所存放的物品，都是由各宫太监负责保管的，如果溥仪想要把某宫的物品赏人，不但在某宫的账簿上要记载清楚，还要拿到司房载明某种物品赏给某人，然后再开一张条子，才能把物品携带出宫。溥仪便以赏赐名义，将文物赐予入宫伴读的弟弟溥杰、堂弟溥佳，由他们放学时带出宫外。

为了避免引起民国步兵统领所指挥的内城守备队产生疑窦，招致舆论，他们选择与课本大小一致的册页、书画用黄绫包袱包裹随太监带出。

据记载，里头包含了书画手卷一千二百八十五件、册页六十八件、宋元善本二百零九种，计五百零二函（现在台北故宫博物院的绘画类收藏，也才三千多件呀）。

1925 年 2 月，溥仪逃往天津，定居于日租界。他的财源来自出宫前存入银行的款项、庄园和房产的收入，直到 1932 年逃离天津前，国民政府于《修正清室优待条件》内承诺的"每年补助清室家用五十万元"，分文都未曾支付。身为皇帝，溥仪必须照顾一大家子的人，由于财源支绌，他通过郑孝胥、陈宝琛、宝熙等人，靠变卖文物维持日常开支。溥仪在天津的几年中，究竟卖出多少法书名画已无案可稽，可知的只有溥仪离开天津时还拥有的数量。

溥佳于《1924年溥仪出宫前后琐记》曾描述：

> 这些书籍、字画，共装了七八十口大木箱，体积既大，数目又多。在出入火车站时，不但要上税，最害怕的是还要受检查。恰巧当时的全国税收督办孙宝琦是载抡（庆亲王载振胞弟）的岳父。我找了载抡，说是醇亲王府和我们家的东西要运往天津，请他转托孙宝琦办一张免验、免税的护照。

护照果然很顺利地办妥，之后就由溥佳把这批古物护送到了天津，全部存在十三号路166号楼内。

关于溥仪运出的国宝，比如"赏溥杰单"的一千三百多件中，有哪些目前知道下落呢？有两件文物流传的小故事：

文物大清点中发现的"赏溥杰单"，记载着《出师颂》的流向。1945年日本天皇宣布无条件投降，溥仪再次"退位"，此时这件文物早已失去它的踪影，何时卖出，流落何方，都不得而知。直到2003年，《出师颂》再次出现在中国嘉德征集拍品的过程中，随即轰动整个文物界，北京故宫博物院还特别在拍卖前派了专家去鉴定。最终，北京故宫博物院行使优先购买权以2200万元人民币的成交价购得。

历代记载的《出师颂》有两个版本：宣和本有宋徽宗手书及年号"宣和印"；绍兴本则是因为曾收藏于南宋绍兴内府，有米友仁的鉴题"隋贤书"。现今一般认为是绍兴本较优，因为上面盖的章、手书题跋都比宣和本多。此帖流传有序，入唐以后，经皇室太平公主、李约等人收藏，南宋绍兴年间进入宫廷，明代再由大收藏家王世懋收入，乾隆皇帝更将其刻入《三希堂法帖》。直到 1922 年，溥仪以赏赐溥杰的名义，将此卷携带出宫。

另一件，目前已知最早版本的《清明上河图》，是由北宋徽宗朝的翰林图画院画家张择端所作，历经十年完成后，收藏于北宋宫廷。靖康之耻时流入金国，尔后历经各大藏家及元明两代皇室辗转收藏，最终在嘉庆年间，第四度重入宫廷当中，嘉庆皇帝更将其编入《石渠宝笈三编》。这幅名画 1924 年跟着溥仪一同出宫，之后又被带到长春等地，目前则是由北京故宫博物院买回收藏。

长春"小故宫"：伪满洲国皇宫内的小白楼

1931 年，日军在沈阳发动"九一八事变"，短短三个月就迅速占领了东北三省，当时的国际舆论普遍谴责日本关东军，这使得日军不敢贸然并吞东北全境，因此考虑建立傀儡政权，他们便把脑筋动到溥仪身上。1932 年，在日本人的帮助下，溥仪从天津市日租界的住所潜逃往东北。由于要通过国民党军队的驻扎地区，为避免引人注目，必须得轻车简行，因此无法带走溥仪之前从北京运往天津的所有珍宝文物。当时溥仪仅随身携带少量的珠宝玉器，而剩下的那些法书名画则是由醇亲王载沣、溥杰等人留在天津看守着。等到溥仪安全抵达长春后，再由日军将领吉冈安直安排船只，将这些文物运到新成立的伪满洲国皇宫内的小白楼（你可以把小白楼想成"小故宫"，因为从紫禁城千里迢迢运出的许多珍贵文物，都暂时存放在此处，但后来这批文物失散的情况很惨重）。

《五王醉归图》便是其一，这件作品出自元代水利官任仁发之手，描绘的是唐玄宗登基前与他的四个兄弟（宋王李成器、申王李成礼、岐王李范、薛王李业）出游饮酒，醉酒后骑马而归的情景。乾隆年间此画被收入皇宫中，编入《石渠宝笈》，乾隆、嘉庆、宣统皇帝都在上面盖有收藏印。1945 年伪满洲国覆灭，原本存放在小白楼的文物流入民间，其中就包含这卷《五王醉归图》。此卷在民间收藏家手中几经辗转，2016 年北京保利秋季拍卖时，以 3 亿港币的价格成交！

日本战败，小白楼文物流向

1945 年 8 月 10 日日本乞降，溥仪 13 日从长春逃到通化大栗子沟，危急慌乱中，仅能携带挑选过的晋、唐、宋、元的法书名画出逃。为了多带一点，他甚至不惜把原有的楠木盒及所有的花绫包袱皮都扔掉后再塞进木箱，虽然这对国宝会造成损伤，但此时的溥仪已不管不顾。除了书画外，溥仪也精选了一些珠宝翠玉随身带走，因为这些高价的珠宝玉石，更易于变卖换得好价钱。珠宝不像书画装运体积又大又重，是逃亡时最利于随身携带的高价物品（这也是为什么，现存于台北故宫博物院的紫禁城文物中，珠宝藏品极少）。

溥仪在大栗子沟只短暂停留了三天，就匆忙赶往沈阳，打算从沈阳逃往日本。此时，从长春小白楼带出来的珍宝，又再经过一次筛选。溥仪这次仅精选出少量的宝石书画随身带走，把大部分的珍宝文物都留在了大栗子沟。这些遗留在大栗子沟的书画珍宝，最终有的被偷盗、哄抢、瓜分，有的在混乱中被撕毁或烧毁。大量国宝流散民间，文物浩劫莫甚于此。

1945 年 8 月 17 日，溥仪在日本人的安排下由大栗子沟搭乘小型军机前往沈阳，企图在沈阳转机逃往日本，但就在行经沈阳时被逮捕，溥仪及其随从人员由苏联军押往西伯利亚赤塔楼看管，之后又移往抚顺的战犯监狱。随身携逃的书画及珠宝玉翠，最后则由人民部队上缴，交由人民银行代为保管。在苏联期间，溥仪将藏于行李箱夹缝中的珠宝交献出来，以支援经济建设为由，向苏联政府表明希望留居苏联的心意，这些珠宝目前多由俄罗斯冬宫美术馆收藏。

据《国宝沉浮录》记载，20 世纪 60 年代初期，某位住在通化大栗子沟的老先生去北京琉璃厂探听古画行情，因此说出了当年大栗子沟之事：溥仪 1945 年逃难至该地，一行人数众多，日用浩繁，只好变卖随身的珠宝名画。但当时一没有懂珍宝的人，二来也没有大财主愿意承认这些文物的价值，出重金收购，溥仪无奈只能以最低廉的价格换取一群人的生活消费，这也是后来大栗子沟这个小村子出现了大量的故宫文物的原因。这位老先生更表明了他手上藏有赵孟頫最好的画之一——《水村图》，之后北京故宫博物院设法以八千元购得。

国宝厄运不止于此，在溥仪逃离小白楼后，一位国军派驻的看守士兵因好奇进入小白楼，起初因为不懂书画所以兴致索然，只是顺手拿几卷回到警卫室，但终究开始引起其他人注意，消息传开后，警卫室的看守兵都在换班前进入小白楼里大肆搜刮：开始只是拿几卷，后来演变成财宝争夺，甚至为了争夺一件宝物，而将其一分为二、三、四，更有人因为没抢到喜欢的而撕毁或焚烧文物。

北京的古玩市场当属琉璃厂最具代表性，几百年的文化沉淀，造就了琉璃厂古玩行业的良好传统，凡是大的古玩商，往往具有深厚的人文学识涵养，绝对不只是一介商人。1911年至1927年是北京古玩市场的黄金时代，这时期大批文物从紫禁城陆续流出；1927年以后，内外战争不断，北京古玩市场便开始走向萧条；直到1945年，溥仪离开居住的长春"帝宫"，小白楼的文物流出至长春的古董店，引发了琉璃厂的搜购热，为北京古玩行带来短暂的繁荣。

因伪满洲国的建立，溥仪与昔日的皇族亲贵、遗老遗少等陆续来到长春，他们带来了大量的珍宝，因此长春古玩店铺便逐渐增多；与此同时，因为日本政府推行日本人移居伪满洲国的政策，有更多的日本人也来到了长春。当时在长春的日本人约有十万人，他们热衷于中华文物，是古玩店最主要的顾客。其次是伪满洲国官吏。普通老百姓的玩家很少。

话说回小白楼的文物流向。在抢夺、撕毁文物的事件发生之后，小白楼里剩余的一批宋元善本图籍，就由国民党张嘉璈派助手凌志斌负责清点整理，随即点交由当时沈阳博物院院长金毓黻先生典藏，又有一部分运往北京故宫博物院，但在小白楼内被损毁的部分文物，已经无法修复了。据记载，被抢夺破损的米芾《苕溪诗帖》，李东阳篆书的引首"米南宫诗翰"五字被撕去，内文残缺破损，"好懒难辞友，知穷岂念通。贫非理生拙，病觉养心功。小圃能留客，青冥不厌鸿。秋帆寻贺老，载酒过江东"中，"岂念""养心功""冥不厌""载酒"，总计有十字残缺。

1949年之前的古玩界，一般都把由溥仪带出宫且最终流失于东北民间的清宫文物称为"东北货"。1945年伪满洲国政权垮台，军队抢劫大批珍宝文物后，到市场廉价出售。近水楼台先得月的是在长春开设古玩店的商家，由于他们知道这批文物的来历，收到后就带到北京的琉璃厂转售。长春市场自此便开始陆续出现从小白楼散出的历代珍宝书画等物品，这也成为各地古玩商及收藏家争相竞购的标的。

当时许多东北客商来到京津地区，持手卷待价而沽，古玩业界眼见价格从几十两黄金迅速飙升到几百两，但同业仍不断竞购哄抬，于是几家古玩店家便联合起来买下一件珍品，这在当时是很平常的事情。这是为了避免抬价竞争大伤元气，古玩店家会临时组织起来出资合作，约定将价位压到一定数额以内，不论最终是由哪家收购到物品，所得的利润都是均分。幸运的是，小白楼所流出的珍贵文物，历经几番辗转，最后大多数仍出售给了北京故宫博物院、沈阳故宫博物院。而上海博物馆的藏物则比较特殊，当时文物一路辗转要运到台湾之前，先到了上海，但船实在装不下了，只好把部分文物先存放在码头边的仓库里，但很遗憾的是，再也没有机会回来再运一趟了。

因为这些辗转，让清宫文物四散各处。到了这会儿，我们可以总结并合理推论：文物离开紫禁城时，溥仪就先精选了一批；到了天津之后，又被卖掉一批；剩下的东西，又从天津运到长春，放到了小白楼里；在伪满洲国垮台后，溥仪离开长春，又挑选一批带到大栗子沟；剩下的则留在小白楼，再被监守自盗的警卫们抢夺变卖——所以，现今无论是北京故宫博物院、沈阳故宫博物院、台北故宫博物院，还是上海博物馆等各大博物馆中所看到的故宫文物，都还是紫禁城文物中的精华吗？说实话，可能泰半都是剩下的文物，因为好东西，都被拿走了。

溥仪带出宫的文物，以手卷和册页为最多，不好带的大型书画类最少。溥仪的"赏溥杰单"里一千三百多件文物多半不见了，只剩下名称还在而已，所以我们如今踏进台北故宫博物院欣赏各式文物的同时，万万别忘了这段"溥仪精选"的坎坷辗转。

文青速成术：赞越多，作品越棒！不要再乱盖章了！

——关于乾隆的印章以及其他

纵使清宫文物在离开紫禁城后，历经了多次辗转流散，但不可否认的是，现今台北故宫博物院所收藏的紫禁城文物，其数量之丰、质量之精举世公认。若是对艺术史不那么熟悉的人，去台北故宫博物院看画，到底要如何分辨哪些作品比较好？其实有个取巧的诀窍——看哪件作品上的印章盖得愈多，或题跋多，八九不离十，你就押对宝了！原则上，这代表那件作品比较受重视。

当然这只是简单的大原则，并不适用于所有藏品，因为还是有一部分的文物，由于一些特殊的缘故，并未经过许多历代收藏家之手，所以上面的印章或题跋就没那么多。

"诗书画印"四合一，时间性的艺术

在中国古典艺术的鉴赏领域内，印章本身也是鉴赏的对象。中国艺术讲究"诗书画"三者合一，但后来玺印兴起之后，又加了一项"印"，成了"诗书画印"，四者共同构成艺术品的整体，这也是东方艺术与西方艺术的一个很大的不同点。

西方的画家完成画作后，作品通常便完整了，但在东方的艺术世界里，无论书法家还是画家，将作品创作出来后，还要加上历代收藏家的题跋，以及历代的收藏玺印盖上去，其完整性会随之与日俱增。所以这些印章和题跋，让东方艺术成了一种时间性的艺术。

故宫书画印章分三大类

中国古代的水墨画，通常用色只有黑白二色，而印泥是朱红色的，在画上盖印就有如画龙点睛，好似题了亮点，可帮画面本身增辉不少。

故宫书画印章原则上分成三大类。第一类为"创作者的印章"，比如唐伯虎、文徵明、沈周等，他们通常在作品完成后，都会盖上自己的章，而这类印章又有私章和闲章之分。

私章，是个人的姓名章，为了搭配不同的画作，也为了怕印章损坏，书画家们通常会多准备几颗私章，如明四大家之一、吴门派的领袖文徵明，就有一两百颗私章，比较常在他的作品中看见的有"徵""明""文壁之印""文壁徵明""徵明之印""文徵明印""徵仲""文徵仲""徵仲父""衡山"等。

至于闲章，也称布局章，内容就非常多样，通常可分成两类：画家们多半都有自己的画室，例如文徵明的"停云馆印"，就是以自己的画室为名所刻的印章。文徵明还有另一颗更有趣的闲章，叫作"惟庚寅吾以降"，这句话出自《离骚》，翻译成白话文，意思就是"庚寅日那一天，我文徵明出生了"。

第二类为"历代收藏家的收藏章"，也可分成两种：一是收藏了以后，还找人来题跋，题跋的人也盖了章，称为题跋章；另一种则是收藏家自己盖的收藏章。

此外，还有第三类"收藏地点章与典藏章"。收藏家东西收多了，有时就会盖个藏书楼来存放收藏品。东西放在哪里，收藏家就会以收藏的地点，刻个印章，盖在作品上。

比如明代中晚期很重要的鉴藏家项元汴，他的家族经营典当业，因此收藏有各式各样古代书画一千多件，光是宋元时期的作品便有五百多件。他的收藏地点名为天籁阁，所以有一颗"天籁阁章"。另外，清代乾隆皇帝收藏的地点就更多了，御书房、重华宫、乾清宫、养心殿……乾隆根据藏品储存或张挂的地点也都刻有印章，盖在作品上。

由清代皇室的收藏地点章，就可以用来初步辨别皇室怎么认定这件作品的好与坏：认为不错的作品，通常会放在离皇帝比较近的地方，如御书房、乾清宫；若是认为作品还好或稍次，可能就放在比较不重要的宫殿。

至于典藏章，则是收藏的作品很多之后，将收藏品编辑成目录以供查找，如乾隆皇帝就帮自己琳琅满目的收藏编了目录，于是就又多了一种目录章盖在作品上。清代常见的编目章有"石渠宝笈""宝笈重编""宝笈三编"，这是属于书法绘画类。至于佛像画，则有专门的编目章，名为"秘殿珠林"。

只要作品被编入收藏品目录《石渠宝笈》里，乾隆便会大手一抬，在作品上盖下"石渠宝笈"章，代表这件作品已被编进了目录。但很有意思的是，我们可以发现许多在《石渠宝笈》内登录的作品，并不存在于故宫博物院现有的藏品内，那或许是在乾隆、嘉庆之后，因某个意外让这些作品失踪了，或是被偷运出宫，甚至也有可能是被拿来赏赐给大臣……。由此可知，目前两岸故宫博物院的收藏，自然不是原本清宫收藏的全部。

朕就是喜欢这么多印章，怎样？

两岸故宫博物院都一样，书画作品上盖的皇帝印章，不是皇帝的玉玺，而是闲章，是平常拿来盖着好玩的。因为真正的皇帝玉玺，不可能出现在书画作品上。

先来说"玺"。"玺"代表国家的身份，最早出现在秦代，秦始皇统一六国后，刻了"六玺"，用以代表皇帝的身份，是颁发诏书等公文书时的正式官方用印。到了唐代武则天时改称"玺"为"宝"。而原本秦代的六颗玉玺，随着时代的推延，为因应不同场合，需要用上不同的印章，玉玺也就越来越多，到了清代总数量已经有二十五颗，都是用在正式的公文书上，成了乾隆最重视的"二十五宝"。

而清代正式的玉玺，一定是"左满右汉"，即盖出的印文，左边是满文，右边是汉文，满汉对照，是乾隆时定下的规矩。而玉玺存放的地点，则是在紫禁城的交泰殿。交泰者，取自"阴阳交泰"，有专责的太监管理。

而这二十五颗印章中，最重要的便是"皇帝之宝"。但实际上"皇帝之宝"有两颗印，一颗不太使用，一颗很常用：不太常用的是清兵入关前，皇太极所刻的章，材质为青玉，唯一老满文篆书，以布诏敕；而清代最常用的"皇帝之宝"玺印，则是檀木刻的，宽约15厘米，用于正式的公文书上，它从来没出现在故宫的书画收藏品上。

"二十五宝"内还有一颗"皇帝亲亲之宝"，是白玉刻成的，用于清代皇族、宗室的内部家书往来等宗族相关事务时所用的印。因为是跟宗室、宗族，或盟友彼此往来时使用，称"以展宗盟"，故自然也不会出现在故宫的书画收藏上。

藏品上盖的清代皇帝印章，一般我们认为是皇帝的闲章。所谓闲章，就是皇帝没事拿来盖着好玩的东西。但毕竟是皇帝，就算是赏玩时拿来盖印，也是有一定的规则和方法的。就以清代的皇室来说，有一本印谱，把皇帝所有使用的印章，汇整盖在上面，编成一本书，称《宝薮》。

清代的历任皇帝，人人都有一大堆印章。曾有人统计清代皇帝用过的私人闲章：顺治有二十多颗，康熙一百二十多颗，雍正二百零四颗（乾隆清点过），乾隆则暴增到一千八百多颗，到了嘉庆剩五百多颗（部分沿用乾隆的），道光一百多颗（部分沿用），咸丰三十多颗，同治二十多颗，光绪八十多颗，宣统五十颗左右。从以上数据可知，约一半的清代皇帝，私章数目不超过百颗。仅康熙、雍正、乾隆，到嘉庆，印章之多真是吓死人，此时也正是国势较强大的时期。

清代皇室收藏，只有乾隆是在收藏及鉴赏中盖印，嘉庆则是对于皇帝老爸的收藏不太有兴趣，等到当家做主之后就通通收进仓库，在进仓库前盖个章。而宣统（溥仪），则是在搬离紫禁城前，打开仓库，揭开了当年嘉庆的封条，变卖东西换现金之前盖的章，这是最常往书画作品上盖印的三位清代皇帝。而道光、同治、咸丰这三位皇帝，几乎没在作品上看到过他们的章。

乾隆皇帝热爱收藏书画，并习惯题跋、写诗，最后还要盖章，所以需要各式印章来满足需求。乾隆的印章，很多是别人送给他的，如大臣和珅就送过一套印章给乾隆。乾隆的一千八百多颗印章中，有使用过的约一千颗，其中比较常用的大概有五百颗。据

$$\begin{array}{ccc} 1 & 2 & 3 \\ & & | \\ & & 4 \\ & & 5 \end{array}$$

1. "乾隆御览之宝"
2. "嘉庆御览之宝"
3. "宣统御览之宝"
4. "宣统鉴赏"
5. "无逸斋精鉴玺"

说现今约有七百余颗流散至世界各地，2016 年 12 月，法国就曾拍卖一颗乾隆的九龙寿山石印章，盖出的印文为"乾隆御笔之宝"，成交价 2100 万欧元，将近 1.5 亿人民币，但这颗章还算不上乾隆的爱章，排不进乾隆爷"常用印前五百名排行榜"呢，其余印章目前大多藏于北京故宫博物院。

乾隆爱用且常用的章有"乾隆御览之宝""三希堂""宜子孙""乾卦印""古稀天子""五福五代堂古稀天子宝""八征耄念之宝""天恩八旬之宝"等。虽然章很多，但乾隆并非漫无目的乱盖，而是有一套自己的标准，即"三玺""五玺"的等级之分。"三玺""五玺"约略可算是乾隆认定作品好坏的标准，只要是他认为好一点的作品，有五颗印章是一定要盖上去的，稍次的作品，可能就只盖三颗印章。

"三玺"对于乾隆来说，是基础的三颗印章，可说乾隆把东西收进来时，就奠定了等级分类的基础：第一颗是"乾隆御览之宝"（意思是，我看过了，朕知道了），下一颗印章是"石渠宝笈"或是"宝笈重编"等目录章（我把这东西编进目录了噢），第三颗则为收藏地点章（这件东西要放哪里？乾清宫、御书房、重华宫……）。所以故宫里的清代皇室收藏，我们都很确定知道原本东西收哪里，就是因为上面都有收藏地点章。"三玺"之上还有"五玺"，甚至听说还有"七玺""九玺"，但这应该只是传说。总之，基本上就是盖越多越好的意思。

北京故宫博物院的《中秋帖》，原本王献之只写了三十多字，但盖章狂乾隆却盖了八十多颗印章。适度盖印，可以是一种美，但盖太多，就太花哨不好看了。现在故宫的书画收藏作品上盖有大量印章的，除了乾隆外，不遑多让的就是明代大收藏家项元汴。举例来说，冯承素摹的神龙本《兰亭集序》上，就盖了五十多颗项元汴的印章。

至于项元汴为何要这样大量盖印章呢？其实中国历代书画辗转流传的过程中，会因为题跋的关系需要不断地补纸，若作品是手卷就会越来越长，若是挂轴则越来越大张，但从前因为技术的关系，装裱很脆弱，有时候让虫啃了，有时候因为湿气而受潮，有时是脏污破损了……。因此一段时间之后，常需要重新装裱，在装裱的过程中，某些装裱店的老板或是藏家本人，看某些人不顺眼，便会刻意在装裱时，将原本上面的题跋或是印章挖掉、修掉，所以或许项元汴等藏家要盖这么多章在作品上，是要确保自己盖在作品上的印章不会被挖光。

但漫天盖印的坏习惯，我们必须理解其中的道理。因为清代的皇室收藏章，原则上有个大重点，我常开玩笑，如果哪天走在路上，有人向你兜售说："这是清宫流出的宝贝，是我祖传的珍藏宝贝，要不是因为家里急需用钱，才忍痛让出，错过可惜啊！"这时你打开一看，若上面是"道光御览之宝""同治御览之宝"，十之八九应该是假货。前面说过，只有乾隆、嘉庆、宣统爱往作品上盖章呀。

皇帝往作品上盖收藏章，并不是乾隆起的头，据说从唐代开始，历代皇帝都有自己的收藏章，较早期的有唐太宗的"贞观印"和唐玄宗的"开元印"，但这两印的真伪讨论也沸沸扬扬，而且主张有问题的占了多数。目前公认比较可能是真的皇帝收藏章，则是唐中宗的"神龙印"（王羲之《兰亭集序》的神龙本上便盖有这颗印），但还是有人质疑它的真伪。

唐代的这些收藏印章为何真实性都存疑？其实和中国人用印的习惯有关，印章并不是单独的存在，要沾染印泥后，才能盖出印文，虽然秦代就有印章了，但还没制作出印泥。直到魏晋南北朝，都在使用封泥。那时候尚未有纸张，是使用竹简，因此拿条布绳子将一卷竹简绑起来，但又为了怕被打开偷窥内容，便会在打结的地方，塞上一块泥土，用印章一盖，这有点类似封蜡的作用。宋之前，是使用"蜜印"（朱砂加一些蜂蜜，盖出来的印在书画作品上会糊糊的，不好看），或是"墨印"（印章直接沾墨汁盖印）。直到宋代以后，制作印泥的技术才渐臻成熟，盖出的印文才精美，印章也是在此时才开始被大量使用。北宋徽宗和南宋高宗都有自己的收藏章，宋徽宗常见的有"宣和"印、"政和"印等，宋高宗常用的则有"绍兴"印、"内府书"印、"内府图书"印等。

走过路过可别忘"囧"字印和"孔颜乐处谁寻得"

"囧"字印，其实是篆体的"公"这个字，外面加了一个框，所以让这颗印章看起来像"囧"（通"囧"）。

这颗是耿昭忠的印章，耿昭忠是耿精忠的弟弟，汉军正黄旗人，字信公，"公"字印其实就是"信公"的意思。还有另一个"信公珍赏"印章，会与"公"字印同时出现。

福建耿氏家族是清初三藩之一，是被封为南靖王的耿仲明家族，驻地就在福建。为了笼络和控制三藩，清朝让藩王的子孙与皇室公主联姻，并居住在北京，美其名为"额驸"，其实就是人质。耿昭忠就是耿氏家族押在北京的人质，康熙时三藩之乱，耿精忠造反，耿昭忠自愿请死，但康熙饶了他，说造反的不是你啊。

耿昭忠和吴三桂、尚可喜家族被押在北京的子孙们一样，虽然是被软禁的人质，但吃好穿好，又有公费可领，还有很多钱可供闲花，福建的家族也会定时送钱过来。当官不用上班，每天无事可干还有钱有闲，耿昭忠于是就在家里搞起了收藏，还成了清代著名的书画大鉴藏家。

另一颗乾隆的"孔颜乐处谁寻得"印章也很有意思，这方印章就盖在乾隆三希堂的收藏里，如《快雪时晴帖》，乾隆一收到

明代仇英《仙山楼阁图》局部。这枚"囧"字印，其实是篆书的"公"字。通常在"公"字印章的下方，都会有另一枚篆书的"信公珍赏"印章。这印章的主人是清代的书画鉴藏家耿昭忠，号信公。

就盖上"孔颜乐处谁寻得"。这句话是说：孔子和颜回都崇奉安贫乐道的简朴生活，他们感到的快乐之处，不是你们可以想象的啊！

乾隆为何要刻这印呢？一开始并没有所谓"三希堂"，当时只是养心殿旁边不起眼的小房间，乾隆占用后开始搞起了收藏大业，收到了王珣的《伯远帖》、王羲之的《快雪时晴帖》、王献之的《中秋帖》开心极了，便把小屋取名为"三希堂"：三希者，三件稀奇的宝贝是也。

三希堂很小，小到两三个人进去后就转不过身。乾隆干吗要这么搞自闭呢？因为乾隆认为"房间虽小，五脏俱全"，身为皇帝，天天身边跟着一堆人，想独处几乎不可能，所以只有这小小的三希堂，闭了门关了窗，除了皇帝本人外，没人进得去，真是个理想的个人游戏间。

而连接在三希堂后的长春书屋，则是乾隆的个人书房，房间大小和三希堂差不多，两房之间有暗门可通，乾隆可暂时甩开人群，在两个房间中优游往返。曾有人劝谏："这是泱泱大国，你是皇帝，自己闷着头关在小房间搞一些小玩意儿，传出去不好听吧？况且若你在房间里出事了，臣子们谁担得起责任？"乾隆不直接回应，刻了这颗"孔颜乐处谁寻得"盖在书画收藏上，算是用印章宣告："房间虽小，能在这地方念书，看自己喜欢的东西，搞收藏，这就是我的乐趣所在。"其实乾隆就是拿这印章来抗议，大白话就是："你们这些人别用废话来烦我了！我就喜欢效法孔子和颜回的精神，这样也不行吗？"但其实这颗章乾隆也只有在设立三希堂的早期使用过。

三希堂所收藏的三件珍宝之一：王羲之《快雪时晴帖》。乾隆皇帝不仅以行楷书题引首"神乎技矣"，还盖满了自己的藏书章，如"三希堂""天恩八旬""孔颜乐处谁寻得""五福五代堂古稀天子宝""八征耄念之宝""乾""隆"。

南宮天機筆妙

帶篋中悵毫帖多

方兮出重民二物

王起郡薛至從瓦便

菁云自杏婦貴民去也帶

煒平任總家一年揚州送

书　法

根据典籍记载，书法脱离文字载体而成为一种艺术，大约在东汉开始成形，传说中的"草圣"张芝是东汉的代表人物之一。直到魏晋南北朝时期王羲之出现之后，书法开始迈入极盛时期，自此成为中国艺术史之中数量最多且最兴盛的一种艺术形式。

　　但是，书法的真正推广，其实不是东汉的张芝也不是魏晋的王羲之，而是唐代的唐太宗李世民。李世民由于喜好书法，他自己本人也是一个书法家，所以用国家的力量推广书法。李世民在长安城创办了第一个书院"弘文馆"，把官员子弟以及喜好书法的文人集中在这里，并且聘请了三位书法家负责教授书艺：欧阳询、虞世南、褚遂良。自此书法成为一种广泛在文人间出现的艺术形式，再加上唐代科举考试迈入成熟期，大概是因为考场作答写考卷的需求吧，文人与书法密不可分的关系，一直持续到清代。

　　书法艺术不管是"篆隶草楷行"的哪一种字体，除了文字线条美感的讲究之外，与绘画相同也都很注重文字承载的内容。好的书法作品，除了书法线条本身，还要加上文字内容的搭配，如此才是一件优美的作品。

我过去常半开玩笑地说："写遗书和写情书是不一样的！"这说法虽然戏谑，但也反映出历史上被评价为极品的书法作品的某些特质。书法不是字写得漂亮就是好的字，漂亮但没有灵魂的字，只会被认为俗气而已。王羲之《兰亭集序》、颜真卿"三稿"这些作品的文字内容与书法的完美搭配，完全显露出文字本身的情感张力，这才是一件好的书法作品应该有的特质。

梁实秋在《雅舍小品》中曾说："书法是一生的事业。"写一手好字，是一个文人应有的基础，但这不只是民国时期的文人而已，其实古今皆然。

颓废是一种时尚，其实很治愈

——王羲之《兰亭集序》

如果你以为有史以来最悲惨的石头，是《红楼梦》里无材可去补苍天的五彩石，那么你一定要听听这块"五字缺损宋拓本石碑"的悲凉故事。这故事，就要从所谓的"文青颓废大叔集团"说起……

什么是"文人雅集"？

不止法国有沙龙，中国古代的文人圈，从三国时期的魏国开始，就已经有艺文沙龙的存在。即使时代更迭，组成分子不同，但总有源源不断的"颓废大叔集团"世代交替，这些集团有个相当有高度又正派的统称——"文人雅集"。聚会"或十日一会，或月一寻盟"，但有时也会选在特别的节日举行。

最早是赫赫有名的曹氏父子，用"以文会友"的名义，发起名为"邺下雅集"的文人聚会。

文人呀，多半是宅，平日最拿手的，就是吟诗、斗嘴、写文章什么的，聚在一起时，除了"切磋文艺"，也会一起游山玩水，然后又继续喝酒、吟诗、写文章，当然又会接着斗嘴无数回，虽美其名为"无所求但求适意而已"，其实说起来，就是颓废到一个极致啊！

据传，曹植的《箜篌引》便是邺下雅集这个文人聚会中，所产生的代表作之一。《箜篌引》的典故来自《乐府诗集》，古辞又称《公无渡河》，其中知名的句子"公无渡河，公竟渡河。堕河而死，将奈公何！"说的是："渡河是很危险的，有可能会面临死亡，所以才劝你不要渡河，但你却非要渡河，果然就真的淹死在河里了，究竟是为什么？该如何是好呢？"短短几句，诉说了一个深刻的千古无解谜题：常被用来警告已经身处险境，但却苦劝不听、执迷不悟的行为。

曹植当时正参加曹丕在邺城举办的"邺下雅集"集会，曹丕对曹植的各种猜忌和逼迫，让曹植心里苦啊，因此当下便借用《箜篌引》为题，作诗吟诗抒发心中的感触：

> 置酒高殿上，亲友从我游。中厨办丰膳，烹羊宰肥牛。
> 秦筝何慷慨，齐瑟和且柔。阳阿奏奇舞，京洛出名讴。
> 乐饮过三爵，缓带倾庶羞。主称千金寿，宾奉万年酬。
> 久要不可忘，薄终义所尤。谦谦君子德，磬折欲何求。
> 惊风飘白日，光景驰西流。盛时不再来，百年忽我遒。
> 生存华屋处，零落归山丘。先民谁不死，知命复何忧？

到了西晋，石崇的"金谷园雅集"就更不得了了！也就是因为这个聚会，给了后来的王羲之举办"兰亭雅集"的灵感。

石崇，富可敌国，是生活奢靡的世家公子哥儿，他在都城洛阳有一座豪宅，引来了金谷河的河水直贯注到园中，名之为"金谷园"。郦道元在《水经注》中，曾对金谷园有这样的描述："清泉茂树，众果竹柏，药草蔽翳。"在金谷园里，石崇仿效前人，也办了个文人雅集，这个文人集团里，有陆机、陆云、左思、潘岳等二十四人结成诗社，号称"金谷二十四友"。但这个聚会似乎并不单纯，后来还被发现石崇借机拉拢权臣贾谧（晋惠帝的侄子），谋求政治利益，终致遭祸！而谈到石崇的遭祸，就不能不提一段令人伤感的红颜薄命的故事。

《晋书·石崇传》里提到，绝世美女绿珠，是石崇的宠妾，被奸臣孙秀看上，但石崇拒绝把绿珠让给孙秀。于是孙秀假传圣旨，带兵团团围住金谷园。而在那当下，石崇正在和绿珠饮酒作乐，听到外面人声哄闹马蹄杂沓，心知大事不妙，对绿珠说："我因为你而获罪啊！"绿珠泪如雨下，对石崇深深一拜说："当效死于君前！"说罢，便纵身朝栏杆一跃而下，血溅金谷园。

到了唐代时，金谷园已然荒废成为古迹。诗人杜牧春游金谷园，看到荒烟蔓草即景生情，写下了这首献给绿珠的咏春吊古之作："繁华事散逐香尘，流水无情草自春。日暮东风怨啼鸟，落花犹似堕楼人。"好个"落花犹似堕楼人"啊，果然是人面不知何处去，此情只能成追忆了。

江山代有才人出，各领风骚数百年。文人雅集在东晋时，首推王羲之举办的兰亭雅集最强大。但兰亭雅集不属于常态性的聚会，而是选在特别的节日（上巳日）举行。到了唐代，引领风骚的则是由自称"香山居士"的白居易带头，号召八个文友组成了"香山九老会"的香山雅集。北宋英宗皇帝的驸马王诜，也发起文会结交文友，包含当时文坛赫赫有名的苏轼、苏辙、黄庭坚、秦观、米芾等人，成就了诗画唱和的西园雅集。到了南宋，由于偏安江南，政治的不稳定，导致隐逸思想发展到极致。耐得翁

《都城纪胜》描述，首都临安（今浙江杭州）有个很受欢迎的文人雅集，名为"渔父习闲社"。元朝仁宗时的皇姊大长公主祥哥刺吉，在天庆寺主办的雅集则被视为有政治目的。至于明代中晚期，文人聚集太湖流域一带，尤其以苏州为集散地，其中又以文氏家族的集会为代表，参与文徵明雅集的文友，大多是他的弟子门人，有时唐寅、祝允明等人也会参与。

"兰亭集会"其实闹闹的

王羲之的《兰亭集序》，破题就点明聚会的时间、地点，以及目的。

时间：永和九年，岁在癸丑，暮春之初。

地点：会于会稽山阴之兰亭。

目的：修禊事也。

东晋穆帝永和九年（353年），家大业大的王羲之，想起当年石崇"金谷园雅集"奢华浮夸的壮举，决定见贤思齐焉，但他还想要更文青、更脱俗些，思来想去于是选定在三月初三上巳日举办聚会。

"上巳"这个节日的起源，不仅多元更是错综复杂。有时称"三月三""重三"，文人叫它"祓禊""修禊"，而民间则称为"射兔节""踏青节""蟠桃节""王母娘娘寿诞"。而"禊"，就是"祓禊"，在每年三月三日举行，是春游戏水的节庆。王羲之参照祭典的精神与程序，号召四十一个朋友在会稽（今浙江绍兴）山阴，举办兰亭聚会，以"修（完成）"其事，写下著名的《兰亭集序》。

书法写得极好，除了帅没什么好说的王羲之，参照的是祭典的哪些精神与程序呢？

"上巳日"，原本是由统治阶级举行的天人合德的宣示祭典，到了汉代之后，发展出也是在同一天举行的"祓禊"活动。"禊（炌）"是"秽气"，"祓"是巫师进行的降神仪式，"祓禊"就是"扫除不祥之气"。这种仪式在魏晋之前盛极一时，唐代之后才逐渐消失。

根据典籍记载，祓禊举行的方式，是到河边洗涤沐浴，以扫除秽气。《周礼·春官·女巫》以及郑玄注：

> （女巫）掌岁时祓除衅浴。
>
> 注：岁时祓除，如今三月上巳，如水上之类。衅浴，谓以香薰草药沐浴。

可见祓禊活动，最重要的是要到河边沐浴涤除秽气。至于为何要选在此时到河边沐浴，可能是当时的卫生环境不佳，趁着春暖花开、气温适宜，刚好可到河边洗澡，主要洗的是自身的气味，而不是外在的秽气。

还有上巳日著名的春游活动，《诗经·郑风·溱洧》是最早记载古人如何春游的典籍文章，可知春游活动不但与河边戏水有关，还是个男女约会的好日子：

> 溱与洧，方涣涣兮。士与女，方秉简兮。女曰观乎？士曰既且。且往观乎？洧之外，洵讦且乐。维士与女，伊其相谑。赠之以勺药。

溱河与洧河，水流涣涣。帅哥和靓妹，手持着香兰结伴出游。

靓妹撒娇："到溱河那边去啦！"

帅哥："刚刚去过了呀！"

靓妹："再去一次嘛，河边多好玩、多有意思啊！"

于是帅哥和靓妹，又到了溱河边，相亲相爱地互赠一枝芍药。

被禊的活动后来与上巳日的春游合一，演变为文人雅集式的春游集会。魏晋以后，在典籍中还可以看到在上巳日要去"临水浮卵、浮枣于江"的记载。

西晋文学家张协《洛禊赋》：

> 夫何三春之令月，嘉天气之氤氲。……于是缙绅先生，啸俦命友，携朋接党，冠童八九。……遂乃停舆蕙渚，税驾兰田。朱幔虹舒，翠幕蜺连。……浮素卵以蔽水……

南朝梁代文学家庾肩吾《三日侍兰亭曲水宴》：

> 禊川分曲洛，帐殿掩芳洲。踊跃赪鱼出，参差绛枣浮。

在上巳日还有洒酒祭水的记载，张协、庾肩吾，也都共同描述了洒酒祭水的仪式。

> 洒玄醪于中河。
>
> 百戏俱临水，千钟共逐流。

现在，线索搜集全了！是的，你我曾以为的文青味十足的兰亭集会，开始还原现场：

> 群贤毕至，少长咸集。此地有崇山峻岭，茂林修竹；又有清流激湍，映带左右。引以为流觞曲水，列坐其次。虽无

丝竹管弦之盛，一觞一咏，亦足以畅叙幽情。

漫长的冬日悠悠流逝，春光潋滟，一群好久没洗澡的文青，接受了当时文坛大佬王羲之的邀请，在永和九年三月三上巳日这一天，来到了会稽山阴的兰亭边——洗澡。

洗澡?! 是的，但文青的洗澡仪式，当然跟一般平民小老百姓你我不同。

他们一边洗澡一边吟诗："右将军司马太原孙丞公等二十六人，赋诗如左。前余姚令会稽谢胜等十五人，不能赋诗，罚酒各三斗。"总共四十二位，却只有二十六人交出作品?! 有十五位写不出来，各被罚酒三斗。三斗哪! 应该是故意写不出来，打算骗酒来喝吧?

无论如何，各位可以想象当时的画面，文青们在河边闹哄哄地作诗吟唱，身旁有装着美酒的酒杯"曲水流觞"顺水漂流，任人取用，河边有人往河中抛掷着鸡蛋呀枣子等应景的食物，好不热闹啊。

王羲之也没闲着，他汇整那些缴交出来的诗文，拿着鼠须笔、蚕茧纸，就撰写出了名震千古的天下第一行书《兰亭集序》，但之后又再被重新抄写了许多遍，这也是为什么现存的《兰亭》，很难推论是哪个版本。

为书法痴迷，朕是皇帝我骗我骄傲——"萧翼赚兰亭"

"赚"，就是"骗"。

王羲之五十岁写《兰亭》，五十八岁过世，时光悠悠，倏忽过了快三百年，《兰亭》再次出现是在唐代。

唐太宗酷爱书法，登基后四处征购王羲之的真迹，但一直没能找到《兰亭集序》。后来听说在僧侣辩才的手上，又经历了一段"萧翼赚兰亭"的曲折离奇过程，《兰亭》才归于唐太宗的收藏行列。

这则故事，分别被唐代的刘餗、何延之所记载，其中又以何延之《兰亭始末记》的叙述较为详尽可信。据传，王羲之对《兰亭集序》太满意了，嘱咐王家子孙要好好珍藏，代代相传。后来，第七代孙智永禅师将它传给了弟子辩才和尚。辩才乃名门之后，书画素养甚高，视若至宝，在屋内的梁上凿了一个洞来秘藏《兰亭集序》，只在无人时才敢取下把玩临写。

《兰亭集序》在辩才手中之事，终于传到了唐太宗耳里。太宗派人将辩才召入宫中供养，重加赏赐。一日，召见辩才，言谈中太宗不经意提起《兰亭集序》下落。

太宗："听说《兰亭集序》在你家？"

辩才："皇上误会了！绝对没有这回事。当年侍奉智永和尚时，虽有幸曾得见，但很可惜，已在战乱中不知所终。"

太宗东拐西绕，却怎样都问不出所以然来，只好讪讪然放辩才回越州。

太宗相当惆怅："右军之书帖，一向是朕的心中至宝，最遗憾的就是得不到《兰亭集序》啊！辩才这老和尚也真是，年纪这么大了，书帖留在身边也没用，怎么就不肯放手！谁能想个办法，替朕取得呢？"

主上求不得的苦，臣子们看在眼里，时刻不敢或忘。尚书左仆射房玄龄灵光一闪："臣推荐监察御史——萧翼。萧翼是梁元帝的曾孙，才华横溢，智计多端，又擅书画，一定可以达成这次任务。"

既然辩才不吃皇帝循循善诱这一套，萧翼决定微服，假扮成山东卖蚕种的潦倒的商人，又跟太宗借了几帖"二王"的书法，跟太宗打包票，一定会把《兰亭集序》弄回来。

萧翼打扮成潦倒商人，到了越州辩才所在的寺中，佯作观赏壁画，徘徊流连不去，直到辩才终于注意到他，让弟子请来一谈。萧翼先是闲话寒暄，之后谈文吟诗说史、围棋抚琴、投壶握槊，投辩才所好，辩才大感性情相投、相见恨晚，天天约萧翼畅谈，引为知己。

某日，萧翼拿祖传——梁元帝萧绎绘制的《职贡图》来与辩才鉴赏，辩才大赞，聊着聊着聊到了书法，又聊到了"二王"，萧翼评论道："论画而言王羲之不如王献之，但父子两人都是画不如书法。"

辩才："你对二王书法相当了解啊。"

萧翼："弟子虽落魄，当初也读了些书，奈何十年寒窗一事无成，不得不改做生意，但手上还有几件家传的珍稀二王楷书书帖。"

辩才大乐："二王书帖啊，明天带来看看吧！"

隔日，萧翼出示了他借自唐太宗处的二王书帖，辩才一看精神了！与萧翼热烈讨论，争辩其中的优劣真假。

辩才："你我既有这个缘分，实不相瞒，我有王羲之《兰亭集序》的真迹。你这些书帖确实不错，但无论如何都不能和《兰亭》相提并论吧。"

萧翼大惊："不可能！《兰亭》早已在无数战乱后失踪，哪可能还有真迹！"

辩才："你明天来看。"

隔日，辩才从屋梁洞里取出秘藏的《兰亭集序》。

萧翼："这是?"

辩才："《兰亭》啊!"

萧翼不以为然轻笑："不可能! 一定是伪作! 假的假的!"

辩才激动不服气："这是吾师智永禅师临终之际，亲手交给我的，怎么可能是假的。一定是现在天色昏暗，你眼花了，明天再来看吧!"

从这天开始，辩才将《兰亭》和萧翼带来的"二王"书帖，就这么并置在桌上，没藏回屋顶的梁上。某日，趁辩才外出，萧翼来辩才处，假装是要取回遗忘在屋内的物品。寺中之人这些天来看惯了萧翼，一点也没起疑，萧翼轻易取走了桌上的《兰亭集

序》。待辩才回来，发现《兰亭集序》被窃，大叫晕倒，良久才苏醒，又得知萧翼的真实身份，惊怒不已。

《兰亭集序》被快马加鞭地送到了太宗手上，萧翼也加官晋爵。太宗原本很气辩才，但想到他年纪这么大，就不处罚了，还赐予财物。辩才怎敢私藏这些财物，于是拿来盖了精美华丽的三层宝塔。但委屈悲愤的辩才，吃不下睡不好，一年多后就病逝了。

这就是鼎鼎大名"萧翼赚兰亭"的故事。传说唐太宗临终前，吩咐太子李治将真迹陪葬在昭陵。

唐太宗的"三台影印机"

没有了真迹，幸好还有太宗的"三台影印机"，让我们今日至少还能看到《兰亭》的摹本。

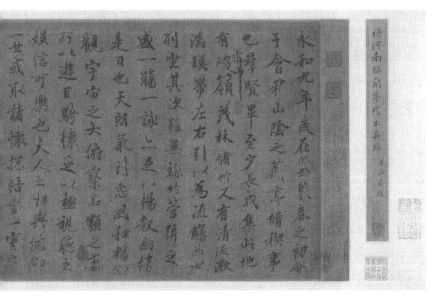

褚遂良《兰亭》摹本

《兰亭》一得手，太宗便欣喜若狂地下令三位当时的书法名家欧阳询、褚遂良、虞世南，临摹《兰亭》数本以为流传。

欧阳询的书体以峻拔取胜，为初唐的基本教材，影响力一直持续到现代；虞世南书体则遒媚见长，现存的虞世南行草书只有五件，都被收录到《淳化阁帖》；褚遂良则是兼容两者之长，太宗当时搜集到的王羲之作品，也都是由褚遂良负责鉴定。

据说唐太宗认为，欧阳询临摹最精，所以命拓书人冯承素、赵模、诸葛贞（神力）、韩道政，刻为法帖以为流传，并公告给弘文馆的学生作为官定版本。至于褚遂良的临摹，因多参酌了己意，列为别册。所以，一般都把刻本当作是欧摹本，而墨迹本则当作褚摹本看待。

身世坎坷飘零的公认最佳版本——《定武兰亭五字缺损本》

《定武兰亭》全名《定武兰亭五字缺损本》，传说来自欧阳询摹本的刻石本。

此版本的《兰亭》被历代书法家认定是最忠实的临摹版本，而且是由太宗皇帝亲自选定，刊刻上石并公布于学士院，以供弘文馆的学生临摹学习之用，可见在唐代就认为定武本是最好的版本。但刊刻上石后，欧阳询的手写墨迹本就不见了，现在只剩下石刻版本。这石刻本有一段很坎坷的经历，从唐末开始，《定武兰亭》因战乱辗转流传，出现了几个不同但相类似的版本，《定武兰亭五字未损本》便是其一，但现今已经证实，缺损本才是真迹！

唐玄宗天宝十四年（755年）爆发"安史之乱"，安禄山叛变，长安城沦陷，唐玄宗仓皇中将皇室迁往四川成都，带走了杨

唐摹本《兰亭》分为两大系统，版本众多，

以下是现今公认较好的版本

墨迹本　○天历本：八柱第一，虞世南本

（现藏北京故宫博物院）

○米芾诗题本：八柱第二，褚遂良本

（现藏北京故宫博物院）

○神龙半印本：八柱第三，冯承素本

（现藏北京故宫博物院）

○领字从山本：黄绢本，褚遂良本

（现藏台北故宫博物院）

刻本　　○定武五字缺损本：欧阳询本

（现藏台北故宫博物院）

贵妃，却将这块定武兰亭石刻留在弘文馆中，没有带走，直到郭子仪在硝烟四起的长安发现了这块石头，并在隔年（至德元年，756年），将石刻运送到灵武（宁夏银川）保存，此后一直到五代时期，都保存在此地。

到了五代后梁的朱温（907—912年）时期，定武兰亭从灵武被移至后梁的首都汴都（河南开封），作为太学生学习临摹之用。整个五代时期，定武兰亭石刻都一直在开封城内，直到后晋时期为止，前后约四十年。

辽太宗耶律德光会同四年（941年），由于后晋出帝石重贵拒

《定武兰亭》真本

绝称臣，辽军大举入侵，围攻汴都，耶律德光围城五年后破城。会同十年（947年）耶律德光在汴都称帝，随即因新立的政策激起民变。辽军北返，却在离开汴都前大肆劫掠，《定武兰亭》也在这时被带走。辽军北返经过栾城（今河北石家庄），之后在一个叫作"杀虎林"的地方，耶律德光病重死亡。契丹人的葬礼："破其尸，摘去肠胃，以盐沃之，载而北去。"

而《定武兰亭》，就这样被遗弃在杀虎林没带走，从此再也没人提起这块石头。

直到北宋仁宗庆历元年（1041年），《定武兰亭》在真定（今河北正定，也就是杀虎林），被当地农民发现，地方官员确认这块石头的身份后，买下并置于县学保存。唐代在真定设置"义武军"，宋代改为"定武军"，就是因为这样一路下来的辗转过程，自此后"定武兰亭"因此得名。

北宋皇室得知《定武兰亭》出世的消息后，立刻要求真定县

县官，将其送回首都开封。

　　但不知县官薛师正哪儿借来的胆子，居然敢监守自盗，竟连夜聘雇石匠，翻刻《定武兰亭》，将翻刻本送回开封，自己保存原石。为区别两者不同还留下暗记，被破坏保留下来的原石，便是《定武兰亭五字缺损本》，而送回开封的翻刻本，则是《定武兰亭五字未损本》。

　　约过了六十年后，北宋徽宗大观年间（1107—1110 年），喜好书法的佞臣，也是大书法家的蔡京，在内库临摹《定武兰亭》时，察觉有异（应是薛师正当时聘用的石匠，功力不够强，逃不出行家蔡京的法眼，发现了翻刻本刻石上的字迹和墨迹版本不大一样）。蔡京随即派遣官员至真定，要求薛家后代将《定武兰亭》原石缴回，薛师正之孙薛嗣昌不敢隐瞒，随即将《定武兰亭》进奉，置于宣和殿。

　　蔡京对比之后发现，两块《定武兰亭》除了字迹不同外，真品还有额外的损伤。真的定武兰亭刻石上，有五个字——"湍""带""流""右""天"被部分损毁。但为何会被损毁？据说是当时制作复制品的石匠下的手，目的是区分真品与复制品，而薛嗣昌也承认，此为薛师正所授意！《定武兰亭五字缺损本》从此被定名。

北宋积弱不振，靖康二年（1127年），金兵破首都汴京（开封），大肆劫掠，这一回，《定武兰亭》未受损毁。当时，宋军有两名大将留守，一为岳飞，一为宗泽。宗泽在金兵撤退后进入汴京，寻获《定武兰亭》，将这块石头运至扬州，当时南宋高宗赵构正在此地避难，还亲自临摹了《兰亭》。高宗无子，从皇族子孙中选出了孝宗来继位，热爱书法的高宗觉得孝宗的字不够高明，在临摹了《兰亭》后，还把自己的摹本交给孝宗，并谆谆嘱咐："可依此临五百本。"

南宋高宗建炎三年（1129年），金兵进逼扬州，高宗在逃难前，把《定武兰亭》交付给内臣（太监），但在兵荒马乱中，太监也搬不动这块石头，只好秘密投入扬州石塔寺的古井中。自南宋高宗之后长达三百年之久，无人知道《定武兰亭》的下落。

明宣宗宣德四年（1429年），扬州石塔寺的僧侣在淘井时，发现了这块《定武兰亭》。当时的两淮盐运使何士英，一听到这个消息，立刻以重金购入，将它进贡给明宣宗。宣宗收到《定武兰亭》后，除了嘉赏何士英的清廉，同时也做了几件拓本分赠给大臣与皇族（藏于台北故宫博物院的《定武兰亭五字缺损本》有可能就是其中一件），并将原石发还给何士英，之后何士英将它带回东阳（属浙江金华）祖宅保存。

明神宗万历年间，东阳县令黄文炳至何氏祖宅观赏《定武兰亭》，欣赏赞叹间突起贪婪之心，强行要把《定武兰亭》带走。
何氏宗族不肯，起而反抗，在争夺中《定武兰亭》摔落地面，碎
为三大块与若干小块。之后，何氏宗族的三大房各收藏一大块，
当地的权贵则搜集小块，后因家族纷争自此无法合拓。部分《定
武兰亭》残块，在 20 世纪 50 年代文物大清点后，归浙江省博物
馆收藏，但已不完整，部分残块不知所终。

　　《兰亭集序》如此重要，关键人物就是唐太宗，引领了书风
的转变。而转变的关键点，或许就是始于"萧翼赚兰亭"。

　　贞观年间（627—649 年），酷爱书法的李世民，对王羲之
推崇备至，不但亲自撰写王羲之的传记，还为此出金帛，不惜巨
资收集"二王"书迹，甚至还旁及魏晋名家钟繇等人。唐太宗所
搜罗的王羲之真迹有二千二百九十纸，据说当时装裱为十三帙
一百二十八卷。

　　"萧翼赚兰亭"后，太宗皇帝不但命书法家们临摹《兰亭》，
自己也临写《兰亭》。此时李世民的书法风格开始有了转变，越
趋于晚年则越倾向行草书，尤其是兰亭系统。上之所好下必效
焉，时尚的风向转了，原本以楷书为主的初唐书风，自此也有了
新的转变，逐渐转向了行草书系。

乾隆，有一千个印章的男人

——王羲之《快雪时晴帖》

名声仅次《兰亭》的《快雪时晴帖》，其实只是一张比 A4 纸还小的短信，以行草书写于白麻纸上。

这封信的收信人是"山阴张侯"，但此人真实身份迄今不明。全信只有四行，共二十八字。若扣除收信人四字，就只剩二十四个字，再去除头尾称谓，更是只剩下十五字了。

《快雪时晴帖》一直到唐代才第一次被记载下来，属于太宗皇帝的收藏，而且被制作了复制版本。现今的《快雪时晴帖》仅存一个版本，但事实上过去曾经出现至少三个不同的版本，而且内容也不太一样，十五个字的断句，曾有以下三种断法：

（一）快雪时晴，佳想安善，未果为结，力不次。

（二）快雪时晴佳，想安善，未果为结，力不次。

（三）快雪时晴，佳，想安善，未果为结，力不次。

此帖原始篇幅如此之小，却被盖章狂乾隆皇帝扩展了装帧篇幅，成为现今看到的二十八开，还用"地方包围中央"的手法，见缝插针地盖上各式收藏玺印，在总计七十四则历代题跋中，绝大多数都出自乾隆之手，可见得乾隆皇帝对它的珍爱程度有多深了。

想买吗？此刻拍卖至少要 17 亿才能成交的《快雪时晴帖》！

《快雪时晴帖》最早出现在唐代的典籍记载，这也证实了此帖在唐太宗时期，便已是藏品了。褚遂良编定的《右军书目》载："羲之顿首，快雪时晴。六行。"奇怪的是，褚遂良的记载中，这个字帖原本有六行，但现今在台北故宫博物院的版本是四行！

褚遂良弄错了吗？应该不可能。因为褚遂良本身是大书法家，又是奉太宗之命编纂书目。根据典籍记载，此帖为唐代的双钩摹拓本，唐太宗曾赐给魏征，之后又流传到褚遂良手中，褚遂良在帖上盖上收藏章"褚"，并且自己还临摹过书帖，所以误记行数的概率微乎其微。但此谜至今无解，只能推测或许流传过程中，被误剪了两行。

宋代初期，《快雪时晴帖》成为大藏家苏易简家族的收藏，之后由苏易简的孙子苏舜元、苏舜钦兄弟共同拥有。苏易简写过《文房四谱》，对书画收藏很有兴趣，《兰亭》也曾是他的收藏之一。

苏家的收藏记录里，就同时出现过三件不同版本的《快雪时晴帖》，这也是目前无解的一个谜，现仅存台北故宫博物院一件，那么另外两个版本的下落呢？

记录里的三个版本为：（一）有褚印，转让给米芾收藏（应该就是台北故宫博物院的版本）；（二）无褚印，转让给刘泾，后又转为皇室收藏；（三）第三个版本没有说明。

米芾之后，褚印本转为北宋皇室收藏，盖有北宋皇室收藏印

"宣和"。北宋灭亡，又再进入金章宗的收藏。南宋初期，高宗收藏褚印本，但另外一件北宋宣和内府的无褚印本，此时已不知下落。后来，理宗将褚印本赏赐给佞臣贾似道，贾似道书法精妙，帖上亦盖有贾似道的收藏章"秋壑珍玩"。元代，褚印本又成为皇室收藏，皇室让赵孟頫鉴定，赵孟頫认定是王羲之真迹，在帖上留下题跋："今乃得见真迹，臣不胜欣幸之至。"

元代灭亡后，褚印本流落民间，在收藏家之间辗转流传。明代万历年间王穉登记载，他把《快雪时晴帖》卖给另一个藏家刘承禧的价格是"三百镪"。三百镪是明代的三百两白银，而当时的一品官，年俸也不过二十两啊。

> 此帖，卖画者卢生携来吴中，余倾橐购得之，欲为幼儿营负郭，新都吴用卿以三百镪售去，今复为延伯所有。
>
> ——（明）王穉登《快雪时晴帖》题跋

《神宗实录》："御前有成化彩鸡缸杯一双，值钱十万。"十万钱是一百两，所以一个鸡缸杯是五十两，换算下来，当时《快雪时晴帖》便已是鸡缸杯的六倍价格了。而在 2014 年苏富比拍卖会上，明成化斗彩鸡缸杯以约 2.8 亿港币的天价被拍出，依此换算《快雪时晴帖》若此刻拍卖，至少要 17 亿港币才能成交！

明末清初，褚印本成为冯铨的收藏。冯铨为明万历年间的进士，后来依附九千岁魏忠贤而飞黄腾达，官至东阁大学士、太子太保。明思宗崇祯年间，魏忠贤倒台，冯铨被认定是"阉党"免官，闲居北京，以收藏书画自娱。

顺治元年（1644 年），摄政王多尔衮攻陷北京，顺治登基，冯铨随即投降清朝，以中和殿大学士任用，康熙十一年（1672 年）

过世。康熙十八年（1679年），冯铨之子冯源济为了当官，将《快雪时晴帖》进贡。冯源济当上了小官，《快雪时晴帖》也自此成为清代皇室收藏，但雍正皇帝对艺术品兴趣不大，之后便传到了关键人物乾隆皇帝手上。

关键人物乾隆一手打造的"三希"之首

"三希"的典故，来自周敦颐《通书·志学》："士希贤，贤希圣，圣希天。"

乾隆把紫禁城养心殿当作自己的办公室长达四十六年，他在这里签署公文，接见大臣。养心殿旁的"温室"，面积非常小，仅有八平方米，本是用来当作值班军机（或太监）在冬天保暖用的小房间。乾隆十一年（1746年），重新装潢改建为皇帝储存个人书法收藏的地点，南北向，用木板门分隔为二小间，后室开有二门，改名为"三希堂"。至乾隆十五年，总计收藏有书法名家一百三十四人，作品三百四十

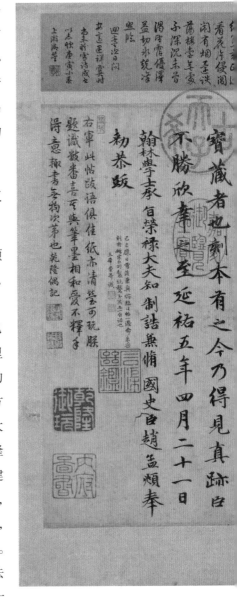

王羲之《快雪时晴帖》

件，拓本四百九十五种，自此奠定了清代皇室收藏的基础。

紫禁城的收藏里，书法比绘画更精，因为收藏的开始是建立在书法之上，之后才旁及绘画。在这些收藏当中，乾隆认为最好的三件是：一、王羲之《快雪时晴帖》；二、王献之《中秋帖》；三、王珣《伯远帖》。乾隆将这三件藏品定为"三希"。先有三希，才有三希堂。

《快雪时晴帖》原本是卷轴，大约在明代改装为册页，到了清代乾隆皇帝又再重新装帧，把之前历代藏家的题跋等，都挪到后面去，自己的则放在前面，唯有在正文左边的大书法家赵孟頫的题跋，不好意思更动。乾隆皇帝不仅增加了页幅，还制作了专门用来盛装的盒子，成为现今的二十八开盒装本。

说到乾隆自己的题跋，每年冬天，尤其是新年除夕初一初二，这些不用上朝的日子，乾隆都会把这帖"三希之首"拿出来赏玩，再写下长短不一的"心得感想"，尤为出名显眼的，就是大大的"神"这个字。年复一年，帖上东一个西一个，下一个上一个，大大小小盖了数百方收藏玺印。现今的《快雪时晴帖》，总计有七十四则历代题跋，其中就有五十二则是出自乾隆之手，但有三则是乾隆晚年手抖，命令大臣代题。年复一年的玩赏题字，题啊题的，直到某一年发现实在没地方题了，才在"神"字下方，题了"以后展玩亦不复题识矣"一行字。

而这些历代题跋都有个共同特征，大都是王羲之书体（小楷、行草），为的当然是向王羲之致敬。

乾隆皇帝在帖上，写了大大的"神"字，这是有特别原因的，源自古人对书画作品的品评标准。

自从唐代开始，人们就试图对书画创作做出一套品评方法，当时发明了四个字"神妙能逸"，自此开启了一个全新的纪元。

早在唐代的书法理论中，张怀瓘《书断》就提出评价书法的三个等级："神、妙、能。"后来神、妙、能三等级，也被运用在张怀瓘评价绘画的《画断》中。稍后，唐代朱景玄的《唐朝名画录》中又再加上逸品。

活跃于唐睿宗永昌年间的书画家李嗣真，字承胄，官至御史中丞、知大夫事，其所著的《书后品》中叙述自秦至唐的书法名家八十二人，并将之分为"十等"以定优劣，其中的九等来自南北朝庾肩吾《书品论》的九品分类，但李嗣真又在九品之上另外加上"逸品"为首："作书评而登逸品数者四人。……虽然，若超吾逸品之才者，亦当穷绝终古，无复继作也……张芝……钟繇……王羲之……王献之……右四贤之迹……神合契匠，冥运天矩……。"

宋代初期，黄休复在《益州名画录》中延续唐代的说法，并把品题的顺序做了更正，从此被定为"逸神妙能"四格。这是四格的首度确立，对后来的中国艺术史影响深远，直到现代。

但是，这种标准并非人人采用。少数的改变是在宋徽宗、清高宗时期，当时讲究"专尚写实不得自专"。宋徽宗的《宣和画谱》，把逸格放到神格之下，而成为"神逸妙能"四品。宋徽宗刻意贬低逸格，成为"神逸妙能"是有原因的，因为逸格一般都认为不拘常法。宋徽宗时期由宫廷艺术风格主导的图画院，画院画家们被要求"专尚法度""妙在赋色""用笔新细"。宫廷艺术显然与逸格有所抵触，所以唯独在宋徽宗时期，逸格的地位稍有变动。但这只是短暂的现象，宋代基本上还是以"逸神妙能"为品评的标准。

"逸神妙能"四格的分类法，北宋初期的黄休复之后就已经确立，自此沿用七百年之久，直到清高宗乾隆时期又被短暂打破。

到了清代，乾隆皇帝虽然雅好书画，但他的艺术品味有自己的取舍标准。例如，他搜罗很多吴派作品，但独缺唐寅，因为乾隆认为他的生活太过于放纵，不适合作为皇室典藏。因此，四格又回到张怀瓘的原始定义，"神妙能逸"成为乾隆的品评标准。

真相只有一个！"双钩廓填法"露出了破绽

双钩又称影书、响拓，全名"双钩廓填法"，这是利用硬黄纸防水的特性，沿笔迹两边用细线钩出轮廓，再填墨：

> 六朝人尚字学，摹临特盛，其曰廓填者，即今之双钩。日影书者，如今之响拓。
>
> ——（明）杨慎《丹铅总录·字学·影书》

双钩法的局限性，在于笔画的转折处，以及钩、撇的笔画会出现不流畅的状况，或是比较慢速的笔画，就不会出现积墨的效果。从唐代开始，《快雪时晴帖》就被认定是双钩摹本，因为它的笔画出现破绽。

虽然《快雪时晴帖》被认为是双钩摹本，但它是很忠实的摹本。这是因为笔画出现"破折"，这种情况来自拓纸写字的习惯。唐代以前，桌椅使用并不普及，大部分的人都是席地而坐，桌子则是矮几。写字时先把纸折成窄长条，一手拿纸，一手写字。这种书写方式，来自竹简的写字方式，魏晋时期尚处于简纸并用阶段，所以许多书法的书写方式与竹简相同。

要想富，挖古墓，一夜成为万元户——昭陵盗墓传说

这是一个盗墓贼的故事。贼，是温韬。盗的墓则是传说中唐太宗在临终前吩咐太子李治将王羲之的真迹全部陪葬的昭陵。

太宗在昭陵前亲自书碑：

> 王者以天下为家，何必物在陵中，乃为己有。今因九嵕山为陵……。不藏金玉、人马、器皿，皆用土木，形具而已，庶几奸盗息心，存没无累，当使百世子孙奉以为法。

但事实上，昭陵并没有薄葬，并且还是唐代的关中十八陵中规模最大的陵墓，光是陪葬墓就高达一百九十多座，成为后世盗贼觊觎的主要对象。

唐昭宗天祐四年（907 年），唐帝国灭亡，进入五代时期。关中地区群雄并起，而盘踞于关中平原西部的枭雄以温韬为首。温韬以贼帅的名义，同时与东西两侧的西府王李茂贞、后梁皇帝朱温交好，并先后成为两人的义子，且改名为李彦韬、温昭图、李绍冲，还被任命为统领关中平原西部的义胜军节度使。

传说，温韬从土贼摇身一变成为重臣，依靠的就是来自盗取关中十八陵的财富，一路施贿权贵的结果。

《宋会要》记载，北宋开国之初曾清点唐陵，直指昭陵被盗，但疑点至今仍在争论！因为昭陵所在的九嵕山并不在温韬的耀州辖区，而是在李茂贞的领地，温韬不可能为一个昭陵去冒犯义父李茂贞。更何况，如果昭陵已被盗取，那为何五代至北宋时期都未听闻有王羲之真迹传世？

北宋的米芾还作诗："翰墨风流冠古今，鹅池谁不赏山阴。此

书虽向昭陵朽，刻石犹能易万金。"

那一年，不舍得的五十万银元；今日，聚不了首的三希国宝

乾隆三希堂的"三希"，仅《快雪时晴帖》现藏于台北故宫博物院，另外两件在北京故宫博物院。之所以会分散的原因，传说是与民国初年紫禁城文物的流失有关。失散的两件文物，其实曾经来过台湾，却无缘相聚，至今分散海峡两岸。

一般的说法是，三希堂的另外两件宝贝《中秋帖》与《伯远帖》在民国初年被盗出了紫禁城，流落至香港，后由国务院出资买回，目前典藏于北京故宫博物院。溥仪当年将两件文物携出紫禁城，伪满洲国时期被溥仪卖出而流散民间，之后被抵押借款于香港的外国银行。1951年典当期满，英国有意搜购，周恩来闻讯，指示有关部门赎回。

据曾任职两岸故宫博物院的前辈老师描述：

民国十三年溥仪出宫时，三希堂的三帖都被携带出宫，但是主使者并非溥仪，而是宫中为谋一己私利的太监。当时它们被分批夹带在太监的个人行李中打算偷运出宫，幸好在检查行李时《快雪时晴帖》被搜了出来，但另外"二希"《中秋帖》与《伯远帖》就没那么幸运，早已被偷运出宫，并在北京就地找买家出售，最后落在瓷器藏家郭葆昌手中。

郭葆昌精于瓷器鉴定，负责官窑监烧，趁乱在北京大量购买从王公贵族处流出的各种古玩。他喜欢瓷器，后来成为瓷器鉴定收藏专家，北京故宫博物院在建立初期也聘请他为瓷器鉴定委员。当时郭葆昌常邀宴故宫同人，在某次宴饮的场合里，他亲口承认流出去的"二希"就是在他手中，并表示将来他去世后，要

把这"二希"赠予故宫博物院，使"三希"能够重聚。但郭葆昌去世后，并未留下遗嘱将"二希"赠与故宫，故宫自然也无法向他的后人索取。

民国三十八年（1949 年），郭葆昌的儿子曾把这"二希"带到台湾，并有意出售给当时的台北故宫博物院——在台中北沟的故宫，这就是"三希"曾同时出现在台湾的时期。为了鉴定真伪，台北故宫博物院当时还取出了《快雪时晴帖》，来比对这"二希"，众专家一起细细核对了三件宝贝上面同样的印章，确定"二希"都是正品，于是让郭葆昌的儿子开价，郭的儿子开口索价五十万银元，台北故宫博物院于是行文到教育事务主管部门，教育部门将函文转到行政管理机构，行政管理机构再将此函转给金融事务管理部门，金融部门又转给信托事务管理部门，但最后居然不了了之，因为信托部门不肯拿出五十万银元！

虽然五十万银元的确是一笔大数目，但以集体的力量，能以这个价钱将国宝买下其实相当合理，真是可惜了！郭葆昌的儿子眼看生意做不成，只好带着"二希"回香港，当时有英国人想出五十万银元买，但郭葆昌的儿子想想不大对劲，若卖给英国人自己可能背上一个"叛国贼""盗卖文物"的罪名，跳到黄河一辈子都洗不清。因此干脆自己托人找到周恩来，周恩来一听，立刻指示上海银行开仓库拿出五十万银元，买回了这两件国宝。

而不愿拿出五十万银元的那家机构，后来几百万的银元放在仓库直到 1998 年，竟标售这批堆在仓库里已经不值钱的银元，称重以银价卖出。

写遗书和写情书是不一样的

——颜真卿《祭侄文稿》

什么是"好的书法"？一般人认为，就是字写得规规矩矩、美美的。然而走进故宫，看到某些大师作品，很多人满头问号：究竟好在哪里？既不规矩工整，笔画也不那么漂亮！

唐代书法大家颜真卿的《祭侄文稿》正是如此，一般人左看右瞧，怎么看都像是随便写写的速写本，并且这件看来像信手涂鸦的作品，居然出自大师之手！还号称"天下行书第二"，排名仅次于王羲之的《兰亭集序》。

什么是好的书法？就是带有个人感觉的书法

在讨论"好的书法"前，先来聊一个书法史上赫赫有名的一代宗师——晚明四大家之一董其昌的故事。

据说董其昌当年参加科举考试，乡试中了第二名。后来得知，其实原本董其昌的文章最好，但松江府知府衷贞吉认为董其昌的字太丑了，当场就把他从第一名降为第二名。这事被传为笑谈，董其昌相当生气，觉得太没面子了，从此发愤写书法。不但自己练书法，还逼着家里的用人也一起苦练，之后若有人敢笑董

颜真卿《祭侄文稿》

其昌的书法不好，董其昌就让仆人展示仆人自己的作品给嘲笑的人看，意思是：你字写得好，来显摆吗？我家连仆人的字都写这么好看呢。这是当年的一个趣谈。

这件事情说的是，书法会如此重要，是因为在科举考试的时代，书法是读书人的基本要件。以明代科举考试的标准来看，"好的书法"，就是当时用来考试的书法字体——馆阁体（或称"台阁体"）。

馆阁体，是从王羲之、钟繇的小楷书变化出来的，是考试用的字体。所以，馆阁体又称为"钟王字体"。大家都为了考试，练习写这种字体，造成了"千人一面"。你写得漂亮，他也写得漂亮，但拿起来一看，大家都长得差不多。

在书法演进的过程中，从魏晋南北朝开始，到了唐太宗时期的弘文馆，开始推广王羲之的书法，曾一度成为唐代到北宋的书法标准。但王羲之的书风独大，大家一窝蜂学写，使书法家们开

始感觉无聊无趣，不希望"千人一面"了。唐代中晚期之后，若不是为了考试，而是自己平时写字，书法家们开始追求个人的情调、个人的风格、个人的笔态、个人的笔势。追求一些特色与变化性，甚至带有强烈个人特质的字体开始出现了，越到后期的书法家，这种现象就越明显。

"写遗书和写情书是不一样的"，我们在欣赏历代大师作品时，应该要记得这句话。因为在唐代中晚期之后，好的书法被认为应该要带有"很强烈的个人情绪特征"，你今天是高兴的，或者是难过的、快乐的、悲哀的，那你的书法笔调和意态，你写出来的字，就应该符合你在写书法那个当下的情绪。

换句话说，你在写《将进酒》"人生得意须尽欢，莫使金樽空对月"的时候，是什么样的感觉？又或者你在写《与妻诀别书》中"意映卿卿如晤，吾今以此书与汝永别矣"的时候，又应该是什么样的感觉？你写《与妻诀别书》，一定和写"人生得意须尽欢"的时候，很明显是完全不一样的情绪！可是，如果你用馆阁体，那不管写什么内容，看起来就都会是一样的。"写遗书和写情书是不一样的"大概指的就是这个意思，而颜真卿的《祭侄文稿》，便是符合这种追求且具有个人情调、个人感觉的一件很好的作品。

刚刚提到的董其昌，年轻时为了参加科举考试，苦练馆阁体，后来一路高升，最后退休时官至南京礼部尚书。董其昌能写字会画画，是华亭派领导人（董其昌住华亭），是当时画坛、书法界的领头羊级人物。虽然董其昌年轻时，学的是馆阁体，但现在能看到的董其昌都不是馆阁体，而是董其昌自己的字体。有一句话形容董其昌的书法——"不蹈前人"，即不依循前人的路来走，他走的是自己的路，这是个人化书法的开始。

"好的书法，就是带有个人感觉的书法。"

对这句话有基本的理解后，可以开始来看为何歪歪扭扭、涂涂抹抹，像草稿一般的《祭侄文稿》，大家会说好得不得了。

一块铁板颜真卿，颜氏家族一门忠烈

颜真卿（709—784年）的家族，在历史上来头不小，《颜氏家训》的作者颜之推，是颜真卿的祖先，大约生活在魏晋南北朝梁武帝的时代。从《颜氏家训》看得出颜家家教甚严，全书七卷二十篇，通篇谆谆教诲，怎么教子、兄弟怎么相处、怎么娶老婆、怎么治家、你的操守要怎么样，诸如此类，巨细靡遗。

《颜氏家训》中某一则写到，颜之推有个士大夫朋友，女儿十七岁了，他教他女儿学鲜卑语、学弹琵琶（因魏晋南北朝时，鲜卑族是北方主要的政治势力），打的如意算盘就是，等女儿学会了，便可送她去服侍公卿，若能获得公卿的宠爱，这位士大夫的为官之路，便可望平步青云。

颜之推告诫子侄：这人如此教子，但若因此官越做越大，即使做到公卿士大夫，我也不愿意你们效法啊。

魏晋南北朝时战乱频仍，有句话"时穷节乃见"，指的就是一个人的品格德行，平时不容易看出真貌，但在面临危难挑战时，就会显现出来。颜之推自律治家甚严，《颜氏家训》便是颜之推殷殷叮嘱其子侄，即使身处战乱，也当坚持保守的品行。颜氏一门后来之所以有那样的表现，颜真卿之所以成为那样的一号人物，或许根源于此一颜家的传统。

颜之推是颜真卿的高曾祖父，传到第六代孙颜真卿时，约为中唐时期。颜氏家族虽历代为官，但官越做越小，父亲颜惟贞在颜真卿幼年时便过世了，颜真卿由母亲抚养长大，家境并不富裕，因此颜氏家族其他的长辈也会帮忙照顾颜真卿一家。

颜真卿从小就喜欢读书，立志要考科举。据说因为家里穷，没有纸笔可练习，他就拿竹枝、木棒，在黄土墙上练字。后来颜真卿果然很争气，在开元二十二年（734年）考上了进士。做官后的颜真卿，不但自律甚严，对人也严格要求，因此一直无法和谐地融入当时的官场陋习，强烈的个人人格特质，就像是一块硬邦邦的铁板，常常得罪人！因此官宦之途一路都不顺遂，这和颜真卿写出的《祭侄文稿》《祭伯文稿》《争座位帖》都有关系。颜真卿的字被认为相当刚烈，字如其人，人如其字，正气完全表现在书法上，而这正气可能来自一门忠烈。文天祥《正气歌》里，"为颜常山舌"，说的就是颜氏一门可歌可泣的故事。

颜常山，便是颜真卿的堂哥颜杲卿，唐玄宗安史之乱时，代理常山（今河北正定）太守。颜真卿当时担任平原（今山东德州）太守。兄弟俩商议战局，认为常山、平原互为掎角之势，共同起兵定可重挫叛军。安禄山派史思明攻打常山，颜杲卿苦战六日不敌，常山陷落，被擒获的颜杲卿坚决不降。史思明用刀架在颜杲卿的小儿子颜季明脖子上，威吓道："快投降，否则就杀了你儿子！"颜杲卿面无表情，不理不应，于是颜季明与颜真卿派来常山助阵的外甥卢逖一起被杀。

史思明押着颜杲卿，去见坐镇在洛阳的安禄山。颜杲卿一见安禄山便破口大骂，痛责其不忠不义，安禄山恼羞成怒，命人将颜杲卿绑在桥柱上，一刀一刀割下颜杲卿的肉，凌迟处死，边行刑，安禄山还在一旁生吃其肉。颜杲卿顾不上剧痛，圆瞪双目，不绝口地一件件怒斥安禄山的罪状，安禄山狂怒下令割断他的舌头，说："没了舌头，我看你怎么骂！"没想到，被割断舌头的颜杲卿，即便话都说不清楚了，还是边喷血边含糊大骂叛贼，直到失血过多命绝才止。这是何等的气魄、何等的胆识、何等的壮烈！

颜真卿想为堂哥争取褒扬，却被专权误国的奸相杨国忠的手下张通幽进谗言一手挡下。颜真卿悲愤不平，跑到皇宫，以头猛撞台阶求见，才得到机会越级见到当时的太子李亨（后来的唐肃宗）。颜真卿哭诉颜杲卿为国捐躯死难的真相，才让颜杲卿最终得以获得应有的褒赠。平乱之后过了三年，颜真卿和颜杲卿的长子颜泉明，到洛阳收尸，颜真卿伤痛万分写下了鼎鼎大名的《祭侄文稿》。

《祭侄文稿》全名《祭侄赠赞善大夫季明文》，有时又称《祭侄帖》，或《祭侄稿》，在书法史上被认为是一件非常重要的作品，元代大书法家鲜于枢，称之为"天下行书第二"。不止鲜于枢推崇，历代书法家也都认为不但书法好，文章也好，是国宝级的收藏，极少展出，为限展国宝。

《祭侄文稿》写于唐肃宗乾元元年（758年），只有二十三行，总共二百三十四字。一开始第一行字，笔触还算平稳，但写到了第七行之后，字迹开始变快，凌乱，较散漫，边写边改，涂改越来越多。

全文前三分之一，叙述祭拜的时间地点，谁来祭拜谁，叙述这些人事时地物时，相对平稳许多（第六行前，笔画还大致平稳）。但进入下一段，真正的祭文文体本身时，开始描述到当时发生之事，"贼臣不救，孤城围逼"，写颜季明是怎样的一个人，颜季明如何与父亲颜杲卿一起守常山，又提到自己当时驻守平原，而没有去救援被安禄山手下围困的孤城常山，"父陷子死，巢倾卵覆。天不悔祸，谁为荼毒？"覆巢之下焉有完卵，到底是谁在荼毒天下？

前面说到，好的书法的要件，是要把情感的力量写进去。这里写到"贼臣不救，孤城围逼，父陷子死"时，笔势在纸面上显得相当地激动！"父陷子死"，墨特别黑，颜色特别重，显见下笔时心情特别地凝重，激动的情绪完全呈现在纸面上，边写边改……。你可以想象，他一边写一边痛哭流涕。在那个当下，颜真卿不是在写一篇书法，而是个人心情的记录。写到"天不悔祸，谁为荼毒"时，内心激动的情绪已经到达顶点了。写到结论"携尔首榇，及兹同还"，我从常山找到你的首级，带了回来（据说颜季明是被斩首处死，三年后颜真卿派人去乱葬岗找，找不到颜季明的身躯，只能带回头颅安葬），"抚念摧切，震悼心颜"。

维乾元元年岁次戊戌九月庚午朔三日壬申，第十三叔银青光禄（大）夫、使持节蒲州诸军事、蒲州刺史、上轻车都尉、丹杨县开国侯真卿，以清酌庶羞祭于亡侄赠赞善大夫季明之灵曰：惟尔挺生，夙标幼德，宗庙瑚琏，阶庭兰玉，每慰人心。方期戬谷，何图逆贼间衅，称兵犯顺。尔父竭诚，常山作郡。余时受命，亦在平原。仁兄爱我，俾尔传言，尔既归止，爰开土门。土门既开，凶威大蹙，贼臣不救，孤城围逼，父陷子死，巢倾卵覆。天不悔祸，谁为荼毒？念尔遘残，百身何赎？呜呼哀哉！吾承天泽，移牧河关，泉明比者，再陷常山。携尔首榇，及兹同还，抚念摧切，震悼心颜。方俟远日，卜尔幽宅，魂而有知，无嗟久客。呜呼哀哉！尚飨。

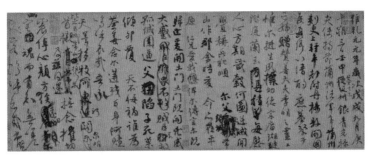

你可以想象颜真卿的心情，他在想着怎么措辞，如何表达内心的感受，所以到了最后一段，是相当紊乱的。读到这儿，你再回头去想象颜杲卿和颜季明当时面临的情况，史思明逼诱他说：你只要投降，我就继续让你当太守，不但当太守，还让你升官当刺史（一州之长）。用高官厚禄来诱惑颜杲卿，可颜氏家族自从颜之推开始，一门忠烈，他们的性格无法接受这种事情，于是死得这么惨烈！死了这么多人！

颜真卿的心里有一股怒气在，这股强烈的悲怆之情，从内心迸发，力贯于纸笔之上。

向草圣张旭求笔法，苦练五年，草书和楷书于焉大成

据说颜真卿曾向唐代中晚期的大书法家张旭学习书法，张旭擅长草书和楷书，是杜甫《饮中八仙歌》"张旭三杯草圣传，脱帽露顶王公前，挥毫落纸如云烟"所叙述的赫赫有名的奇人"草圣"。张旭最有名的作品，便应该是《肚痛帖》了，"忽肚痛不可堪，不知是冷热所致，欲服大黄汤，冷热俱有益。如何为计，非临床"。草书运笔间，鲜活可见张旭畅快的情绪。据说张旭写字时，必须先大叫三两声，喝了酒之后再写书法，便可"醒后自视，以为神异"。

年轻时，颜真卿立志学写书法，学的是初唐时期的三位大书法家之一褚遂良的风格。还记得吗？之前提过的，当年唐太宗搜得王羲之的《兰亭集序》等作品时，欣喜若狂找来了当时的"三台影印机"——欧阳询、虞世南和褚遂良，临摹出各种版本。褚遂良的代表作《雁塔圣教序》，现在都还被保存在西安的大雁塔。

之后，颜真卿想换风格，转换路线了，据说曾于天宝二年

（743 年）和天宝五年，两次前往河南洛阳拜访张旭。传言说，当时太多人去向张旭求教写好书法的法门，但张旭对他们都沉默不言，笑而不答，被逼得紧了，张旭顶多拿出几张纸，写字示范给大家看，但大家看了大师示范，也只是有看没有懂啊。

颜真卿先跑去找张旭的学生裴儆探听消息。裴儆想了半天，对颜真卿说，张旭只跟他说过一句话："倍加工学临写，书法当自悟耳。"大白话就是说：只有努力用功学写书法，才能写好字。这真是有说跟没说一样。

颜真卿初见张旭时，张旭也不大搭理，但颜真卿不死心，跟着张旭在屋子里转悠，跟到东呀又跟到西，一直跟着张旭走到屋子院东的一个竹林小院。院里有个小凉亭，张旭看到颜真卿还跟着，并没被他气跑（觉得这年轻人很有毅力耐心），于是和颜悦色拉他坐在旁边。终于张旭采用和颜真卿一问一答的方式，传授怎样写才是好书法的笔法要诀，即《述张长史笔法十二意》。自此颜真卿书法功力大进，这也是颜真卿师承张旭的说法之缘由。之后，颜真卿回家苦练，五年之后草书和楷书于焉大成。

《述张长史笔法十二意》里，有一段颜真卿的领悟很重要：

> 自兹乃悟用笔如锥画沙，使其藏锋，画乃沉着。当其用笔，常欲使其透过纸背，此功成之极矣。

意思是：跟张旭师父谈过后，我终于领悟了，想写好书法，用笔的时候，笔在纸面上画过的感觉，应该像是拿锥子在沙地上很有力地——"唰！"画过去的感觉一样！锥子的尖是藏在沙子里的，好的书法要"藏锋"，就像锥子藏在沙子里，但动作一样有力。这样书法的笔画才会沉着、有力量，写出来的字就会力透纸背。"力透纸背"在书法里，被认为是一个好的要件。拿笔用笔若能如此，颜真卿认为便是一等一的高手了。

"如锥画沙""藏锋""力透纸背"等项目，都被后代的书法家认为是拿笔要"中锋直下"写字的好书法标准，所以《述张长史笔法十二意》在书法史中有其重要性。

天下行书第二《祭侄文稿》，为什么好？好在哪里？

颜真卿苦练草书和楷书笔法大成之后，代表作也分成此两种不同的字体，楷书作品中《颜勤礼碑》《颜氏家庙碑》和《麻姑仙坛记》，都相当有名。

颜真卿早期较偏向褚遂良风格，字体较为硬瘦硬挺些；到了中晚期发展趋势转为较流畅，"中锋直下，如锥画沙"，字体就显得略为肥厚些。所谓"颜肥"后来成为颜真卿书法的风格之一。

《颜氏家庙碑》《颜勤礼碑》都是常被大家拿来练习的书法范本，除了字写得好外，这两篇都是颜真卿怀念自己的祖先，或是对于自己的家族感念所写下的文字，所以下笔庄重凝厚，不敢放逸，而这样的字体，很适合年轻人学写。至于《麻姑仙坛记》写成的年代稍晚，便已稍微放松些，是另一种颜氏的字体。

另外还有文稿性质的行草书"三稿"——《祭侄文稿》《祭伯文稿》和《争座位帖》。文稿是指边写边想边改，有点类似草稿。这三稿都是行书字体，但带有一些草书风格，在书法史上占有极重要的地位，很可惜现在仅《祭侄文稿》存有真迹，《祭伯文稿》和《争座位帖》只有摹本和刻本。

《争座位帖》是一封信，又名《与郭仆射书》，被誉为"颜书第一"。仆射是官名，这封信是颜真卿写给尚书右仆射郭英乂的

《颜勤礼碑》

书信手稿，内容是争论百官在朝廷宴会中的座次问题。当时郭仆射负责安排宴会中百官的座次，但却为了谄媚当时权倾天下的大宦官鱼朝恩，屡次将鱼朝恩的座位排在其他更高阶的官员之前。众人看了敢怒不敢言，但颜真卿这块忠义正直的铁板，终于忍无可忍写了一封千余字的长信《争座位帖》，痛责郭英又举止不合国家礼仪。两年后颜真卿突然被贬外放，肯定和这封信脱不了关系。

《祭侄文稿》《祭伯文稿》都是祭文，两篇字体很像。《祭侄文稿》祭拜的是辈分虽为叔侄却情同手足的侄子颜季明。而安史之乱平息后，颜真卿做了官，又走回他一块铁板的老套路，立刻得罪人又被贬官。颜真卿自幼丧父，由伯父颜元孙抚养长大，这回贬官路经伯父墓地所在的洛阳，所以祭拜伯父时写了祭文《祭

伯文稿》。内容述及颜元孙一族，除了颜泉明之外，皆因安史之
乱而断了血脉，伯父的儿子颜杲卿去世了，伯父的孙子颜季明也
去世了。写到此处，笔触变快而放肆，显得相当激动，但颜真卿
一再请伯父放心，承诺会继续争取表扬殉难亲族，也会好好照顾
颜氏家族的成员。

另外一篇是和写祭文心情完全两极的《刘中使帖》。这是寄
给刘中使的草书尺牍，现存于台北故宫博物院，内容也与安史之
乱有关，体现了颜真卿写听闻叛将吴希光已降、卢子期被擒获的
捷报时的心情。这篇写来相当畅快圆滑，并未特意求工整严谨，
写到"耳"字时，只剩一行，一个字，但从前人写字的惯例是
"单字不成行"，那怎么办呢？颜真卿灵机一动，刻意将笔画从上
往下拉，长笔直下，如锥画沙，补满整行的空间。颜真卿写这个
"耳"字的习惯，从此也被后来的书法家学习仿效。

> 近闻刘中使至瀛州，吴希光已降，足慰海隅之心耳。又
> 闻磁州为卢子期所围，舍利将军擒获之。吁！足慰也。

《刘中使帖》写在蓝色的写经纸上。唐代佛教兴盛，一般人
要供奉僧侣时，常找书法家为其抄经写经，送到寺院当供养之
物。但佛经内容很长，为了分辨卷别，就会使用不同颜色的写经
纸来分卷。

在回头了解《祭侄文稿》为什么好、好在哪里之前，我们必
须先了解什么是行书。

行书是在书法的发展历史中较晚出现的字体。一般说"篆隶
草楷行"，篆书较早出现，秦代"书同文，车同轨"时，李斯将
大篆统合成小篆。但篆书字体较圆，写在竹简上不好操作，所以

后来字朝横向发展成为隶书，隶书于是在汉代成为主轴。

草书算是比楷书和行书更早出现的字体，是为了配合隶书，因为隶书的隶，有官隶、小官员的意思，是从前小官员记载公文书时使用的字体，但有时为求快速，会把一些隶书的笔画作横向的简写，或是减笔，所以早在汉代时就已出现原始的草书了。草书是由隶书演化成比较简化的文字，是为了快速书写使用。

楷书的出现，则是在魏晋南北朝时期，有一说是因为纸张的出现导致了书写工具的改变，从竹简写字，改成纸张，字体开始可以往正方或是长方发展，后来就诞生了楷书。楷书写起来，一笔一点一画算是规规矩矩、工工整整，虽然字体好看也好阅读，但实在太费时了，如果只想写封信、写张便条时，应该不会想用楷书写字，所以这时行书也就同时发展出来了。行书可说是楷书的一种演进字体，而草书则是隶书的演进字体，所以在书法的演进史中，草书与隶书属于同一种字体，而楷书和行书也属于同一种字体。

而行书逐渐成为书法的主轴，甚至成为书法家的最爱，是因为相较于楷书来说，行书更具变化性，但又不像草书般难以阅读，因此唐代之后，就成为日常里最常使用的字体。行书在书法史上的应用也相当广泛，可以用来写借据、写遗书、写情书，适合用来写各式各样的东西，因此诞生的作品也是最多的。而这么大量的作品中，有所谓的"天下三大行书"，公认排行第一的是王羲之《兰亭集序》，第二为颜真卿《祭侄文稿》，排行第三则是苏东坡《黄州寒食诗帖》，这三件作品各有所长。

王羲之《兰亭集序》大家认为"韵味"很好，味道好极了，一笔一画间可感受到微妙的感觉，画面间气韵生动的气势在整个书法空间内呈现出来，所以一般来说，历史上都认为《兰亭集序》以"韵"胜。

颜真卿《祭侄文稿》，是以"气"胜，因写字时情绪相当激动，内心的感觉完全发挥到了笔墨空间上。

苏东坡《黄州寒食诗帖》，则是以"意"胜。苏东坡写此帖时，又逢被贬官，明明是春天的寒食节，却凄风苦雨的，像秋天一样萧瑟，连回家扫墓都不可得，住在破屋里的苏东坡，心中抑郁之情达到极点，这又是另一个故事了。总之在这么悲惨的心情下，苏东坡写出的字"意态"非常地低迷，非常地消沉。

其实无论是以"韵"胜、以"气"胜，或是以"意"胜，所谓的三大行书，讲的都是感觉的问题，就是一开头说的，过去书法好坏评比的标准，不在于字本身要好看这么简单而已，而是在于能体现出文字和内容笔画的配合，能将"感觉发挥出来"，才算是好的书法作品。

最后，我们再回头来看《祭侄文稿》的好。《祭侄文稿》好在气势纵横，但运笔不乱。颜真卿的心里有一股怒气在，对于时代、对于整个氛围，他内心有一股气，颜氏一门忠烈，却死了这么多人，他的一股气从内心灌输到纸笔之上。一个人生气时很难平稳地写字，虽然《祭侄文稿》猛一眼看似乎乱，但细看《祭侄文稿》每个单字，颜真卿还是运笔不乱的，这个部分很厉害。

《祭侄文稿》的另一好，在于读整篇文稿时，随着内容的描述，你会感受到颜真卿的内心情绪起伏不定，也因此颜真卿写时，随着内容的发展，以及他情绪的起伏，字体从一开始的平稳，渐次转为快速，到后面愤怒的情绪积累到顶点时，所有的内心情绪完整在笔画上体现出来。这笔势上的改变，也是我们欣赏的重点。

最后是所谓"个人化的书法"。颜真卿的时代已到了唐代中晚期。当时的书法家开始寻求"个人化的书法"，过去以王羲之为标准，但现在腻味了，想求新求变，而颜真卿的书法极具个性，比如说他的中锋直下、他的藏锋、他力透纸背的写字要求，这就是颜真卿和他人不同之处。他似乎并没有刻意去追求笔画本身的漂亮，也没有追求笔画结构的美丽，他在追求的是"以笔力胜"，就是以笔的力量来赢。

"个人化的书法"到了明代发展得非常有特色，以后有机会我们再来聊明代书法的特性。

书法史中，精品中的精品

——黄庭坚《寒山子庞居士诗帖》
《松风阁诗帖》《花气薰人帖》

　　几年前拍卖市场上，出现了黄庭坚的一件行草书作品——《砥柱铭》，一再喊价加价后，以4.368亿元人民币（含12%佣金）的天价成交，创下了中国艺术品拍卖价位的新高。

　　《砥柱铭》抄写的是唐代魏征的文章，能拍得如此重磅身价，是因为黄庭坚最受推崇的书法就是行草书系统，所以很多写行草书的书法家，都认为黄庭坚的作品，气味很好、味道很好，很值得学习。

　　成交后，有学者提出质疑，认为《砥柱铭》可能是伪造的，理由是错别字出现得太多了。但从前写书法就是一种日常，既然是写字，当然会不小心写错字。若不小心写错了字，就只好顺手涂改，所以早期的书法作品里常会看到错别字，尤其是黄庭坚的作品，错别字特别多，虽然《砥柱铭》也实在是错太多字了！

　　当然，有人提出疑问的同时，也有人反对，虽然正反两面的看法都有，但至少到现在为止，这件《砥柱铭》大致上被认为是黄庭坚的真迹。

这次成交的天价，也显示了黄庭坚作品受欢迎的程度，黄庭坚这号人物在艺术史里的身份地位是响当当的。

看法两极的《神仙起居法》开启了新世界

黄庭坚的时代相当有趣，那是一个书法大师辈出的时代。

古代的书法品评理论里，有一句话"唐人尚法、宋人尚意"，指的是唐代的书法家，讲究的是法度与法则，而宋代讲究的则是感觉，所谓的"感觉"，就是"意"。

"法"，原则上比较讲究笔画的结构、整体的布局、书法本身字形之美，以及行气的感觉。在欣赏颜真卿、柳公权、欧阳询、虞世南、褚遂良这些唐代书法家的作品时，应能感受到他们写字的规矩和讲究，这是唐代书法的大致特征。

但到了宋代，书法开始讲究求新求变，名之为"尚意"。当然这种时代氛围和趋势转折非一朝一夕形成，而是唐代中晚期就开始出现了，所以即便讲究法度法则如颜真卿，也开始出现较具变化性的行草书，而到了宋代便成为趋势和主流。

关于"唐人尚法、宋人尚意"这个书法史上的转变时期，五代时有一位堪称书法大师的杨凝式可作为代表。

杨凝式的家族累世为官，他有一件极具指标性风格的代表作——《神仙起居法》传世，现藏于北京故宫博物院。文献典籍评论杨凝式时，指其作品呈现的调性、样貌，存在某种一致性，就是"不践古人"，永字八法那一套讲究一笔一画一点的传统书法结构，杨凝式已经不管了，写字时完全笔意纵横，点画之间，就像画画一样，在纸上轻重缓急之间，完全凭借个人的感觉，意随笔到，将感觉直接用笔写下来。

杨凝式自己在题跋中提到，《神仙起居法》是他的师父传授的：

> 神仙起居法。行住坐卧处，手摩胁与肚。心腹通快时，两手肠下踞。踞之彻膀腰，背拳摩肾部。才觉力倦来，即使家人助。行之不厌频，昼夜无穷数。岁久积功成，渐入神仙路。乾祐元年冬残腊暮，华阳焦上人尊师处传，杨凝式。

《神仙起居法》接近道家的养生之法，"行住坐卧处，手摩胁与肚"，就是让你不管是走路、坐着，甚至是躺着，手都要不停地去摩擦肚子摩擦肚子摩擦肚子，摩擦背部摩擦背部摩擦背部。然后"才觉力倦来，即使家人助"，自己按不够，但累了，再把你周遭的亲戚朋友都使唤来，继续帮你这里按按那里按按，天天做、月月做，做久了以后，"岁久积功成"就可以"渐入神仙路"。

喜欢杨凝式的人，很喜欢杨凝式，认为他写字意气纵横，诡谲多变；但讨厌他的人，则认为他变得太多太大了，认为他的字带有某种毡裘之气，就是像外国人一样，乱七八糟、随便涂抹。无论如何，杨凝式的作品在那个时代有某种吸引力，因为他的字确实跟过去的书法有很大的不同，他总结了唐代书法的特征，开启了宋代书法的可能。

宋人讲究的"意气"是什么？

苏轼曾说，"观士人画，如阅天下马，取其意气所到"，就是拿来解释文人画的生成。文人画和过去传统宫廷画风的不同处，正如你远远地看，马都是一个头四条腿，但靠近观察每一匹马的神态、动作和表情，就会发现有些马比较温暾一点，有些则比较跌宕些。"取其意气所到"就是要能在作品中显现出独特的个性、味道和感觉。

综观整个书法史的发展，宋代人确实不大重视笔画的点、画等。所谓的结构之美，反倒比较重视通篇写来，是否可以体现出艺术家创作的感觉，书法文字和内容承载的情境是否能配合，这就是所谓的"意气"。宋代和唐代的书法，差别是很大的。

北宋有四位并称的书法大师，被认为很能代表北宋的书法风格，一般称为"苏黄米蔡"。苏是苏轼（苏东坡，放纵，放得很开）；黄是黄庭坚（既严谨，又有个人的感觉）；米是米芾（既可保守、温文儒雅，又可放肆、肆意，可随心所欲地任意使用两种风格来写字，这就是米芾具有冲突性的书法风格）；蔡则有不同看法了，有说是蔡京，也有说是蔡襄（但无论哪一位，两蔡与前几位相比，相对都是比较严谨法度的写法）。四位书法家，各自有各自的调性风格。至于究竟是蔡京还是蔡襄，一般的看法应该是蔡京，但为何后来蔡京被除名，补上了蔡襄？因为历史记述中，蔡京是奸臣，而以前在艺术品评时认为，一个人的人格与艺术作品应该要相对等，所以对于人格有问题的艺术家，评价都不会太高，即便蔡京书法再好，一开始被列入"北宋四大家"，但后人怎么看蔡京都不顺眼，不是字看不顺眼，而是人格人品看不顺眼，所以干脆大笔一挥抹掉了蔡京，补上了蔡襄。

四位书法家中，名气较大的是黄庭坚和米芾，但若以历史定位，或是艺术史的认知，则是苏东坡排名第一，因为他的知名度最高。在一般人心中，黄庭坚和米芾的名气可能还稍次一些，因为黄庭坚和米芾多半都是书法作品，而苏东坡则是书法之外还写了许多文章，例如苏东坡做了一首很有名的《寒食诗》，后来还写成了《寒食帖》，全名为《黄州寒食诗帖》。

为何讲黄庭坚还要特别提到苏东坡？因为被称为"天下第三行书"的《寒食帖》，后面有黄庭坚的题跋在上面，并且有人认为，这段题跋的表现，不比苏东坡写的正文地位来得差，这在书法史上相当少见。一般题跋的地位比较类似附注、笔记，重要性通常无法和本文相提并论，但黄庭坚在《寒食帖》上作的题跋，竟和本文被并称"双璧"，可见写得有多好。

> 自我来黄州，已过三寒食。年年欲惜春，春去不容惜。今年又苦雨，两月秋萧瑟。卧闻海棠花，泥污燕支雪。暗中偷负去，夜半真有力。何殊病少年，病起头已白。
>
> 春江欲入户，雨势来不已。小屋如渔舟，濛濛水云里。空庖煮寒菜，破灶烧湿苇。那知是寒食，但见乌衔纸。君门深九重，坟墓在万里。也拟哭涂穷，死灰吹不起。
>
> —— 苏轼《黄州寒食诗二首》

《黄州寒食诗帖》苏轼本文部分

苏东坡写《寒食帖》时，内心是非常不愉快的，因为他被贬到黄州当官，寒食节无法回家扫墓。其实寒食节才是真正的扫墓节，清明节则应该只是个节气而已，但因为寒食节的时间实在太难算了，是冬至后的第一百零五天，古人后来因为寒食节的时间与清明节相近，慢慢清明和寒食就结合在一起，再后来大家也渐渐忘了寒食，只记得比较好记的清明，清明于是"篡位"成为扫墓节。所以《寒食帖》的寒食，指的就是扫墓节的寒食。

之后，《寒食帖》辗转到了黄庭坚手上。黄庭坚二十三岁考上进士，当时的苏东坡早就很有名了，黄庭坚想结识苏东坡，写了两首诗送给他，苏东坡看了诗后觉得黄庭坚很不错，两人一见如故，结为挚友。苏东坡从此就像是黄庭坚的老大哥，两人关系就在亦师亦友之间。

黄庭坚看了苏东坡的《寒食帖》后有感而发，做了一个题跋，相当有趣。题跋里先把苏东坡捧上天，形容苏东坡的诗作里有李白的味道，但即便让李白来写可能也没办法写得这么好。之后又赞苏东坡写的字，同时兼有颜真卿和杨凝式的笔意，但就算叫颜真卿和杨凝式来，可能也没法写得像苏东坡这么好。最后一转，说可是啊，在我看来，即便让苏老大再写一次《寒食帖》，可能也写不出来了，哪一天啊苏东坡看到我这题跋，黄庭坚接着在跋语最后一句写道："应笑我于无佛处称尊也。"意思是我黄庭坚写的东西，其实也是不错的，"在没有释迦牟尼的地方，自己称自己是天尊"。黄庭坚是借着苏东坡的《寒食帖》，大大捧了一下自己啊！

行草书可说是黄庭坚写得最好的字。这题跋写得相当好，行草书大字，已是黄庭坚书法成熟期的风格，通常题跋会写得小一

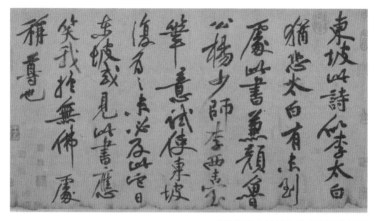

《黄州寒食诗帖》黄庭坚题跋部分

点点，但黄庭坚的字甚至比苏东坡的本文还大，内容也有趣，就因为题跋字很大，猛然一看会吓一跳，甚至会以为主角不是苏东坡，而是黄庭坚。本文和题跋，两个的字都很好，所以并称为"双璧"。《黄州寒食诗帖》是台北故宫博物院主要藏品之一，也是限展品，若真有机会看到时，请各位一定要顶礼膜拜，仔细欣赏。

　　黄庭坚最具代表性的就是他中晚期写的大字行书。事实上，黄庭坚各种书体都行，但一般认为最好的还是行草书。北宋"苏黄米蔡"四大书法家的行草书，都被认为是他们最好的书法作品，这要从"宋人尚意"这件事来看，要表达一种感觉、一种意念、一种态度，或是讲究笔下的情境，用楷书很难做到这一点。写草书，可能又放得太开了。而行草书，刚好很适合发挥之前讲的"意气"。所以宋代较好的书法作品，多半是带点草书味道的行书，而擅此道的黄庭坚尤为个中翘楚。

　　曾有人主张，"苏黄米蔡"中，黄应该排第一，而不该由苏独占鳌头。黄庭坚在书法史的地位，为什么这么高呢？因为苏轼的字有个性、有特色，但他的笔画、点画，事实上并不是那么好。反观黄庭坚的字，能严谨也能放纵，一笔一点一描一画之间，都极具书法的结构和运笔的感觉。以前人对黄庭坚的形容——"有法度的肆意"，既有法度也有肆意，运笔有法度，这点符合了书法家的口味。而能肆意，则是让人感觉很好，也很符合欣赏者的品味。

所以书法家要求，写字时要符合的规则和规矩，黄庭坚都有做到，真正写出来时又能放得很开，这就是书法家和一般观众都喜欢黄庭坚的原因。但黄庭坚之所以排第二，苏轼之所以能排上第一，是因为苏轼文章很多，生活中各种曲折精彩，使得他的名气太大了。

一般认为，"苏黄米蔡"之中，谈练字论学习，都应该从黄庭坚入手比较好，因为黄庭坚的字既有法度、法则，又有方法，是学习书法的好范本。

黄庭坚一辈子"怎一个衰字了得"

欣赏一个艺术家的作品时，最好能先对艺术家的人生有大致的认识，因为好的艺术作品，通常会体现艺术家的人生。在作品中，你会看到他的时代、他的一生，甚至是他对这个世界的看法，于是我们才更能理解这位艺术家的作品好在哪里。

黄庭坚是一个很有趣的人，"苏黄米蔡"中，除了苏轼之外，小故事流传最多的应该就是黄庭坚。黄庭坚是虔诚的佛教徒，许多作品中都透出一股禅意。其实苏轼和米芾从生活到作品也处处透出这味道，这与北宋时流行禅宗有密切的关系。北宋的大艺术家们，为何与禅宗的关系这么近？有一种看法认为，这和北宋的

"新旧党争"有关。

中国古代，并不存在所谓"艺术家"这种角色或身份，因为在那个时代环境，基本上无法靠画画、写字为生，所谓的艺术家，常是做官的闲暇之余，或是出事贬官后打发时间生成的，所以不该叫艺术家，而是文人或是官员，北宋四大家的苏黄米蔡，便都是官员。

北宋时，"新旧党争"也称"元祐党争"，是王安石和欧阳修两大系统的文人斗争，长时间斗下来，有输有赢，但不管是旧党赢了，还是新党赢了，总之只要一派上了台，就会想办法贬斥另外一派人，持续了五十多年的激烈斗争，让整个官场动荡不安。当时旧党输得多些，所以旧党官员的人生多半都不顺遂。人称"三苏"的苏轼、苏洵和苏辙，都被归类在旧党，是属于欧阳修系统的文人。然而黄庭坚还认苏轼为老大哥，当然也被归类在旧党。

黄庭坚家贫，年少发愤，二十三岁便考上进士当了官，人生理当是顺遂的。但他的官越做越小，一路被贬到南方去，六十一岁死在广西，死后才被亲属友人扶棺，带回老家安葬，下场其实还蛮凄凉的（当然凄凉是我们的看法，黄庭坚本人或许未必这样想，因为他被一路贬官向南时，其实并没有怨天尤人）。读黄庭坚的《黄山谷诗集》，喜欢和不喜欢的评价两极。但无论如何，读黄庭坚的诗，你会发现顶多只透露出一点淡淡的落寞无奈和淡淡的哀伤。简而言之，他不是愤青。

黄庭坚最后被贬到戎州（现四川宜宾）时，并没有想象中的怒不可遏，也没有自怨自艾，反而是安然着手修葺自己的破官舍，还将自己的小书房命名为"任运堂"（一切任随命运吧），荒凉之地待办的公事不多，黄庭坚便以诗画自娱，怡然自得。当地许多人敬佩黄庭坚，常跟他求字、求画、求诗。与其说黄庭坚是一个地方官，不如说更像地方文坛领袖，兴盛了当地的文风。据说黄庭坚茹素，不轻易发怒，或许我们能从《寒山子庞居士诗帖》中所体现出的意境情调，理解黄庭坚的人生。

黄庭坚自小勤练书法，和之前提到的杨凝式处境相似。那个时代纸和笔的供给都不足。据说杨凝式写到纸笔不够时，特别喜欢跑到庙里的墙上练字，在他名气大了以后，洛阳的寺庙只要一听说杨凝式要来，就会特意将墙壁粉刷一新，恭迎他大驾挥毫。黄庭坚也一样，自小家贫，但爱写字的人连纸笔都没有，实在是太痛苦了，所以长大后只要一有机会就忍不住现场挥毫。据说某日聚会，苏轼、黄庭坚和几位好友酒酣耳热之际，黄庭坚兴致一来，又当场写起字来，苏轼看了黄庭坚的字之后没说话，另一位朋友一开始也不讲话，但后来忍不住对自信满满的黄庭坚说，你似乎没看过怀素的《自叙帖》吧？黄庭坚愣了一下，问这位朋友："为什么这么问？没看过《自叙帖》有这么重要吗？"

原来黄庭坚早期写的字较严谨，略为呆板，缩得比较紧，不像后来放得那么开。台北故宫博物院有一件黄庭坚早期的书法作品，以小楷写成的《苦笋帖》，是黄庭坚写他爱吃苦笋，但许多人劝他，吃苦笋对健康不好，黄庭坚于是写了《苦笋帖》来反驳：我就是喜欢吃笋子，你想怎么样！

> 余酷嗜苦笋，谏者至十人，戏作《苦笋赋》。其词曰："僰道苦笋，冠冕两川。甘脆惬当，小苦而及成味；温润稹密，多啖而不疾人。盖苦而有味，如忠谏之可活国；多而不害，如举士而皆得贤。是其钟江山之秀气，故能深雨露而避

风烟。食肴以之开道，酒客为之流涎。彼桂玫之与梦汞，又安得与之同年。蜀人曰：'苦笋不可食，食之动痼疾，使人萎而瘠。'予亦未尝与之下。盖上士不谈而喻；中士进则若信，退则眩焉；下士信耳而不信目。其顽不可镌。李太白曰：'但得醉中趣，勿为醒者传。'"

——《苦笋帖》

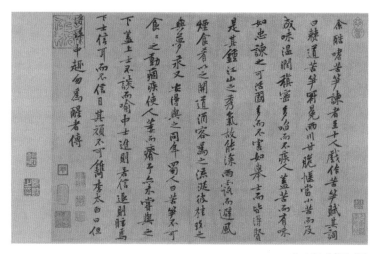

黄庭坚《苦笋帖》

　　后来黄庭坚终于有机会亲见怀素《自叙帖》真迹，惊为天书。《自叙帖》乃以狂草书写，放得非常开。之后黄庭坚功力突飞猛进，开始走向这种笔力纵横大开大阖的路线。《自叙帖》现也收藏于台北故宫博物院。

《寒山子庞居士诗帖》，抄的不是诗，是人生！

　　台北故宫博物院现藏有黄庭坚晚年谪居戎州时，在他的居所任运堂抄写唐代隐士寒山子与庞居士的诗作《寒山子庞居士诗帖》，但寒山子诗的第三首后半以及庞居士诗都已经佚失。现今台北故宫博物院收藏的这件诗帖，其实只剩下寒山子的部分诗作。

寒山子和庞居士都是禅宗的人物，北宋四家"苏黄米蔡"四人，都和禅宗走得很近，黄庭坚后来也和寒山子、庞居士神交。黄庭坚大笔一挥将二位隐士的诗作抄写成了书法作品，原诗写得很好，但黄庭坚的字更好，点画用笔痛快淋漓，充满飞动之势，却又不失沉稳，在书法史上被评价为登峰造极的作品之一，已是黄庭坚自己独特的书风及个性：

> 我见黄河水，凡经几度清。水流如激箭，人世若浮萍。痴属根本业，爱为烦恼阮。轮回几许劫，不解了无明。寒山出此语，举世狂痴半。有事面对面说，所以足人怨。心真语亦直，直语无背面。君看渡奈河，谁是喽罗汉。寄语诸仁者，仁以何为怀。归源知自性，自性即如来。
>
> 任运堂试张通笔为法耸上座书寒山子庞居士诗两卷。涪翁题。
>
> ——《寒山子庞居士诗帖》

"我见黄河水，凡经几度清。水流如激箭，人世若浮萍"，这四句写得极好，虽然不是自己创作的诗，但黄庭坚下笔时，完全把自己的情感投射进去了。写"我见黄河水，凡经几度清"时，黄庭坚内心的感慨一定很深，因为当时北宋的首都在汴京（今河南开封），但黄庭坚一直被往南贬官，只要他回汴京报到，就需要渡黄河，但每次渡河就表示又被贬官了，官越做越小，越做越远，心情自然唏嘘怅惘。"水流如激箭，人世若浮萍"，站在黄河边，看着河水滔滔，仿若自天上来，然而"人世若浮萍"，黄庭坚感受到自己的人生就如漂在水面的浮萍，无常且无奈。

"我见黄河水"的笔触平铺直叙而有力，是标准书法家写字的样子，但在"凡经几度清"的"几"时，笔画开始激动了起来，开始快一点了！很明显感受到黄庭坚开始悲怀起自己仕途飘零。在这件书法作品前看"水流如激箭"这几个字，你会看到"水""激箭"的笔画结构，仿佛就如水花飞溅一般，笔力纵横、遒劲有力，正如黄河之水滔滔不绝从天上汹涌而来的气势，"水流如激箭"的效果好似就要跃出纸面。

黄庭坚编《神宗实录》被攻击贬官，元符二年（1099 年）至三年，谪居当时的瘴疠之地戎州。你可以想象，孤灯荧荧下，黄庭坚边写边叹了口气，年少得志，却落得踏上一路向南的贬官之路。你可以从黄庭坚写"人世若浮萍"的"若"这个字明显感觉到，他之前运笔的刚强调性，到了这个字时，整个就萎缩起来了，像一只受伤的小动物，蜷曲成了一球、一团的样子。"若"这个字写得有气无力，看起来就是很"弱"的感觉。单看这个字实在不像大书法家该写出的结构和味道，但若通篇前后文看下来，到了"人世若浮萍"中看似最弱的"若"字时，你会发现那是前四句里写得最好的一个字，因为他把那种三分哀伤、七分无奈的人生境遇，在"若"这个字上完全表达出来了。

"痴属根本业，爱为烦恼阬"，人生为何这么痛苦？因为痴，因为爱。痴是你的业力，而因爱受伤，是自己挖坑自找烦恼。"有事对面说，所以足人怨"，什么话总毫不掩饰直说，自然容易得罪人，所以"足人怨"啊。

黄庭坚在抄录这首诗作时，将自己的感慨全都写进了书法的笔画里。一般认为，黄庭坚这手字非常好，既有书法家讲究的结构与调性，又能呈现诗中强调的情感和意境。"宋人尚意"里的意气，黄庭坚在《寒山子庞居士诗帖》里表达得相当精彩。回首此生，黄庭坚能说什么呢？不过就是无奈地叹一口气。《寒山子庞居士诗帖》完全体现出这种"自我解嘲的人生"。

这份诗帖的卷尾，有一段龚璛于元仁宗延祐四年（1317 年）三月二十三日所写下的重要题跋：

> 思陵好山谷书，此卷尝入绍兴甲库，后乃归秋壑。图记三，上为悦生，下长字，最下乃其姓名。卷首官印。德祐末，籍其家。凡入官者，皆有"台州抵当库印"云。延祐四年三月廿又三日。高邮龚璛书。

南宋高宗喜爱黄庭坚，主要习写他的字体。北宋结束进入南宋时，高宗试图搜罗父亲宋徽宗由汴京内府散落出的书法字画，同时也增加自己新的收藏，在当时南宋首都临安（今浙江杭州）建立内府存放这些艺术品，藏品上面都会盖"内府图书"的用印。而"绍兴甲库"指的就是绍兴内府，"甲库"的"甲"则是仓库等级的编号，"绍兴甲库"收的当然是最好的东西。"后乃归秋壑"，指的是南宋晚期权臣贾似道，号秋壑，他雅好艺术品，当权时获赏赐《寒山子庞居士诗帖》，在上面盖自己的印章。但后来贾似道失势，当时他住居所在地的台州地方官奉旨抄家，没收了贾似道的财产，又在上面盖了"台州抵当库记"印，于是《寒山子庞居士诗帖》和贾似道其他的收藏，最后又归缴回南宋的内府，直到南宋灭亡后，内府收藏又流落到蒙古人手中（所以才会有龚璛的题跋）。

题跋之所以重要，是因为藏品的历代拥有者可能会留下线索或记录，我们可从中追查出藏品流传的过程，这些记录让作品"流传有序"，可追查出藏品原本曾由谁持有，也可由此反推回去作品是否为真迹，所以历代的题跋和款印向来是研究古代书画的重要项目。细赏分析作品上的题跋，就像"听大家一起来说故事"，就像"读文人们的集体创作"，常可以从中得知作品辗转流传中经历的事情，无形中也增加了可看性和故事性，不但没有破坏艺术品本身，还帮艺术品增色不少。例如贾似道当权时所搜罗的艺术品，现今也是台北故宫博物院和北京故宫博物院收藏的一部分，因为贾似道官大、有钱，艺文品味又高，在中国书画收藏史上是一号人物，所以作品上若盖有贾似道的印章，一般都被认为是书画精品中的精品。东西不好，贾似道是看不上眼，不会收的。

黄庭坚的作品，在人生的不同阶段都显现出不同的调性与样貌，虽然他的作品多半无法确知写成的时间，但还是可略分为早中晚期。《苦笋帖》从字体看来应属早期作品，一般写书法都从临摹起步，当时他便是以王羲之、欧阳询、褚遂良等前代大师为主要临摹对象的。《苦笋帖》呈现较严谨的风格完全可理解。后来在楷书之外，黄庭坚也写行书、草书，风格开始逐渐转变，行草作品《花气薰人帖》则属较成熟期的作品，以"气韵"获得世人的称许。

除了《寒山子庞居士诗帖》，台北故宫博物院还有另外一件黄庭坚的大字行书作品《松风阁诗帖》。一般认为大字行书是黄庭坚最好的字，写大字有时会太奔放，黄庭坚这两件作品却显得舒缓，他的大字不会流于太狂放，会有"收"的部分。其中，

《松风阁诗帖》在书法史上的地位很高，人们常以"精谨"来形容它，因为虽是大字，但一笔一画都严守书法的本分，严整规矩，但又不似《苦笋帖》那么放不开，而是以舒缓的笔画在纸面上呈现，是行书大字的典范之一。若要练黄庭坚的大字行书，一般都会以《松风阁诗帖》为代表。至于《寒山子庞居士诗帖》则是晚期作品，有一派认为表现比《松风阁诗帖》更上一层楼，因为笔画更舒缓自然，更放得开，并且已经走出了黄庭坚自己的风格，被认为是"新创"书风。

黄庭坚的字为何被称为是很好的书法字体？黄庭坚自称，他被贬官四川途经长江水路时，"舟中观长年荡桨，群丁拨棹"。黄庭坚搭船要到被贬官之处上任，搭船时间长了，百无聊赖地观察船夫划着桨影响船身摆动的动作，居然悟出了书法的道理，成就大字行书的样貌。写大字行书时，字体的笔画拉得特别长，就像划船的桨伸出船身在水中划动的状况一般。但这"舟中观长年荡桨，群丁拨棹"，怎么似乎有些眼熟？因为唐代张旭观"公主与担夫争道"及"公孙大娘舞剑器"，于是悟到写狂草的道理，成了一代狂草大师。

另外，黄庭坚所抄写的《寒山子庞居士诗帖》，也和原诗内容略有不同。原诗"痴属根本业，无明烦恼阮"，被黄庭坚改为"痴属根本业，爱为烦恼阮"。你喜欢原诗还是黄庭坚改过的句子？

更改原作的内容，早在黄庭坚之前，就已有个著名的前例，唐代诗僧贾岛《题李凝幽居》中的"鸟宿池边树，僧敲月下门"，他为了后句中的"敲"字，是否该用"推"字替代，反复思量，还撞上了当时府尹大人韩愈的仪仗队……。你选择"推"，还是"敲"呢？黄庭坚主张"点铁成金"说："取古人之陈言入于翰墨，如灵丹一粒，点铁成金也。"黄庭坚好删改古人名句，是一种习惯。改《寒山子庞居士诗》并非特例，例如《兰亭》"俯仰之间，已为陈迹"，也被黄庭坚改为"俯仰之间已陈迹，暮窗归去读残书"。后人将黄庭坚主张的"点铁成金"，也称为"夺胎换骨"。

不减《兰亭》、直逼《祭侄》的《松风阁诗帖》

台北故宫博物院山脚下，有一座至善园，园内有一名为"松风阁"的亭子。移步至亭内，可见一块复制黄庭坚《松风阁诗帖》的石碑。松风阁前的小池塘里养了大白鹅，这是来自"羲之观鹅"的故事。据说王羲之看到鹅的脖子扭来扭去的，悟到了写书法的道理。之前提过，书法的地位向来比绘画来得高，从这至善园便可看出，亭子来自书法的《松风阁诗帖》，池塘来自王羲之的典故，书法在中国艺术史的地位可见一斑，黄庭坚的地位亦可见一斑。

《松风阁诗帖》是黄庭坚自己做的七言诗，根据诗卷的说法，"松风阁"原本没有名字，是由黄庭坚为其命名的："依山筑阁见平川，夜阑箕斗插屋椽。我来名之意适然。"诗卷又提到："东坡道人已沉泉，张侯何时到眼前。"可见得这诗应是写成于苏轼去世（1101 年）后不久。当时五十七岁左右的黄庭坚正在宦海沉浮当中，整个国家也正经历一场大变革，哲宗过世，徽宗即位，启用黄庭坚为监鄂州（今属湖北）税，再兼签书宁国军判官，升任舒州（今安徽潜山）知州，之后又立刻被下诏，升调回首都汴京为京官"员外郎"。但黄庭坚拒绝回汴京，请求改任郡官。或许他知道在当时紊乱的局势下，当地方官比卷进崩坏的中央要好些吧？最后以太平州（今安徽当涂）知州任用。短时间内黄庭坚看似一路高升，但旋即党争再起，才当了九天知州的黄庭坚又被罢免，改派去当庙公，主管"玉龙观"。就在这样的背景下，官途既然乖舛，黄庭坚于是和好友游山玩水，拜访名胜古迹，完成了晚年风格的代表作《松风阁诗帖》。黄庭坚是虔诚的佛教徒，一生游踪也多半和各地寺院有关。这天黄庭坚到了西山灵泉寺（位于今湖北鄂州），夜宿精舍，听了一夜松涛后，有感而发写了《松风阁诗》，表达对现实羁绊的无可奈何，与怀念苏东坡的心境。

《松风阁诗帖》本文的后面接了一长串题跋，从题跋中得知此作亦曾被贾似道收藏，因为和《寒山子庞居士诗帖》一样，上面盖了"台州抵当库记"印。但在卷首则赫见另一颗红通通的"皇姊图书"印，这是元世祖忽必烈的曾孙女祥哥刺吉的收藏印。至大四年（1311 年），祥哥刺吉的弟弟元仁宗即位，进号"皇姊大长公主"，她喜好艺文活动，收藏了许多历代名作，《松风阁诗帖》就是其一。元英宗至治三年（1323 年）三月甲寅日，大长公主举办了一场文人雅集，邀集文臣学士，在大都城南的天庆寺饮宴，会中由秘书监丞李师鲁引导，汉人、蒙人、色目人等一同观赏品题祥哥刺吉所收藏的书画，事后袁桷还撰文记载此事，并且追记了曾经奉题的书画名目，《松风阁诗帖》就在品题之列。另外在卷尾则可看到当时李洞等人的心得感想之跋文十四则。

《松风阁诗帖》亦被明代的大收藏家项元汴盖了"天籁阁"在内的一堆印章，这真是在美人脸上刺了许多字啊！项元汴倾毕生之力所经营的天籁阁珍藏，死后还不到六十年，就在清军攻进嘉兴时（1645 年），被千夫长汪六水掠夺一空，从此散失各地，之后辗转为清初收藏家梁清标、安岐等收藏，《松风阁诗帖》因此成为梁清标的藏品，最后捐给清代皇室，归入清室内府。可见

《松风阁诗帖》，一直都是相当受重视的好作品，所以多由历代主要的藏家所收藏。

《松风阁诗帖》被誉为"不减《兰亭》，直逼《祭侄》"。可见黄庭坚的大字行书历史评价之高。让我们回顾一下，王羲之的《兰亭集序》被称为天下第一行书，颜真卿的《祭侄文稿》乃天下第二行书，"直逼祭侄"足见历代书法家都认定这作品好极了。但到底好在哪？一般认为是在于书体的创新。之前提过，王羲之兰亭系统的行书，从唐代开始就被认定是写行书的范本，然而，"你写兰亭，我写兰亭，家家户户都写兰亭，大家都是兰亭"，缺乏乐趣之余，书法家开始试图寻找自己的风格，因此当时的书法家都将"以古人笔法，创自家面目"作为好书法追求的目标。论及北宋"苏黄米蔡"四大家，"自家面目"苏轼是有的，但"古人笔法"则弱了些；蔡襄则是"古人笔法"太多，欠缺了"自家面目"；米芾的书法多变，方能与黄庭坚并列成为"以古人笔法，创自家面目"的书法家代表。

《松风阁诗帖》习惯把笔画拉长，长波大撇，提顿起伏，一波三折，使长笔画显得更有力道，像是"船夫摇桨"。行书属于日常字体，写的时候通常比较随意，易显得有些不那么凝重。但黄庭坚为了求大字行书的力道，起笔、转笔、收笔都是以楷书的笔法，中锋直下，下笔沉稳变化含蓄，意蕴十足，在写到"东坡道人已沉泉"时，笔力特别凝重，结字也更加倾侧，传达出感伤好友逝去的激动情绪，被认为是"尚意书风"的典型。

《花气薰人帖》，这是用鸡毛笔写的吗？

黄庭坚的七言诗《花气薰人帖》是我所戏称的"红标米酒"，

因为台北故宫博物院的收藏品，若是属最高等级使用的是粉红色标签。我个人认为，台北故宫博物院最好的书法作品就是《花气薰人帖》，它是极品中的极品。前几年台北故宫博物院还曾拿《花气薰人帖》来拍形象广告片，可见即便台北故宫博物院有满手的珍藏，但哪几件才是指标性的心头好？《花气薰人帖》正是其一。

《花气薰人帖》不管是在台北故宫博物院、在艺术史的评价，或是艺术家的定位来讲，都是一等一、最好的东西。《花气薰人帖》尺寸并不大（纵 30.7 厘米，横 43.2 厘米），若拿《寒山子庞居士诗帖》（纵 29.1 厘米，横 213.8 厘米）来比较，便可很清楚相对的比例。《花气薰人帖》现在被裱成册页的形式，诗帖的内容原本是黄庭坚写给朋友的一封信，后来被拆解、剪下来，独立装裱成现今看到的册页。

此帖以草书写成，但也不完全算是草书，更准确的说法应该算是行草系统。之前提过，北宋这些书法家擅长结合行书和草书，这种字体可称之为"行草书"，较倾向于日常使用，例如记些心情杂感或写日记等。

《花气薰人帖》的重要性在什么地方呢？有一个关于《花气薰人帖》来源的故事是这样说的，黄庭坚有个画家好朋友叫王诜，台北故宫博物院、北京故宫博物院，都藏有相传是王诜的画作，他的作品风格是比较趋近于李成、郭熙系统的绘画，属于北方山水风格。

王诜很特殊，他不是一般的画家，而是北宋开国功臣的后代，家族历代为官，但传到王诜这代，官已经越做越小了，但王诜还是不用考试，就当了宣州观察使，后来还娶了北宋英宗赵曙的女儿（蜀国长公主），成了驸马爷，后来继续升官，做到了驸

花气薰人欲破禅，心情其实过中年。春来诗思何所似，八节滩头上水船。

——黄庭坚《花气薰人帖》

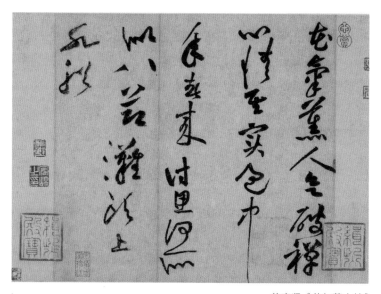

黄庭坚《花气薰人帖》

马都尉。但娶公主很厉害吗？其实无论是娶公主或是嫁王子，从来未必是一件太快乐的事，因为皇帝通常有许多个女儿，所以皇帝是你的老丈人不太罕见，真的还好而已。为了笼络官员，皇帝经常都会把公主下嫁给官员们，借以强化他们对皇室的向心力。

王诜虽是权贵之后，但据史书记载，他"十年不游权贵门"。这句话很有趣，指的是即便王诜自己是权贵之后，他却看不起这些权贵，所以长达十年的时间，他宁可跟艺文界的文青们密切往来，也不肯去权贵之家攀亲道故串门子。王诜跟苏轼、黄庭坚、米芾，都是往来密切的好朋友，后来因为乌台诗案，苏轼和他的朋友们通通被贬官，王诜自然也被连累，被贬为一个地方小官——昭化军节度行军司马，就是从主官变成副官的意思。但王诜原本便将功名利禄看得很淡薄，贬官后更加认为，娶了公主又怎样呢？

其实王诜运气很好，蜀国长公主据说相当温柔贤淑，并不是有公主病的那种公主，但王诜偏偏喜欢旁边的小妾，而且据说小妾还时常当着王诜的面顶撞公主，王诜非但没有斥责还袒护这个小妾，让公主很生气。甚至后来公主生病了，小妾和王诜居然就在病榻前肆意寻欢作乐，导致公主更加郁郁寡欢，之后就病死了。

宋神宗相当疼爱这位妹妹，得知妹妹去世后，罢朝五天。公主的奶妈向神宗告发了王诜，举报他为人放荡、行为不检，皇帝大怒，将小妾抓来毒打了一顿，并且把王诜的八个小妾，都改嫁到平常人家去，王诜本人则被贬到更远的均州，后来又再贬到颍州。这与黄庭坚的为官遭遇一样，一路向南贬谪，官越做越小。但王诜不以为意，不管世人的眼光，还是"快乐做自己"，这就是王诜。在王诜当官的生涯中，讲好听是"不游权贵"，但究其实，这家伙真的是一个文青，也因为如此，他跟文人的关系很密切。

《花气薰人帖》的诞生与王诜密切相关，据说王诜向黄庭坚求诗、求字，但黄庭坚或许是忙，也或许是懒，一忙起来便忘了这事。过了好一阵子，王诜派人送花给黄庭坚，黄庭坚一头雾水，猛然想起王诜之前跟他要诗、要字，所以这是不好意思直接提醒，才派人来送花暗示。后来黄庭坚只好写信跟朋友抱怨王诜：

　　黄庭坚寄扬州友人王巩二诗，前首提及："王晋卿（诜）数送诗来索和，老懒不喜作，此曹狡猾，又频送花来促诗，戏答。"

　　说王诜啊"此曹狡猾"，居然差人送花来提醒我还欠他东西。讨诗文讨到都来送花这招了，黄庭坚只好写了《花气薰人帖》。"花气薰人"四字，便是写王诜送花来向黄庭坚催逼这首诗的情况，内容其实很简单，四句而已：

　　花气薰人欲破禅，心情其实过中年。
　　春来诗思何所似，八节滩头上水船。

　　黄庭坚是佛教徒，禅修是他的日常，但"花气薰人"打破了黄庭坚内心的平静，且"花气薰人"也点出了此刻正是春暖花开的时节。黄庭坚不自觉悠然怅惘"心情其实过中年"，黄庭坚想表达的是，我之所以还没写诗给你，唉！是因为即便我年纪没有很大，但心情已经过中年了，日常该做的入定入禅功课，都被你送来的花害得我"欲破禅"呀！

　　我又不能把花给扔了，但其实我不是不想理你，只是想好好过我的人生，你就别来烦我行吗？你问我为什么没有写诗给你，"春来诗思何所似"，开春以来，一直都还没什么灵感啊。最后一句"八节滩头上水船"，黄河支流的八节滩，是伊河一个险滩，水流湍急，水里还有许多乱石堆积，夏天水势盛大，冬春时节基本上水流是很小的，但不管水流大或小，此处都甚难行船，"八节滩"指水流分八段，"上水船"的"上"是逆水行舟，相当艰难的。黄庭坚是借着行船八节滩，来解释他今年开春以来，感觉还不够好，灵感还不到位，所以还没法子给王诜写诗写字。

这首诗的字面意思是：王诜来求诗求字，黄庭坚赖皮迟迟没给，这会儿被对方委婉送花来催稿，黄庭坚没好气地回了信，还反过来嘲弄王诜，说你干吗弄个花来乱我的清修，我就是开春以来还没灵感给你写字。但若能理解这首诗的背景，里层所要表达的意思才最是深刻：黄庭坚其实在说的是自己啊。

让我们来回顾黄庭坚的人生，一辈子一直被贬官，一辈子一直在挣扎。"花气薰人欲破禅"，他只能在禅宗里寻求内心平静，对比暖暖春阳，黄庭坚反思检视自己的人生，虽然此刻实际年龄还不老，但在看尽了人间的悲欢离合、看遍了生命中的百态、看穿了人性中的险恶之后，已经感觉到"心情其实过中年"的凉意了。"春来诗思何所似"，作诗要感觉，要有情境的配合，感觉情境对了才能写诗，"八节滩头上水船"，但对黄庭坚而言是很艰难的，你看他人生的起伏，到底这是一个什么样的世界？身为一个读书人，一辈子拼读书考科举，好不容易终于金榜题名，原本该是人生胜利组，却面临一连串的险恶斗争，没有理由，只是因为讨厌你；没有理由，只是因为你跟我派别不同；没有理由，我就是想要搞你。你若曾经历人生的这些悲欢离合，若曾经历这些狗屁倒灶的事，自然便能理解黄庭坚在说一个什么样的故事，这就是这首诗的深层意涵了。

再就书法字体来看，黄庭坚的这件作品被认为是极品。"花气薰人欲破禅"，一开始毛笔上的墨比较饱和些，写"花气"两字时，相对还比较收敛一点，到了"薰"和"人"时，开始放得比较开了，到了"欲破禅"又相对平稳些。

第二行"心情其实过中年"，可以感觉到黄庭坚下笔越来越快，越来越快，"过"到"中"，这中间直竖一笔直下，从上而下拉到底。可以感觉到虽然运笔速度很快，但一般人只要运笔速度一快，笔尖就会开始感觉有点散乱散漫，甚至会有点随便，但黄庭坚这笔下来，一样中锋直下，呈现一波三折的效果，虽然细但却不瘦弱，这是这个字好的地方。

"春来诗思何所似，八节滩头上水船"，此时他写字的速度又更快了，写到"八节滩"时，你仿佛可以感觉到水花四溅，但到了"上水船"则是不畅快的，因为滔滔大浪，加上水中又多乱石，要逆水行舟，相当艰难，一不留神船就撞翻了，这可是会粉身碎骨的。就因为艰难，所以"八节滩头上水船"的时候，可以看到他的笔触开始变得慢而谨慎，开始慢慢地用力，但即便慢，"上水船"可是笔力万钧地在纸面上划过，从字的内容，到笔画的感觉，完全融合为一体！

我常常说，写遗书和写情书是不一样的。好的书法必须体现出本身应有的调性跟感觉，就书法结构来看，《花气薰人帖》便是标准的有情感、有力量的作品。

最后再看字体本身。有人说《花气薰人帖》是标准的一笔书，从第一笔的"花"写到"水船"，你会感觉到笔尖似乎已经没有墨了。一开始的"花气薰人"，笔墨非常地饱满、畅快，到最后的"上水船"，虽然看似强弩之末，细看却又笔力万钧。有一说是，黄庭坚蘸墨时都是计算过的，从"花气薰人"时的饱满，到"心情其实过中年"时，墨稍微少了一些，"春来诗思何所似"可以感觉到笔尖墨汁的量明显又更少，因此开始出现飞白的痕迹，到了"八节滩头上水船"时，墨已勉强到几乎没有了。有人议论，以这个字看来，最后的"船"字写完后，黄庭坚即便是想再多写一个字，也万万不可能了，因为墨已完全耗尽。但你一定要仔细欣赏、用心感受"上水船"这三个字，黄庭坚竟能做到笔断意连的境界。

是不是真的就是一笔书？果然黄庭坚精算后，仅蘸了一次墨，就写完这二十八个字？事实上关于这种说法还是有一些小争议存在，但相当确定的是，从第二行"心情其实过中年"的"心情"开始，黄庭坚的毛笔肯定就没再蘸过墨了，也就是说从"心"到"船"，是一笔写完的，可以从中感受到非常高深的控笔功力。品赏《花气薰人帖》的一笔一画，从翰墨间仿佛看到了黄庭坚是多么了解他的那支毛笔上还有多少墨可以让他继续写字。这就是为什么黄庭坚在"苏黄米蔡"四大家中，被认为是既功力好，又意气好的书法家，他的基本功非常扎实。

从这件作品可以很清楚地看出，黄庭坚在写笔画较少的字时，速度比较慢；写到笔画多的字，速度则相对显快。一般来讲，笔画少的字，书法表现上会弱一些，所以他慢慢写，笔力万钧，让毛笔的力量显得力透纸背；而笔画多的字，直观看来会比较厚重，所以黄庭坚采用比较轻快的笔触，让字体不会显得那么厚重。于是笔画少的字不会弱，笔画多的字则不显得太强，这是一个书法家厉害的地方。在字体的大与小、笔画的多和寡之间，取得了一个平衡点，这也是《花气薰人帖》值得欣赏的特色。

在读《花气薰人帖》时，要从黄庭坚跟王诜的故事开始，从诗表面的意思，看到诗深层的意涵，从听黄庭坚叙述自己人生的境遇，继而欣赏书法本身，看黄庭坚如何利用字本身书法的笔画，来跟文字配合，再来欣赏一个书法家如何控制他的笔墨，来达到书法作品的效果。《花气薰人帖》一直被认为是精品之作，有一种书法史上很少有人能超越的意境和感觉。

　　还有另一派看法认为黄庭坚写《花气薰人帖》时，感觉起来字有点"侧"。什么叫作侧？就是毛笔画过纸面时，笔尖似乎有点不大受控，但这并不是书法家没控制好，而是这个毛笔似乎有一个自己的偏侧角存在。"花气"这两字便有这种感觉，还有第三行的"年"字也是，你可以感觉到笔尖似乎有滑动的效果出现。

　　为什么会这样呢？宋代时最好的毛笔，是用兔子毛做的紫毫笔，但紫毫笔相当名贵，北宋文人庄绰，写的笔记《鸡肋编》内便提到，当时要买到紫毫笔是相当困难的，所以必须找一些替代的工具，"鸡毛笔"便是其中的一种。但廉价的鸡毛笔并不好用，蘸水量也不好，你可以想象拿这种笔写字，软软的鸡毛笔尖会在纸面上乱滑，相当难以控制。有一派看法认为，黄庭坚从二十三岁之后就一直被贬官，而且一直在人口少、物资匮乏的南方当官，可能在这种状况下，黄庭坚无法取得好笔，只能用廉价的替代品，因为笔尖比较不好控制，所以当他写"花、气"这些字时，你会感觉到书法家和笔尖互相对抗的过程，感觉那个字好像有点侧、有点倾、有点斜。这就是一个好的书法家，在遇到不好的工具时，会想尽办法驾驭它。这样子倾侧的感觉其实也挺有趣的，这是黄庭坚《花气薰人帖》的另外一大特色。

文赤壁？武赤壁？傻傻分不清楚

——苏轼《黄州寒食诗帖》《前赤壁赋》

在华人的世界里，唐宋八大家之一的苏轼（号东坡居士），早已经成为不朽的传奇。各式小故事和苏东坡的诗文集，渐渐构筑出了苏东坡的多种样貌：有文学大家苏东坡，有书法家苏东坡，有滑稽的苏东坡，还有一肚皮不合时宜的苏东坡。在宋四大书法家"苏黄米蔡"中，苏东坡排名第一，除了和黄庭坚亦师亦友外，台北故宫博物院还有一件见证米芾与苏东坡坚定友情的《紫金研帖》。

东坡不坏，米芾不爱？

明知米芾有洁癖，但玩世不恭的苏东坡这日又起了作弄之心，先是在画舫（即游船，当时在江南很普遍，多作为游幸、娱乐之用，船上除了吃吃喝喝，也安排有歌舞或戏剧表演，不免也会有船妓陪侍）灌醉米芾，让米芾醉到无法下船，只好在画舫上过夜。苏东坡再刻意找来妓女陪伴，隔天米芾酒醒大惊失色，妓女啊，"半点朱唇万人尝"，怎能和有洁癖的米芾共度一宿呢！

另一个故事，挚爱砚台的石痴米芾，这天又收了个好砚台，也不管三更半夜了，兴高采烈带着砚台登门入室拉着睡眼惺忪的苏东坡一起赏砚。虽然好朋友分享好东西是好事，但此刻苏东坡心里直犯嘀咕："搞什么鬼啊，大半夜叫我起床看砚台！"突然灵机一动，觑着眼打量："嗯……这个砚台啊，不错！"

米芾超开心："对对对，当然不错！"

苏东坡继续赞："这砚台看起来感觉起来都不错，石头也不错，样样美样样好。"

米芾点头如捣蒜："当然美，当然好得不得了！"

"但是！"苏东坡清了清嗓，话锋一转，"得要试试这砚台发不发墨。"

苏东坡这提议，是用砚的基本常识：石头材质好，雕工好，上面的题跋也好，但若居然不能发墨，纵使其他条件再好也没用了。

米芾拊掌大笑："试墨啊，当然当然，我去打个水来试墨！"

苏东坡嘻嘻笑："不用不用，太麻烦了！"猝不及防地"呸"了一口浓痰在砚台上。米芾目瞪口呆看着苏东坡闲适地把那口痰磨啊磨啊推匀在砚台上，还悠悠赞叹："感觉起来这块砚台很发墨噢。"

米芾的脸色，从白转青转赤转灰转黑又转白，恨得牙痒痒，但又什么都不好说，看着那团被推得也太匀的"浓痰之墨"，哪敢拿回砚台啊！愣了半天才终于从齿缝勉强挤出一句："砚台送你啦！"悲愤的洁癖米芾于是空手回家了。

米芾拜石，痴到了极点，也可爱到了极点

某日，石痴米芾在路边看到一块石头。"哇！纹理真是可

爱……"米芾觉得这块石头太美好了，马上让随身小侍童回家拿
来朝服，在路边穿戴整齐，就地恭敬地拜起那块石头来，边拜还
边喃喃"石兄啊石兄……"，被传为笑谈。

宋代何薳所著的笔记小说《春渚纪闻》中，记载了一则相当
有名的米芾爱砚的故事：

> 一日上与蔡京论书艮岳，复召芾至，令书一大屏，顾左
> 右宣取笔研，而上指御案间端研，使就用之。芾书成，即捧
> 研跪请曰："此研经赐臣芾濡染，不堪复以进御，取进止。"
> 上大笑，因以赐之。芾蹈舞以谢，即抱负趋出，余墨霭渍袍
> 袖，而喜见颜色。

这段宋代就有的记载，讲的是书法"宋四大家"之一的奸臣
蔡京，某一天和大书法家老板宋徽宗讨论书法，突然想到高手米
芾，立马诏他进宫来在大屏风上题字。米芾左顾右盼，拿了放在
一旁的笔，徽宗指着桌上砚台跟他说："你拿去用吧。"一写完字，
米芾捧着砚台"扑通"一声跪在皇帝面前禀报："这砚台让臣用过
了，皇上继续使用的话，不合适啊。"徽宗哈哈大笑，知道是石
痴米芾想要这砚台的一个说法，当下便赏给了米芾。米芾手舞足
蹈，高兴得不得了，生怕皇帝反悔，匆匆忙忙抱着砚台出宫，此
时砚台上还留有残墨，洁癖米芾袍袖、朝服整片黑，但他喜滋滋
的，一点儿也不在意。

虽然我们无法从史料中确认，徽宗赐的这块砚是否就是大名
鼎鼎的紫金研（通"砚"），但米芾爱砚的那副癫样，已跃然纸上。

《紫金研帖》是台北故宫博物院的藏品，但原名不叫《紫金
研帖》，而是《书识语（二）》。《书识语》是米芾的个人生活手

米芾《紫金研帖》

记，被后人装裱成册，其中第二卷便是《紫金研帖》。"紫金"二字，指砚台颜色偏赤紫色，表层还泛出金色的反光，"紫金研"因此获名。而《紫金研帖》，则是米芾把苏轼借走这砚台的故事，记录在个人手记中。

北宋哲宗绍圣四年（1097年）苏轼被贬谪到海南岛，那时的海南岛远得要命又荒烟瘴疠。直到1101年，苏轼才又奉调北返，途中经过真州（今江苏仪征），顺道拜访正在当地任县令的好友米芾。米芾开心地招待苏轼在官舍住下，还拿出心爱的新收藏——谢安《八月五日帖》请苏轼题跋，苏轼借了米芾珍爱的紫金研来写字，但离开时不仅并未归还，据说还交代儿子要将此砚一起陪葬。爱砚成痴的米芾怎么可能甘心，数度向苏东坡追讨，虽然后来终于追回来了，但心里还是不太高兴，于是将这段往事写下来，便成就了大名鼎鼎、带点草书味道的行书作品《紫金研帖》：

> 苏子瞻携吾紫金研去，嘱其子入棺。吾今得之，不以
> 敛。传世之物，岂可与清净圆明本来妙觉真常之性同去
> 住哉。

米芾表面上的意思是，苏子瞻（苏轼）把紫金研给借走了，多次追讨未果，居然还吩咐他儿子，等他去世后要把紫金研一起陪葬。米芾笃信禅宗，《紫金研帖》的结论于是也带有禅意：紫金研这等"传世之物"（俗物）是没资格与已经完成涅槃、修成正果的苏轼葬在一起的！

我们想想，米芾可以穿着朝服，在路边毕恭毕敬拜了半天石头，还尊称它大哥，所以这回紫金研事件，米芾真正的意思是：我好不容易得到这砚台，这块砚台是有灵性的，是要流传给后世子孙的珍品，我绝不会跟苏东坡一样，拿砚台来陪葬。米芾虽爱苏轼，但更爱石头，因此更无法割舍紫金研呀！

1101 年，苏轼与儿子戏言说要拿紫金研陪葬，同年苏轼就病逝常州，距北宋亡国只剩二十五年。

再回头看看这块被苏轼借走的紫金研，米芾在《宝晋英光集》是怎么形容它的：

> 吾老年方得琅琊紫金石，与余家所收右军砚无异，人间
> 第一品也。端、歙皆出其下。新得右军紫金砚石，力疾书数
> 日也。吾不来，斯不复用此石矣。

米芾说，我在年纪很大（当时，五十岁以上即称老年）的时候，好不容易得到一块产地为琅琊的紫金砚石，和我过去的砚台

一比，真是"人间第一品也"，即使是端砚或歙砚也比不上如此极品的一方砚台，一定不是一般人配得上使用的，这紫金研从前的主人有可能是王羲之吧……

月之从星，时则风雨，文青味满满的从星砚

从前的文房四宝笔墨纸砚中，唯独砚台是非消耗品，所以古代的文青世界相当重视砚台。有一方据称是苏东坡自用的从星砚，现藏于台北故宫博物院，说明牌上写着：（传）北宋苏轼端石从星砚。台北故宫博物院的收藏品种类及品项很多，除了三个月轮展一次外，现存的文物大多经过专家一再鉴定，虽然过去被认为是苏东坡使用过的砚台，但再次鉴定后发现了一些问题点，所以台北故宫博物院在砚台的标签前用了"传"这个字。但这砚实在极好，一般而言我们就认定它是了。

从星砚不大，厚5.6厘米，长15.9厘米，宽9厘米，大约刚好可"一手掌握"，这是宋代一般文人雅士日常用砚的标准尺寸。古代的文青们常需要随身携带砚台用来写字，体积太大自然不便带出门；同理，太重也不行。这方从星砚的重量才1180克，即便砚台的厚度有5.6厘米，但为了减轻重量，在制作时就把背面挖空了，所以实际的重量会比看起来轻上许多。

这方砚台的材质，是属端溪老坑的端砚。老坑石头的特征是上面会有一些眼睛，那是石头本身的结晶，但是在制作的时候，砚工仅会留下一颗眼睛在砚台正面的墨池里，而将大部分的眼睛都留在砚台背面。之所以这样做，是因为有眼的部分，虽可增加砚台本身的可观性，让它更漂亮，但由于结晶的成分比较平滑，若在砚面留下太多眼睛，可能会因太光滑而不好磨墨，所以砚工

都会把眼睛留在背面或是侧边。从星砚的砚侧，有苏东坡自己写的砚铭：

> 月之从星，时则风雨。汪洋翰墨，将此是似。黑云浮空，漫不见天。风起云移，星月凛然。

从星砚，便是由砚铭的第一句"月之从星"而得名。"月之从星"，砚池上留下的那颗眼睛凸起如月，砚背有着高高低低六十多根石柱，柱顶的石眼看似众星撒落。"时则风雨"，砚池盛了水开始磨墨，就像在砚面上掀起风雨。"汪洋翰墨，将此是似"，要开始写字磨墨了。"黑云浮空"，原本清澈的水磨成墨汁变黑了，在砚面上正如"黑云浮空"一般。"漫不见天"，月亮不见了，星星也不见了（还记得那颗留在砚池里的眼睛吗？刚加水时清澈见底，还看得到眼睛，但一磨墨之后，眼睛被墨遮住就看不见了）。苏轼继续往下写"风起云移"，拿着毛笔在砚台上蘸墨这个动作犹如风起云涌。"星月凛然"，砚面上刚刚磨的墨都被用掉了，所以原本隐藏在墨汁下被掩盖住的那颗眼睛，又露出来了。

从星砚是材质相当好的端砚，刻工极其精巧，再加上有苏轼的砚铭，非常巧妙地用文学性譬喻的手法，描述了磨墨、写字的状态过程，这使得从星砚也变得更文青了。

贵者不肯吃，贫者不解煮——舌尖上的东坡肉

乌台诗案是历史上著名的文字狱之一。苏东坡就是因为乌台诗案被贬到了黄州（今湖北黄冈）。

北宋神宗元丰二年（1079 年）三月，新旧党争时期，旧党

的苏轼被贬官，由徐州（今属江苏）调任湖州（今属浙江），以示薄惩，仅算是小贬官。被调任的苏轼，在收到派令诏书之后，按当时惯例得回复收到诏令，将遵旨办理。但苏轼是这样回旨的："知其愚不适时，难以追陪新进；察其老不生事，或能牧养小民。"细品文意，的确透出一股愤青不满的味道，因此被先前结怨的御史大夫挑语病大做文章，狠狠地参了苏轼一本，说他"愚弄朝廷，妄自尊大"、"讪谤朝廷"、"言伪而辩，行伪而坚"等，直指苏东坡借着表面自贬，实则暗骂朝廷不懂善用人才。宋神宗勃然大怒，认为他恃才而傲，将其锒铛入狱，在天牢关了几个月。苏东坡自觉必死，于是和长子苏迈约定，若听到被判死刑的消息，在送饭时就以鱼为代号。但某天苏迈到牢里送饭，竟忘了父亲的嘱咐，送来一道鱼，这可把苏东坡给吓个半死。

幸好最后这事经太皇太后出面，力劝皇帝"岂有因盛世而杀才士"，苏轼最后改被贬谪黄州，以"检校尚书水部员外郎黄州团练副使"充任。此案便是鼎鼎大名的乌台诗案，同案被牵扯者多达二十九人，包含黄庭坚、司马光、曾巩等人都被贬官，牵连甚广。

苏轼从汴京前往黄州，途经凤翔时，没想到原本是政敌的凤翔地方官陈希亮之子陈季常却在半路相迎，原来是因为同情苏东坡的遭遇，也佩服苏东坡的文采，于是原属新旧不同党的双方，遂化解了恩仇，成为忘年之交。日后双方互有书信往来，大名鼎鼎的"河东狮吼"，男士"怕太太"行为，便是苏东坡写信嘲笑陈季常的小故事。

陈季常喜好佛理，一谈起佛法就滔滔不绝，他的妻子柳氏是河东人，个性凶悍。苏东坡某次去拜访陈季常，人还没进门就听到一阵怒吼，接着是拐杖摔落的声音。苏东坡大惊，冲进去想看看怎么回事，却看到柳氏正叉腰瞪眼责骂陈季常，而陈季常则立在一旁，唯唯诺诺不敢回嘴。苏东坡见状，忍俊不禁题了一首诗送给陈季常："龙丘居士亦可怜，谈空说有夜不眠。忽闻河东狮子吼，拄杖落手心茫然。"

另外，苏东坡也经常与陈季常互寄收藏，彼此切磋琢磨。苏轼的《致季常尺牍》（现藏台北故宫博物院），讲的便是当时文人间书画交换及鉴藏的故事。

> 一夜寻黄居寀龙不获，方悟半月前是曹光州借去摹拓，更须一两月方取得。恐王君疑是翻悔，且告子细说与，才取得即纳去也。却寄团茶一饼与之，旌其好事也。轼白季常。廿三日。
>
> ——苏轼《致季常尺牍》（又名《一夜帖》）

抵达黄州之后，苏轼一家人被分配居住在馆驿"临皋亭"（馆驿，是供来往官员暂住歇脚的地方），此时苏轼一家人生活拮据。北宋的犯官没有薪俸，只有基本的配给，幸好他先前在湖州任县令时，攒有少数积蓄。北宋县令月俸十五贯（一千五百钱），但宋神宗时期物价高涨，铜钱贬值，十五贯换算不到一两白银。传说苏轼每月将仅有的钱分为三十份，每天取一份使用。

友人看不下去，向黄州太守要求拨给苏轼一块废弃军营附近的官田，让他自己耕种，苏轼一家人因而免于饥饿。苏轼在当地农户的协助下，临时用一些木板，在这里自己盖了一间简陋的屋子。因为落成时间在大雪的冬季，所以称之为"雪堂"，而雪堂的位置刚好又位于东坡，所以又称"东坡雪堂"，自此苏轼也自称东坡居士。

虽然生活困窘，但"黄州团练副使"是个闲差散官，加上苏轼是个有案在身的犯官，因此被要求"不许签署公事"，还被当地的地方官就近看管，有点被软禁的意思。但也正因为不管事，虽没钱却有大把时间。在黄州时期的苏轼完成了许多重要作品，如《前赤壁赋》《后赤壁赋》《念奴娇·赤壁怀古》《黄州寒食诗帖》等。著名的东坡肉也因此而诞生，他还写了一首打油诗《猪肉颂》："净洗铛，少著水，柴头罨烟焰不起。待他自熟莫催他，火候足时他自美。黄州好猪肉，价贱如泥土。贵者不肯吃，贫者不解煮。早晨起来打两碗，饱得自家君莫管。"

天下第三行书——《黄州寒食诗帖》

在凄冷萧瑟的寒食节，被贬黄州第三年的苏轼写下了《黄州寒食诗帖》，惆怅孤独的心情跃然纸上：

> 自我来黄州，已过三寒食。年年欲惜春，春去不容惜。今年又苦雨，两月秋萧瑟。卧闻海棠花，泥污燕支雪。暗中偷负去，夜半真有力。何殊病少年，病起头已白。
>
> 春江欲入户，雨势来不已。小屋如渔舟，濛濛水云里。空庖煮寒菜，破灶烧湿苇。那知是寒食，但见乌衔纸。君门深九重，坟墓在万里。也拟哭涂穷，死灰吹不起。
>
> ——苏轼《黄州寒食诗二首》

苏轼先写了两首《黄州寒食诗》，之后再将这两诗抄写成了行书带点草书味道的《黄州寒食诗帖》，这种字体写来美观又快速，是当时文人的日常字体。与赵孟頫齐名的元代大书法家鲜于枢，誉《黄州寒食诗帖》为"天下第三行书"，仅次于之前提过的第一行书王羲之《兰亭集序》、第二行书颜真卿《祭侄文稿》。

还记得"宋人尚意"吧？《黄州寒食诗帖》的好，在于通篇的字写来"感觉很好"，字体形态随着情绪起伏而灵动变化，完全能配合诗的内容。

这首诗的诗意相当地不快乐。寒食是祭祖的节日，但苏东坡是个犯官，被困在黄州，朝不保夕，穷愁潦倒，三年都无法回乡扫墓，因此每逢节日倍觉伤感，抄写这帖时自然也就相当不快乐。"年年欲惜春，春去不容惜"，年纪大了以后，更容易感惜年华似水。"今年又苦雨，两月秋萧瑟"，常有雨的寒食节，今年又苦于连绵两个月的湿冷阴雨，明明是春天，却是满满的萧瑟秋意。"卧闻海棠花，泥污燕支雪。暗中偷负去，夜半真有力。何殊病少年，病起头已白"，苏东坡对海棠情有独钟，借花自喻，将苦雨比喻为政治迫害，深深叹惋被苦雨摧折的海棠，以凋落的花瓣来比喻自己身心受创的悲惨命运。

一般认为，苏轼抄写第一首诗时，书体比较收敛，可能心情还没放得很开，因此笔画比较含蓄，但到了第二首，悲从中来对纸长哭。"春江欲入户，雨势来不已。小屋如渔舟，濛濛水云里"，写雨势凶猛，江水暴涨，写自己的简陋破屋，像茫然无依的小船，在茫茫大雾中挣扎求生，空荡荡的厨房，想生个火热热剩菜，才发现引火的芦苇都被水汽打湿了，当初才华横溢的天才少年，如今竟落得"空庖煮寒菜""破灶烧湿苇"的困境，猛然想起今天是寒食节啊！"君门深九重，坟墓在万里"，乌台诗案让我被贬到偏远的黄州，有冤无处诉，连续三年都困在离老家很远的地方，无法回乡扫墓祭祖，乌鸦尚能反哺尽孝道，我却无法

苏轼《黄州寒食诗帖》

照顾家族、照顾长辈，这一切该是走到穷途末路了吧！从"破灶烧湿苇"开始，到"死灰吹不起"，悲愤澎湃的心绪呼之欲出，书体奔放不拘，是标准的苏轼风格，是苏轼书法的绝佳之作。

细看苏轼的字，不如黄庭坚和米芾那般严谨，他写字时一如他的脾性，随心所欲地挥洒，笔画结构本身不能说美，只能说有个性。苏轼写字常未遵循古代书法的习惯，但最后呈现的整体效果居然如此之好，因为他将每个单字的情境灌注到了字体中。以《黄州寒食诗帖》为例："春江欲入户，雨势来不已"，写到此处时，苏轼的心情是萎缩的，所以字写来亦是萎缩的。"小屋如渔舟，濛濛水云里"，这个字体看来就显得如此之委屈，足见诗人心中有多委屈啊。到了"破灶烧湿苇，那知是寒食"，内心却开始激动起来，因为他突然想起自己竟然忘了今天是寒食节。大剌剌的苏轼，在冬至后第一百零五天的寒食节，你能想象在黄州需要自己耕田，连饭都吃不饱的苏轼，哪还能静下心一天一天计算日子，算到第一百零五天的寒食节。肚子饿了想吃饭，生了火才想到"那知是寒食"。我们看"破灶"两字，是不是特别放大，那是一种自责，是情绪上的波动。最后写到"君门深九重，坟墓

在万里"，内心情绪却又突然从高昂变成低荡，整个感觉是萎缩的。一般认为"死灰吹不起"这句是整篇最好的，细看"死"这字，苏轼自己真觉得便是末路，再也起不来了。

国宝级的神作就不能吐槽吗？大师就不会写错别字？苏轼抄写自己的寒食诗还写错字呢！且看第一首，苏轼原抄写成"何殊少年子"，但原诗应该是"何殊病少年"，所以苏轼点掉"子"，在"殊"的旁边添加了"病"。再看第二首"小屋如渔舟"的第一个字，苏轼误写成"两"，然后再把它点掉。为何苏轼不换张纸来重新写？其实古人并不像现代人这么重视作品上出现错别字，王羲之《兰亭集序》也有涂改处，天下第二行书颜真卿《祭侄文稿》更是通篇涂改乱成一团，这天下第三行书《黄州寒食诗帖》才错两个字，真是太客气了。

《黄州寒食诗帖》一向享有极高的地位，历代辗转流传在各收藏家手中，后来进入清宫成为皇室收藏。咸丰年间，英法联军焚毁圆明园，此帖流入民间，在同治时期被广东人冯氏收藏，但冯家竟遭火灾，书帖的下端因此留下了火烧焦的痕迹。1922 年，此帖被日本收藏家菊池惺堂收购，流入日本，之后再被内藤虎次郎收藏。内藤在书帖中题跋："予于丁巳冬尝观此卷于燕京书画展览会。时为完颜朴孙所藏。震灾以后，惺堂寄收余斋中半岁余。昕夕把玩。益叹观止。乃磨乾隆御墨，用心太平室纯狼毫作此跋，愧不能若东坡此卷用鸡毫弱翰而挥洒自在耳。虎又书。"内藤的这段题跋重要之处在于，之前认为《黄州寒食诗帖》前几个字显得别扭放不开，内藤帮着辩解说，是因为黄州买不到好笔，苏轼只能用廉价的鸡毛笔替代。"此卷用鸡毫弱翰而挥洒自在耳"，可见内藤虎次郎对苏轼的推崇。

后经日本大地震，此帖被抢救出来，又再度辗转流传，1959年由王世杰从日本藏家手中收购后赠予台北故宫博物院并成为镇馆之宝。王世杰的题跋，详述了此件国宝最后流传的经过："东坡先生此帖，曾罹咸丰八年英法联军焚毁圆明园之厄，尔后流入日本，后遇东京空前震火之劫。详见卷后颜世清、内藤虎两跋。第二次世界大战期间，东京都区大半为我盟邦空军所毁，此帖依然无恙。战事甫结，予嘱友人踪购得之，乃购回中土，并记于此。后之人当必益加珍护也。……王世杰识于台北。"

杜牧错，杜牧错，杜牧错完换苏轼错——两个赤壁

苏轼的《前赤壁赋》和《黄州寒食诗帖》都是台北故宫博物院国宝级的藏品，也是常被提出来讨论的苏轼名作。但苏轼其实弄错了，他笔下的赤壁，并不是当初三国时代赤壁大战时周瑜大败曹操的那个赤壁。

其实湖北省有两个赤壁——文赤壁和武赤壁。武赤壁才是正牌的战场，一般认为是位处于湖北蒲圻，就在湖北黄州（即苏轼被贬之处，现今的湖北黄冈）附近；而文赤壁，则要从唐代诗人

杜牧的《赤壁》诗说起："东风不与周郎便，铜雀春深锁二乔。"
杜牧不同意一般人对于三国的看法，不是站在蜀国那边，就是帮
着吴国。杜牧主张，是天气（指的是《三国演义》中的诸葛亮
"借东风"）帮了周瑜，周瑜是运气好才打败曹操，也因此绝世美
女小乔和大乔才不至于沦落为曹操的俘虏。杜牧是在黄州城外的
赤鼻矶写的《赤壁》诗，但当地人念"赤鼻矶"时，因为口音的
关系，让杜牧误听成了"赤壁"，从此以讹传讹，一代又一代的
骚人墨客（苏轼也是其中一位），都误将赤鼻矶以为是三国赤壁
大战的那个赤壁。

浪淘尽，被偷走的"缺字赤壁"里的题跋与印章

> 壬戌之秋，七月既望，苏子与客泛舟游于赤壁之下。清
> 风徐来，水波不兴。举酒属客，诵明月之诗，歌窈窕之章。
> 少焉，月出于东山之上，徘徊于斗牛之间。白露横江，水光
> 接天。纵一苇之所如，凌万顷之茫然。浩浩乎如冯虚御风，
> 而不知其所止；飘飘乎如遗世独立，羽化而登仙。
>
> ——苏轼《前赤壁赋》

《前赤壁赋》中描绘苏轼与友人夜游赤壁，月色清亮，清风
徐来，遥想千古风流人物。曹操横槊赋诗"月明星稀，乌鹊南
飞"，想当初曹操攻克荆州，夺江陵，江上战船万里乘风，旌旗
遮蔽天空，何等英雄盖世。而今安在？无论胜败皆被滔滔江水洗
尽，人生如梦，不如共享江水明月的无穷乐趣吧。

苏轼四十七岁谪居黄州游赤壁时，触景生情有感而发，借
八百多年前曹吴英雄之事，作了《前赤壁赋》以抒襟怀。由卷末

苏轼自己作的题跋"轼去岁作此赋"得知，苏轼亲笔写下此作，应是在北宋神宗元丰六年（1083 年），为了好友傅尧俞而抄写。

此作表达了苏轼对人生的感怀，文学性与艺术性俱臻化境，卷首有些破损，缺了三十六字。苏轼还特别交代傅尧俞别给人家看到，在自跋中继续说道："未尝轻出以示人，见者盖一二人而已。钦之有使至，求近文，遂亲书以寄。多难畏事，钦之爱我，必深藏之不出也。又有《后赤壁赋》。笔倦未能写，当俟后信。轼白。"可见历经了乌台诗案，苏轼因文字而受难之后，是多么忧谗畏讥，有如惊弓之鸟。

至于卷首缺损的三十六字，已由明代的大书法家文徵明补书，并且文徵明在下笔时，还力求模仿苏轼笔迹，若站远点儿欣赏这件作品，补字和原字迹并不会显得太突兀。

会认为是文徵明亲书的理由，一是因为文徵明在补书之后有题跋："右东坡先生亲书赤壁赋，前缺三行，谨按苏沧浪补自序之例，辄亦完之。夫沧浪之书，不下素师，而有极愧糠秕之谦。徵明于东坡无能为役，而亦点污其前，愧罪又当何如哉。嘉靖戊午至日。后学文徵明题。时年八十又九。"

第二个证据是，补书的三十六字旁有一行小字，是由明代的项元汴加注："右系文待诏补三十六字。"因为大收藏家项元汴说是文徵明，所以大家也就都认为是文徵明补上的。但项元汴并非没有误认的时候，补字时的文徵明已经八十九岁，后来有人研究补字的笔迹、笔顺，与写字的习惯，目前有一派学者主张，可能是由文徵明的儿子文彭代笔。

题跋的部分，还有一个很怪异的关键：苏轼写成《前赤壁赋》，送给傅尧俞时是北宋元丰六年（1083 年），但如此名声显赫的作品，经过许久的历史传承，多少文人经手、收藏，竟都没在其上留下痕迹？为何不见宋元时期的收藏题跋？也没有元代至明代中期的收藏玺印？仅存最早的第一个题跋，居然已是明代中晚期的文徵明所作？很多人认为，此卷的头尾可能被裁切过。

头尾被裁切过的推论，也可配合盖在上面的印章来追查，《前赤壁赋》上最早的印章，是南宋晚期重要收藏家贾似道的印章。南宋之后，作品上都没有任何元代到明代中期的印章，之后就是两位明代中晚期的收藏家陆完，以及项元汴的印章。

过去收藏家的习惯，会在画心和装裱处盖上压缝章，但陆完与项元汴的压缝章，都仅剩下一半——"陆完全卿"章，仅存右半边"全卿"。还有一颗"全卿珍赏"章，"珍赏"那一半也不见了，仅剩左半边"全卿"两字。这两颗都是压缝章，可见得这件作品的部分装裱被拆掉过，所以原本盖在被拆掉的装裱上的章就不见了。项元汴的状况也一样，有几颗压缝章，也都仅剩一半，如"墨林山人"只剩"山人"，"平生真赏"仅剩"真赏"，"若水轩"仅剩"轩"等。由此种种可推测《前赤壁赋》被重新装裱过，而历代文人、收藏家的题跋，在这过程中也可能被裁切掉了，仅留下文徵明、董其昌等人的题跋。

但《前赤壁赋》上，明末清初的大收藏家梁清标的印章是完整的。除了前述种种证据，证明此作曾被重新装裱外，我们还可从现存的印章状态，看出另外一个重点：项元汴的收藏失散于明代晚期战火之中，可能《前赤壁赋》流离后，便归入梁清标的收藏，所以在梁清标之后的收藏章便都是完整的。由此也可推测，重新装裱的时间点应该就在明末清初。

至于为何要割裂部分的题跋、印章？这是古董商一个很不好的习惯，他们经常会拆某些名作的题跋，接在另外一些伪作的后面，如此就可以假充真，高价出售。就是这种恶习，导致许多名作的题跋被割裂。

失散的题跋和印章，虽然让我们损失了许多解读《前赤壁赋》流传小故事的机会，但庆幸的是与清代皇室收藏有关的三位皇帝——乾隆、嘉庆、宣统的印章，在此作上都是完整的。

我走我自己的路，苏轼的"苏式书风"

苏轼写《黄州寒食诗帖》时，情感力量放得极强。在写《前赤壁赋》时，似乎情感力量就相对没那么强烈。但两作同是苏轼的代表作，都是中国的国宝无疑。

在大书法家之前，其实苏轼更被人熟知的身份是大文学家，苏轼的书法是有个人特色的。之前提过同时代的米芾和黄庭坚，在书法基本功的功力上，似乎比苏轼强些，因为米芾和黄庭坚一笔一点一画写来，都谨守着书法的方法原则，所以相对来说，大家比较喜欢米芾和黄庭坚。

但苏轼是这样看待自己写的书法的，他自称："我书意造本无法，点画信手烦推求。""我书意造本无法"是苏轼的优点也是缺点。缺点是苏轼并不那么严谨地遵守书法的结构，以及笔画的原则。优点则是，苏轼的字比较放得开，变化很大。以《黄州寒食诗帖》及《前赤壁赋》为例，苏轼写得随心所欲，当情感来时可以大放大开，但是当感觉不好的时候，就缩得很细，写字的时候有点倾侧的感觉，这也是苏轼的一个特征。

"点画信手烦推求"，虽然看苏轼写字只是信手点画，但苏轼说，其实我还是很用心很下功夫的。苏轼在写《前赤壁赋》时，字体相较于《黄州寒食诗帖》，显得较为厚重，较为缓慢，字形偏偏，在书法史上称苏轼的字体"厚重宽博"。"厚重"指的是写字速度比较慢，笔画相对来说便显得较粗壮。至于"宽博"是指字稍微往横向发展。这种"厚重宽博"的字体，和《黄州寒食诗帖》显得较为轻快的字体相比，两者完全不同。

据黄庭坚所言，苏轼早年习于摹写《兰亭集序》。苏轼的儿子苏过则称，苏轼学的是王羲之、王献之"二王"。但不管学的是《兰亭集序》还是"二王"，都算同一体系，应可发现相关的笔法与结构。

但我们来看《前赤壁赋》，其字的结构和运笔的方法，似乎与《兰亭集序》不同。儿子苏过对父亲书风曾有补充说明："少年喜二王书，晚乃喜颜平原，故时有二家风气。"直指苏轼年轻时，喜学"二王"书法，但晚年则转向了颜真卿的字体。颜真卿的字体较为凝重、守法度，所以晚年的苏轼字体风格，常掺杂有二王与颜真卿的书风习性。

《前赤壁赋》的字体节奏凝重，的确有颜真卿的味道，但并不是复制颜真卿的字体笔画，而是复制颜真卿的"感觉"。至于颜字笔画的严谨，在苏轼的书里并不容易见到。

论起书法上的成就，或许《黄州寒食诗帖》评价较高，但《前赤壁赋》文化底蕴很深，文章本身的文学价值又高，对后世的影响力相当大，因此历史评价自然也极高。

苏轼个人的书法特色，在《前赤壁赋》时已开始成形，到晚年则更趋成熟，可说是完全摆脱了古法，创造出自我的风格。有人认为这可能是苏轼在黄州时，因为物质生活条件不佳，写字时必须"矮桌低书"。由于桌子低矮，苏轼必须趴下来写字，笔的握位相对就比较低，比较靠近毛笔这一端，导致运笔较不流畅，字体就显得比较紧、比较凝重，两撇间也拉得比较开。但这仅是推测，并无法百分百证实，只能说《前赤壁赋》相当具苏轼个人风格调性。"我书意造本无法"，苏轼传达的意思已经很清楚了，别想从我的作品中找古人的方法原则，这是我自己的味道。

那些年，文青圈里的文物共享

——米芾《致景文隰公尺牍》

在台北故宫博物院的书法藏品中，北宋书法的收藏以米芾的作品为最多，除了行书代表作《蜀素帖》外，还有《致景文隰公尺牍》，也被认为是米芾盛年时期的代表作之一。

米芾："我说刘景文啊，想跟您买王献之的《送梨帖》，开个价吧?"文青能这样问吗? 当然不行! 说到"钱"，就俗了。古时候的文青若看上了一件字画，是要用"换"的。怎么个换法? 米芾写的这封信就是一个典型范例。

《中秋帖》是王献之写的? 还是米芾临摹的?

《致景文隰公尺牍》，又名《篋中帖》，"景文隰公"就是刘景文。刘景文是北宋大将刘平七个儿子里的老幺，刘平驻守在宋夏边境，因力拒西夏、孤军无援而殉国，七个儿子因此都得到了荫封。但荫封得到的官职，通常不如科举考试来得高。在仁宗嘉祐年间，刘景文荫官得到的官衔是"左班殿直"。虽在朝廷当官，却是个不管事的闲差，后来获得外派的机会，职称为"饶州酒务"，这是当时的公卖局局长（北宋时，酒须由官府公卖，不允许私酿），管的就是卖酒的业务，后来还被派去当督学（兼"摄州学事"）。刘景文是北宋时期的大收藏家，工资基本上都用来购买书画典籍，大名鼎鼎的王献之《送梨帖》，就是他的收藏之一。

刘景文是苏轼的好友，两人私交甚笃，因此在新旧党争时受到苏轼拖累，被归属于旧党。王安石有一次到饶州视察酒务，原本要弹劾他，但看到屏风上所题的诗"呢喃燕子语梁间，底事来惊梦里闲。说与傍人浑不解，杖藜携酒看芝山"大为惊艳，非常赏识刘景文的才华，因而放他一马。

北宋哲宗元祐五年（1090 年）初冬，苏轼在杭州任太守时和老友相见，当时刘景文五十八岁，老朋友相见感慨良多，苏轼于是写下了俗称《橙黄橘绿》的诗送给刘景文：

> 荷尽已无擎雨盖，菊残犹有傲霜枝。一年好景君须记，
> 最是橙黄橘绿时。

——苏轼《赠刘景文》

那年，是苏轼在杭州知州（即"太守"，相当于现今的市长）任上的第二年，时值初冬，天始寒，荷花都已经凋零，菊花也谢了，仅剩无惧对抗寒霜的菊枝昂然挺立。此情此景，让苏轼联想起自己和刘景文也都年岁老大，仕途却一路坎坷，一生多次被政治迫害而遭流放，颠沛流离于荒凉偏僻之地，此时鬓已星星……但毕竟还是洒脱旷达的苏轼啊，笔锋昂扬一转，萧瑟的秋景瞬间化为金黄鲜绿。他说：老友啊，你可别太难过，看看眼前朝气蓬勃的橙黄橘绿，这可是丰收的季节，正如咱俩此刻，是人生最成熟的时期，都是一年中最好的日子！

南宋初年，赵令穰在扇面上作了一幅画，秋冬时节的江岸，岸边种满橘树，树上硕果累累，画中的果色就如《赠刘景文》中描述一般，黄果、绿实，诗意入画，画名即为《橙黄橘绿》。画上有一题跋，是由南宋高宗亲手将《赠刘景文》抄写在画作左边。宋高宗亲自动手，就知道这首《赠刘景文》有多厉害了。

在官场上几经波折后苏轼翻身了，但他并没忘记被连累的老朋友，上书推荐刘景文为官，终于在元祐六年（1091年），刘景文被任命为"隰州太守"（今山西隰县），这是生平中最大的官。但刘景文真没享福的命，迢迢奔波，元祐七年才刚到任月余，便因病过世了。

刘景文上任后，不曾忘怀苏轼的举荐之情，想要送个小礼物给他。正好这时，被王献之圈粉的米芾来信想索换刘景文收藏的《送梨帖》，刘景文想起苏轼一直很喜欢米芾收藏的砚山，所以在开给米芾的交换名单里，便加上这一份砚山。偏偏不巧，米芾的砚山刚好被王诜借走了，米芾只好写这封信《致景文隰公尺牍》向刘景文解释。

> 芾箧中怀素帖，如何？乃长安李氏之物。王起部、薛道祖一见，便惊云："自李归黄氏者也。"芾购于任道家一年，扬州送酒百余尊，其他不论。帖公亦尝见也。如许，即并驰上。研山明日归也。更乞一言。芾顿首再拜景文隰公阁下。
>
> —— 米芾《致景文隰公尺牍》

米芾信中称呼刘景文为"隰公"，可见当时刘景文已是隰州太守，而刘景文于1091年被任命，我们又确知刘景文1092年到任约一个月即过世，由此推估出此作完成时间点应在1092年。

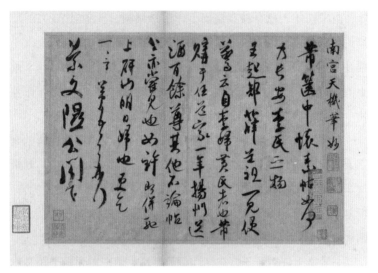

米芾《致景文隰公尺牍》

之前提过米芾，大家应该还记得这位穿着朝服、不顾路人的眼光，在路边就地拜起心爱石头的石痴吧？收集奇石、书画，是米芾的个人兴趣嗜好。北宋徽宗时，米芾还被任命为"书画学博士"，负责分类、鉴定、整理徽宗的收藏。徽宗本人已是此道高手，任用米芾担当此一职务，可见米芾功力多么强大。

据说，米芾喜欢收藏书画古物的嗜好，几乎到了成痴的境界，因此只要是被他看上眼的，能买就买；若买不到，能借则借；再借不到，就临摹。总之米芾想要的东西，是千方百计一定要弄到手的。据说，米芾有个坏习惯，有时候东西买不到，又遇上对方不愿意交换，他就想尽办法先借过来，欣赏之外，又临摹一件一模一样的，再将真品保留下来，却把临摹的作品还给对方。

米芾在自己的著作《书史》中记载，他太想要王献之的《送梨帖》了。虽然王献之名气不如老爸王羲之来得高，但米芾始终认为王献之的字更胜一筹！

米芾为了要换到《送梨帖》，和刘景文谈好的条件是，砚山被王诜借走了，刘景文你也鉴赏过我收藏的怀素的字帖，那可是好东西啊！原本是长安李家之物，我朋友王起部、薛道祖都知道。此帖从李家转到了黄莘手上，我为了跟黄莘（即信中的"任道"）买到这《怀素帖》，别的不说，光从扬州送酒给黄莘当礼物，就送了一百多尊啊。这样吧，如果你愿意，除了原本说好的"欧阳询二帖、王维雪图六幅、犀带一条、砚山一枚、玉座珊瑚一枝"外，我再加码一件"怀素的字帖"给你，一等王诜还我砚山，就立刻寄上给你，这样可好？

米芾在信里提到的，都是当时艺文圈的大人物：长安李氏，指李玮，是北宋开国功臣的后代，娶仁宗长女充国公主，被封为"驸马都尉"，也是个驸马爷来着，喜好收藏书画，米芾在《画史》中常提到他。王起部，本名王钦臣，曾经出使高丽，官做得大，文章又写得好，结交的也都是千古风流名士，藏书数万卷，是大藏书家，北宋著名的藏书楼之一即为王钦臣所有。薛道祖，本名薛绍彭，官职为秘阁修撰（负责修官史），也是个书法家（台北故宫博物院收藏有一些他的作品），在当时，书法的名气和米芾并称"米薛"。薛道祖和米芾有一事被记载下来：

> 余家旧有花下一金盆，旁一鹁鸠，谓之"金盆鹁鸠"者
> 是已。倾在都城，为元章借去，久不肯归。余比得巨济书，
> 闻元章已下世，大可痛惜。此画今亦不知流落何处，使人嗟

叹之不足。

——南宋岳珂《宝真斋法书赞》卷十三

岳珂，是"精忠报国"岳飞的孙子，在所著的《宝真斋法书赞》一书中提到，薛道祖家中有一张画，画的是"金盆鹡鸠"，画中有一金质花盆，花盆中有花，花盆旁有一只鸟（鹡鸠），这画后来被"元章借去，久不肯归"（元章，是米芾的字号），也就是说米芾把画借走，久久不见归还。薛道祖惋叹道，听说米芾过世了，画也不知道流落何方，真是太可惜了。

至此，我们可知，米芾在《致景文隰公尺牍》里说，我手上这件怀素所写的字帖可了不起了，王起部、薛道祖都曾鉴赏过它，两个人都说："这不就是长安李氏卖给姓黄的那件吗？"黄氏，本名黄莘，字任道，皇祐五年（1053年）登进士，也是当官的。黄莘当年从李玮手中买下这件怀素字帖，后来黄莘又卖给米芾，"芾购于任道家一年，扬州送酒百余尊，其他不论"，就是说，这字帖很珍贵，大家都看过，都觉得是好东西。整封信里，米芾花了一段篇幅，解释这件怀素字帖的来龙去脉和证明其珍稀价值。

信里提到的砚山现已失传，我们无法确知其样貌，但据米芾本人记载，砚山是"南唐李后主旧物，径长踰尺，前耸三十六峰，大小如手指左右，中凿为砚"。看来这方砚山大有来头，曾是"千古词帝"李煜（937—978年）的收藏，在南唐亡国后，砚山因而流转数人，最后为米芾所得。

这方砚山长度超过一尺，砚工在砚山前方巧雕出三十六座大小如手指的耸立的山峰，砚台中间凿为砚池。苏东坡觊觎这方砚山很久了，刘景文为了想送砚山给苏东坡，于是跟米芾加码："你要我手上这件王献之的《送梨帖》，就拿砚山来换吧。"米芾回信向刘景文解释，说砚山被王诜借去未还，并再加码一件怀素帖。眼看这些艺文圈的大咖们都将各自换到喜爱的心头好，但遗憾的是刘景文到隰州后，一个多月就生病过世了，因此并未能成交。

米芾在《画史》中，也提到这封信中许多相关人、事的来龙去脉。虽是一次未能成功的交易，《致景文隰公尺牍》却是一件极重要的书法作品，除了米芾很好的书法之外，信中提到许多当时大收藏家的名字，他们之间的交往互动，以及珍稀藏品流传的过程等。看书法作品时，除了欣赏文字之美外，书法所承载的文字本身所记录的故事，对后世的人来说，也是很珍贵很有趣的。

石痴米芾，皇帝奶妈的小孩

很多人认为，米芾癫得很可爱，天真烂漫，一辈子洒脱做自己，而米芾的为官之路，也很有意思。他的好友苏轼是正途科举考试，进士出身。而米芾的出身是"恩给"，因为妈妈是皇帝的奶妈，皇帝长大后就送给奶妈的儿子一个官做，因而米芾可说是靠着裙带关系才当上官的。

所谓"朝中有人好做官"，拜妈之赐，米芾为官之途堪称平顺，官至书画学博士、礼部员外郎，也不算太小。米芾不仅擅书法、精绘画，鉴别书画的能力更是他的重点强项之一。绘画中有一种风格，称为"米家山水""米氏云山"或"米点皴"，据传是米芾的长子米友仁研发的。米芾和米友仁都是北宋时期很重要的书法家及画家。

米芾自小擅书法。天分甚高的米芾，据说学什么像什么，年轻时学习"二王"，虽然唐代中晚期就有人开始反对"二王"的书风，但从唐太宗时期就奠定的典范地位，不是那么容易被动摇的，所以直到北宋时期，王羲之和王献之父子在书法界还是拥有天神般的地位。米芾经由苏轼的指点，开始学习"二王"，尤其对于王献之的作品更是用功精勤，据说已经到了"至乱真不可辨"的境界。

但米芾对于古人书法的学习，绝不仅是临摹，更有自己独到的体会。苏轼用四个字"超迈入神"来形容米芾的书法，我们大致也可由这四字来理解米芾的书风，"超迈"指豪爽有感觉，"入神"指即便豪迈但仍能获得书法的神韵。

米芾传世之字，以行书和草书居多，但即便他写字写得再快再豪迈，一点一画之间，仍谨守着书法的基本原则。从唐代开始，书法的基本原则便是从楷书而生，米芾写行草书时，也不会因放得很开，就忘了书法的结构，单字本身还是极为漂亮，所谓"点画所至，深有意态"。写《致景文隰公尺牍》这封信时，米芾约为四十一岁，正值书艺臻于化境之时，通篇写来，字体轻松又好看，笔致潇洒，结体俊迈。

米芾的书法在历史评价里，讲究的是"势"。"势"是一种态势、一种态度、一种氛围，是作品完成后整体行气的一种形容词。黄庭坚形容他的书法"如快剑斫阵，强弩射千里，所当穿彻，书家笔势亦穷于此"，指米芾写起字来，有如将军侠客，持利剑临阵破敌，大开大阖挥击砍劈，威猛畅快；又有如拉弓疾箭破空射出，既沉着又爽利，运笔迅速劲挺，如神射手般百步穿杨，历代书法家都无法达到米芾这种功力。

对前辈书法家的学习推崇，除了王献之《中秋帖》《鸭头丸帖》《送梨帖》之外，米芾最爱的是颜真卿《争座位帖》。《争座位帖》《祭侄文稿》《祭伯文稿》并称"三稿"，是颜真卿的行草书作品，而"三稿"中最有名的，是台北故宫博物院的展品《祭侄文稿》。但米芾独排众议，他不太喜欢《祭侄文稿》，反倒是更爱《争座位帖》。米芾说："《与郭知运争座位帖》有篆籀气，颜杰思也。"籀指大篆，篆指小篆，篆籀指古老的字体。

米芾认为，颜真卿写《争座位帖》时，即便用的是行草字体，却有着跟写篆书时一般的运笔行气。一般行草字因书写快速，虽爽利，有时会缺了凝重的气味，《争座位帖》虽运笔缓慢，笔下却有千斤的态势，力透纸背，是颜真卿的一种很好的书风。

据《书史》所载，米芾曾临习过《争座位帖》，至此，我们再倒回来看米芾的《致景文隰公尺牍》，也使用行草字体，速度虽快，但运笔及结构亦有"篆籀气"，不同于北宋文人日常写信常用的行草字，的确与《争座位帖》有相通之处，由此可知米芾确实受到颜真卿书法的影响。

其实，《致景文隰公尺牍》倒数第二行字"芾顿首再拜"写得最好，写到此处整封信也差不多完成了。通常写书法，一开始起笔写第一行第一个字时，因为才刚蘸墨开始写，会稍微放不开，写得比较慢一些，但写着写着感觉来了，越写越爽快，写到最后时放得最开，而米芾这件《致景文隰公尺牍》亦是如此。到了信的结尾"芾顿首再拜"，连续顿挫，极富韵律，似跳舞一般，一笔一点一画间，令人感受到行云流水的气势，且在有书法的"势"之余，米芾又不似一般行草书容易放得太开，而是与颜真卿的笔画结构如出一辙，把力量灌注了进去。最末一行"景文隰公阁下"改为钝锋，字大于前，相较于前一行"芾顿首再拜"

的流畅，以及后面字体放大这一部分的顿挫，一快一慢、一重一轻、一爽利一凝重之间的对比，将整件作品推上了最高潮。

一颗印章一句题跋，《致景文隰公尺牍》的流传与评价

《致景文隰公尺牍》前的第一行字"南宫天机笔妙"，不是米芾写的，是元代的大书法家鲜于枢（鲜于枢与赵孟頫齐名，被誉为元代书坛巨擘，并称"二杰"）后来补上去的。鲜于枢写的"南宫天机笔妙"，不像一般的题跋，反倒像老师在评价学生的作业。米芾又叫"米南宫"，而"天机笔妙"，在前面王羲之的《快雪时晴帖》中曾特别提到，从前对于书法绘画的品评标准，是用四个字"神妙能逸"来评断，最早是"妙能逸"，而"神"是后来才加上去的。"神"这字，在某些时代段中，被认为是聊备一格，所以有时或称"妙能逸神"，有各种的排列组合，而鲜于枢特别用"妙"来形容《致景文隰公尺牍》，可见他对此件作品的评价之高。

除了鲜于枢的题跋外，《致景文隰公尺牍》中还有一颗很特殊的印章，其实严格来说，只能算是半颗，而且印文模糊不清，盖在整件作品的右下角。过去一直有人认为这方印章是宋代收藏这件作品时，盖上的官印，有如内府收藏印的性质。但后来有人发现这半颗印章，上面模糊的印文写的是"司礼纪察司"或是"典礼纪察司"这几个字。

但究竟是"司礼纪察司"还是"典礼纪察司"？后来被证实了，"司礼纪察司"这颗半印，并非宋代的印章，而是明代的骑缝章。但这还不仅仅是明代的骑缝章这么简单，"司礼纪察司"位高权重，明代"司礼监""司礼太监"，或是"司礼监掌印太

监"，在当时都是赫赫有名的，因为后来诞生的东厂、西厂，都和"司礼监"有关。

明代宦官伺奉皇帝及其家族的机构称为"二十四衙门"，内设有十二监、四司、八局，"司礼监"是十二监之首，曾多次改名为"纪事司""内正司""典礼司""典礼纪察司"，而"典礼纪察司"一般认为应该就是前面提到的半印的所属单位。司礼监的业务管理范围，除包含典礼纠察之外，也掌管当时的内廷书画收藏。书画典藏要有登记簿，这是财产清册登记簿的概念。

但为何印章只剩半颗？难道是装裱过程中被拿掉了？后来发现不是的，根据原台北故宫博物院玉器专家那志良老师的说法，这颗印章是当初盖上去时，登记簿就放在作品边缘，章盖上去时，一半的印章就盖在财产清册登记簿上，另一半盖在作品上，作为以后财务清点时的勘合比照之用，所以这是一颗相当重要的印章。

后来发现，台北故宫博物院的书画收藏中，大概有几十件作品上面盖有这颗半印，这印章也证实了这些书画收藏的前世今生，让我们得以了解这些作品的流传有序。

艺术家皇帝的小确幸，慵懒的渔樵品味

——南宋高宗赵构《书杜甫诗》

暮春三月巫峡长，晶晶行云浮日光。雷声忽送千峰雨，花气浑如百和香。黄莺过水翻回去，燕子衔泥湿不妨。飞阁卷帘图画里，虚无只少对潇湘。

赐亿年。

——高宗《书杜甫诗》手迹

台北故宫博物院这件南宋高宗赵构的《书杜甫诗》，写来是如此畅快得意，无论从平稳的运笔，或是整件作品呈现出的调性，都丝毫感受不出当时赵构所面临的时局危机。

你看，"暮春三月巫峡长，晶晶行云浮日光"这几个字多么漂亮，但你可知在那当下，北方的金国和伪齐，正与南宋对峙，岳飞正在"精忠报国""还我河山"；然而皇帝居然在宫廷里写"飞阁卷帘图画里，虚无只少对潇湘"，让我们闭起眼来想想，当时的皇帝心里真想打仗吗？真想"还我河山"吗？

"泥马渡康王"：故事力 × 说服力 × 圈粉力

艺术史上，像赵构这样的艺术家皇帝并不多。赵构的皇帝爸爸宋徽宗赵佶，也是艺术家，但徽宗在政治上的历史评价一面倒地相当负面。而赵构就不一样了，他获得的评价相当两极，有人说赵构基本上就是个昏君；但也有另一种说法，认为赵构还算是一个中兴名主，因为他至少稳定了南边的江山，建立了一个新的国家。

除了历史评价很两极之外，赵构在位的时间相当长，当了三十五年的皇帝，之后禅让给养子孝宗皇帝，当太上皇直到八十一岁才过世，生命史相当丰富。有个非常著名的故事"泥马渡康王"，在民间流传甚广，讲的就是赵构还是康王时，在金兵入关后一路南逃的过程中所发生的奇闻妙事。

"泥马渡康王"有好几个不同的版本，目前流传较广的版本是这么说的：北宋末年，当时的康王赵构，被他的皇帝老爸徽宗派到金国军营里当人质，就在金兵押赵构北返的途中，让赵构脱逃了，一路逃到了河北磁州。夜色已深，疲惫不堪的赵构夜宿在

当地供奉崔府君的庙宇，睡梦中竟出现神人向他警示："金国追兵就要追上你了！"赵构惊醒，跑到庙外一看，居然有一匹马等在那儿，二话不说，立刻"扑通"跳上马背狂奔而去，跑啊跑，逃到了黄河边，那马"咻"地如腾云驾雾一般载着赵构渡过了黄河，追兵追不上了，赵构成功脱逃。据说在渡河之后，那匹马站在岸边就不动了，赵构定睛一看，那居然是一匹泥塑的马！于是有了"泥马渡康王"的说法。

　　其实不管哪个版本的"泥马渡康王"，都有一个共通的重

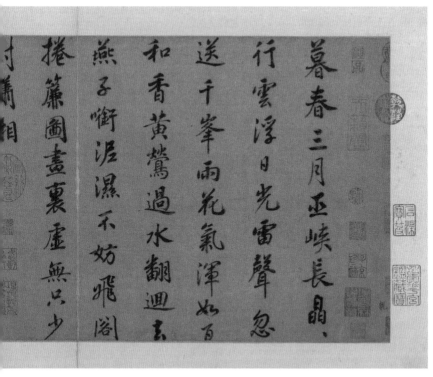

赵构《书杜甫诗》

点——把赵构给神化了，都点出赵构能成功由金兵的追杀中脱逃，是有如神助，而这"神助"之说，让赵构日后在建立新的国家时有了正当性！因为赵构登基的过程并不顺遂，在当上南宋的开国君主前，他的皇帝爸爸和皇帝哥哥（徽钦二帝）都还活着……

话说，靖康二年（1127年）金兵南下攻破汴京（现今的开封），抓了徽、钦二帝，北宋即将亡国，而当时被封为康王的赵构相当幸运地并不在开封府内，而是被钦宗任命为河北的兵马大元帅。照理他应该带着河北的兵马来救援京师，但赵构并没跟金兵打仗，而是率部队窜逃，一下子跑到河北，一下子又跑到山东，"泥马渡康王"的故事就发生在山东。

金兵抓了徽、钦二帝撤退后，赵构就在南京应天府（今河南商丘）即位，改元建炎，成为南宋第一个皇帝，后来又改年号为绍兴。艺术史相关的书上都记载，南宋高宗绍兴年间的艺术文化是很昌盛的，所以曾有"文艺绍兴"一说，就是套自欧洲的"文艺复兴"，用来比喻高宗时期艺文风气之盛行。

但千万要记得，赵构在当上皇帝的过程中，是一路奔逃的，即便在应天府即位了，金兵并没就此放过他，而是继续派兵追杀。所以赵构只好一路往南逃，跑到了扬州，又从扬州跑到杭州，再跑到温州去，甚至一度还乘船出海避难，在温州沿海漂泊长达四个月之久，最后才终于落脚到现在的杭州，建立了临安府，那年已经是建炎四年（1130年）。也就是说，从建炎元年到四年，一直有北方的兵马在追杀，赵构则是一直往南逃，但在这段时间内，他的手下有好几员大将，像岳飞、韩世忠、张俊等将领，负责北方的防御工作。直到绍兴二年（1132年），高宗才进驻杭州，最后到了绍兴八年（1138年）正式定都杭州，杭州也就此成为未来南宋一百多年的首都。所以在徽、钦二帝都还活着的情况下，尤其活着的两个皇帝其中一位还是自己的老爸宋徽宗，赵构自己就登基，真的很需要"泥马渡康王"这种君权神授的故事，来巩固皇帝之位。

南宋高宗研发的防伪字体

这不是要谈南宋高宗的《书杜甫诗》吗？为何绕了一大圈叙述当时的时代背景和赵构面临的处境？其实之前提过，鉴赏艺术作品时，无论品评的是一件书法，还是一幅绘画，许多人只着眼在作品本身的线条有多美，颜色有多漂亮，或是整体的效果有多好等。当然这些都是艺术的基本要件，但博物馆会将一件作品当作"镇馆之宝"，通常都有特别的用意和因素，绝不单纯只是一件很美的作品，而更可能的是作品本身承载了重要的时代意义与某种氛围，或是体现出当时社会环境的某个面向。

就以赵构这件《书杜甫诗》为例，除了书法家皇帝赵构写的字很漂亮之外，重点是这件作品呈现出的时代氛围，最后落款的三个字，是用草书写的"赐亿年"。由此我们得知，这件《书杜甫诗》是赵构赏赐给邹亿年的一件作品。"亿年"是人名，姓邹，宋高宗的近臣。其实更精确的说法是，在赵构一路南逃的过程里，以及最终登基称帝成为南宋高宗之后，邹亿年都是跟随在赵构身边一个可信任的对象。邹亿年之于宋高宗，就像李莲英和安德海之于慈禧太后的意义，并不单纯只是个一般太监，他与高宗的君臣相处，犹如鱼水相得，密不可分。

此刻，我们再回顾一下赵构的时代。当时金国和南宋，基本上以黄河、淮河流域一带为界线，分为南北两个国家。可金国的人口并不多，打仗是一回事，要统治一个地方又是另一回事，所以当时的金国虽然打赢了，但并没能力掌控北方新取得的大片国土。

一方面要控制新取得的土地，一方面又要和南宋对抗，于是当时金国扶持了一个由汉人当皇帝的傀儡政权伪齐，用来与南宋对抗。这件事的关键处在于，伪齐与南宋双方之间尔虞我诈的过程。据说伪齐为了混淆南宋的军事指挥权，专门派人学赵构的书法字体，目的就是想以南宋高宗的名义发出一些假的诏书，或是伪造的私函等，用来骚扰各个地方。这是因为以前没有电视、广播，或是网络、手机等传媒通信设施，所以学写假字体，发个假文件出去，就有可能会动摇南宋好不容易稳定的局势。

而伪齐派人学南宋高宗写字的风声传出来了，邹亿年得知这个消息后，急忙建议高宗，写字时要换一种字体。每个人写字都有自己的习惯和基本样貌，这也是为什么在讲究科学办案的现今，在刑事上也常会有笔迹鉴定的工作，如犯罪现场调查等。再回头来看邹亿年劝高宗，向皇帝老大苦口婆心谏言："你的字要改变一下。"

而这件事很关键，因为赵构的徽宗皇帝爸爸，可是写了一手漂亮的字，最著名的就是赫赫有名的瘦金体，但我们看赵构写《书杜甫诗》使用的字体，却完全不同于瘦金体。照理，赵构自小也该学爸爸写字，那为什么此刻要写另外一种字体？就是为了要避免伪齐流传出的伪造文件，动摇南宋的国本。因此高宗皇帝的书法字体，就从原本的楷书系统，转变为较偏往王羲之系统的行草书字体。

在那个混乱的时代，岳飞正在"还我河山"，殊不知秦桧即将奉命发下十二道死亡金牌。但就在这样的背景下，高宗皇帝居然写了《书杜甫诗》。杜甫这首七言律诗描述的是春天时的景致，非常地快乐惬意，相当地平静悠闲。诗是好诗，高宗皇帝的字也写得很好，这绝对是一件好作品。

但别忘了，那时正在打仗啊！而就在这样的时代氛围下，请想象一下当时的场景，那是烟花三月江南春季的某一天，可能皇帝早上起床看向窗外，春光旖旎、阳光明媚，心想着：江南景色真是美好！但还记得吗？赵构是一路南逃最后落脚在杭州的，苏杭景色自古又是文青们的最爱之一，在那个当下，皇帝灵光一闪想起了杜甫的这首诗，就顺手写了下来，送给在一旁为他备纸磨墨的太监邹亿年。

但为何皇帝当时会想到杜甫的诗？原因很简单，赵构能当上皇帝，实在是个意外，他是徽宗的第九个儿子，而他的钦宗哥哥，也在徽宗退位后成为皇帝，赵构原本是没机会当皇帝的，因为再怎么轮、怎么数，都排不到他。

从前宫廷里教育皇子们的规矩是，未来较有机会当上皇帝的皇子，才有资格接受正式的帝王教育，至于那些看起来较没资格或较没机会的皇子们，所受的教育则与一般文人相似。也就是说，赵构从小接受的是诗词歌赋等一般的文学教育，这最终也让他成了一个艺术家皇帝。

我们再回到春光明媚的那一日，如果不是赵构有非常深厚的文学素养，如何能诗兴大发就想到这首"暮春三月巫峡长，晶晶行云浮日光"，而且不但想到了，还顺手把诗给写了下来。皇帝写诗时，当然不需要自己磨墨，当时邹亿年可能就站在皇帝身边贴心伺候着，一边帮皇帝磨着墨，高宗就拿着毛笔蘸墨写"雷声忽送千峰雨，花气浑如百和香"。你想想看，如果你是邹亿年，站在旁边看着皇帝写字，会说些什么？"啊，这个字写得太好了！"一边凑趣儿，一边鼓掌叫好，皇帝写一个字，邹亿年喊一声"好"。可能就在写完的当下，皇帝一高兴，顺手就在末尾的地方，写下"赐亿年"，并将这件作品送给了邹亿年。高宗在"赐亿年"这三个字的上面，还盖上自己的大印"御书之宝"。从前皇帝是不签名的，都以盖章或是画押来作为替代，而南宋高宗便是用盖章的。

皇城的春光大好，但别忘了此刻苦命的岳飞正在"还我河山"！当皇帝神采飞扬写下"暮春三月巫峡长，晶晶行云浮日光"，在这当下北方的金国和傀儡政权伪齐，正在跟南宋打仗，而皇帝居然在他的宫廷里写"雷声忽送千峰雨，花气浑如百和香"，我们可以合理怀疑，赵构真的想要打仗吗？真的想要还我河山吗？

这是个很有趣的问题，因为这件作品呈现出来的，是当时高宗皇帝内心的心态，手下的将领正在奔波打仗，皇帝同时也正派人跟北方的金国和谈（即"宋金议和"）。当时徽、钦二帝已经被金国抓走了，高宗皇帝的妈妈和夫人们也都被抓走了，所以宋金议和的目的很简单，高宗只想把自己的亲人给换回来，于是他在杭州写"燕子衔泥湿不妨"，不想打仗、只想议和，最终就发展成大家熟知的著名悲剧——"精忠报国"的岳飞，被高宗皇帝授意给秦桧，发了十二道金牌叫回来处死了。

处死岳飞，虽然很多人把高宗皇帝骂死了，但你若反过来以高宗的立场来看，和谈眼看就快要成了，高宗在杭州也已经稳下了半壁江山，皇帝的宝座可说是坐稳了，所以高宗皇帝的确有很大的可能，未必真想打仗，未必真想"还我河山"。

但始终不明白真相的岳飞，或许也曾大叹"帝王心，海底针"？因为在台北故宫博物院有另外一件书法作品，正是高宗皇帝写给岳飞的《赐岳飞手敕》，这也是台北故宫博物院一件很重要的藏品。高宗皇帝写给岳飞的这封信走的是王羲之兰亭系统的字体，内容虽然讲的是军事，但赵构写得情深意切，看起来跟岳飞简直就是非常默契啊！

> 卿盛秋之际，提兵按边，风霜已寒，征驭良苦。如是别有事宜，可密奏来。朝廷以淮西军叛之后，每加过虑。长江上流一带，缓急之际，全藉卿军照管。可更戒饬所留军马，训练整齐，常若寇至。蕲阳江州两处，水军亦宜遣发，以防意外。如卿体国，岂待多言。付岳飞。
>
> ——《赐岳飞手敕》

高宗皇帝在信里慰劳岳飞戍守边疆是多么辛劳，信的最后三个字"付岳飞"下面有个"天下一人"的画押。这封写给岳飞的信里，高宗皇帝跟他娓娓殷切地诉说：你辛苦了，所有一切都靠你了，有什么困难，你都可以直接跟我说，我是你最坚实最挺你的强大后盾。就在发了如此推心置腹的书信之后，高宗皇帝把岳飞召回来处死了！

虽然后来所发生的事情是个悲剧，但站在高宗的立场，或许觉得岳飞太不识相了吧。首先，高宗控制不了岳飞的岳家军；二来，岳飞一心一意想要"还我河山"，可是在那当下，高宗却只想跟金国和谈，好好过上安稳的日子。在这种势态之下，岳飞最终也只能走上被处死的不归路了。

高宗皇帝最有名的两件作品，《书杜甫诗》和《赐岳飞手敕》，都是台北故宫博物院的国宝级藏品，作品上盖满了章，可见历代的收藏家有多么喜爱这两件作品。从字体来看，《赐岳飞手敕》算是兰亭系统的字体，比较爽利尖锐，比较露锋；至于《书杜甫诗》的运笔，看起来就稍微柔和了，也比较藏锋。

单纯相较这两件作品，《赐岳飞手敕》应该是高宗皇帝较早写的字，而《书杜甫诗》则是稍微晚一点才写的。因为《书杜甫诗》，赵构写起来很温和，不再那般锋芒毕露，这是一位书法家书法演进时的必然状态。

罚写五百遍！不重女色只爱书法的太上皇

赵构没有儿子，但他并不是生不出孩子。据说赵构还是康王的时候，曾有两三个女儿，只是后来都不幸过世了。在这之后，赵构就再也没生过小孩。有一种说法是这么讲的，长达十一年的逃亡生涯，让赵构心灵受创，这样的际遇也让他失去了生育能力。这是否为真？我们无法确知，但可以确定的是赵构不近女色，或许也因为不爱女色才让他节省了许多精力，在悠长的皇帝生涯中，得以有更多时间精进文学和书法艺术上的造诣。

赵构不爱女色有证据吗？据记载，赵构五十六岁时想退休当太上皇，但因为没儿子可以继位，所以他选中一个养子，就是未来的南宋孝宗皇帝——赵昚。赵昚为何会被选中？据说高宗皇帝曾有好几个继承人选，但他要考验看看谁比较适合当皇帝，于是就从宫中选了一些漂亮的宫女，送给他认为比较有资格继承皇位的宗室子弟们。过了一阵子后，高宗把这些宫女召回来询问她们与这些宗室子弟的相处情形，据说唯独赵眘对赏赐的宫女看都不看一眼，这就是后来的孝宗皇帝。在孝宗即位之后，赵构就当了太上皇，从此以文学、书法终老一生。

据说，赵构虽然已经当太上皇不问政事了，但他怎么看孝宗的字都很不满意，于是有一回自己临摹了王羲之的《兰亭集序》，然后命人将临摹之作送给孝宗，顺便交代："可依此临五百本。"简单来讲，孝宗皇帝被太上皇罚写《兰亭集序》五百遍！这件事也点出了另一个重点 —— 高宗皇帝其实也学兰亭系统。

另外，赵构的皇帝生活，其实过得相当悠闲惬意，他对张志和写的《渔父词》心向往之，后来一时兴起，自己也写了十五首《渔父词》，其中最有名的是第五首和第十一首：

> 扁舟小缆荻花风，四合青山暮霭中。明细火，倚孤松，但愿尊中酒不空。

> 谁云渔父是愚公，一叶为家万虑空。轻破浪，细迎风，睡起蓬窗日正中。

现在台北故宫博物院藏有一幅名为《蓬窗睡起》的作品，画的名称就来自赵构所写第十一首《渔父词》中的"睡起蓬窗日正中"。在太上皇写了"睡起蓬窗日正中"后，南宋画院画家画了一张《蓬窗睡起》，这张画上有孝宗皇帝亲手抄写太上皇赵构的《渔父词》。你可以看到孝宗皇帝的字，确实不是那么好，所以被太上皇罚写五百遍应该不算太委屈。孝宗皇帝的字即便不怎么好，但从他的字形、笔画结构，都可以看出也是出自兰亭体系。

　　赵构的十五首《渔父词》都有被完整留存下来，也正因第十一首词句与《蓬窗睡起》画作上的题跋相同，因此在清代时，该画一度还被误认为是高宗的作品。

绘 画

书法与绘画并称为"书画"，但绘画的历史比书法来得晚很多。大约从唐代开始，绘画才开始慢慢拥有自己的地位，直到宋代才开花结果，迈向极盛时期。

　　北宋画院是个官方组织，按照帝王的喜好，从全国各地海选招募画家，这些画家必须经过考试才能进入画院工作。北宋徽宗时期编纂的《宣和画谱》记载有"十画科"，依序为道释门、人物门、宫室门、番族门、龙鱼门、山水门、畜兽门、花鸟门、墨竹门、蔬果门；罗列了魏晋至北宋画家二百三十一人，作品六千三百九十六件。虽然这些画家与作品并非全是宋代画家，但从这么精细的统计与分类可知北宋绘画的兴盛。

　　宋代以后，由于画家的身份改变，职业画家被文人画家取代，文人绘画兴起。与此同时，绘画又开始展开一场大变革，绘画的文学性逐步加强，诗画结合为一体，由于在画幅上题跋写字的需求，所以书法与绘画结合，自此诗书画三者合而为一。在明代中期以后，篆刻艺术进一步兴起，画家在绘画上题跋后用印成为惯例，自此"诗书画印"成为绘画欣赏的对象与内容。

东方绘画与西方绘画有个本质上的差异。对于东方的文人画家来说，技巧的训练并不是目的，而绘画本身也只是一种手段，画家们试图运用绘画来达成某种文人式的目标，明代称这种绘画为"文人画"。但文人画其实兴起得很早，早在北宋就已经有类似的画家试图为绘画注入另一股生命力。

文人画家们透过绘画表达出某种文学式的主题，并透过作品与古人取得某种"发思古之幽情"的联系。绘画不只是绘画，而是一种呼唤，对历史的呼唤、对古人呼唤，与对人生的反省与沉思。

沉睡千年终于重现的镇馆之宝，居然是被乱入之作？

——范宽《溪山行旅图》

近几年台北故宫博物院的镇馆之宝《溪山行旅图》爆出一些真伪争议，带给台北故宫博物院一些困扰，而吵得沸沸扬扬也非空穴来风，但是公说公有理，婆说婆有理，且这个争议其实盖有年矣，从很早前就开始了。我们首先得从范宽到底是谁、《溪山行旅图》如何可能是伪作来细细推敲，爬梳线索。

过去的台北故宫博物院"三宝"，主山堂堂的巨型山水画

在十几二十年前，台北故宫博物院有所谓的"三宝"，是三件书画艺术类的精品文物，而且这三件都是巨型的山水画，三张画的名称分别是：北宋范宽《溪山行旅图》、北宋郭熙《早春图》、南北宋交界时的李唐《万壑松风图》。这件引起争议的《溪山行旅图》是镇馆之宝之一。但台北故宫博物院的藏品这么多，镇馆之宝是怎么定义出来的？

其实，虽然台北故宫博物院的收藏是跨领域的，五花八门都有，包含了书法、绘画、玉器、陶瓷、青铜器、杂项、书籍、清代的公文书、各式的清宫档案……，琳琅满目。但这么多类别当

中，一般公认台北故宫博物院最好的收藏，就是书法和绘画这两类。绘画类部分是相当良好，书法类的项目更是拔尖的。

台北故宫博物院书法和绘画的收藏，是奠基在清代皇室收藏的基础之上的。一般公认，书法和绘画的发展，是在北宋之后才开始大放光彩的。书法的部分则稍微早一些，在唐代基本上就发展得不错了，但绘画在中国艺术史里的发展相对来讲比书法稍慢些。而绘画类的藏品，以台北故宫博物院来看，北宋时期的东西是最好的。北宋的绘画，除了一般咸认是山水画的起源之外，也大师辈出，也因此，台北故宫博物院的北宋绘画收藏，被认为是经典中的经典，精粹中的精粹。而在众家精彩纷呈的绘画藏品中，又以三件非常大型的山水画作为最经典的收藏品，就是台北故宫博物院俗称的"三宝"。

以《溪山行旅图》来讲，它的尺寸非常巨大，台北故宫博物院得用最大的展览柜，才能展示它。从前制纸的技术还不是很好，很少能见到这么大的一幅画，那时画画常是画在丝织的绢布上面，绢布的宽度没能做到太宽，但长度则是要多长就能多长，如果你拿两三张绢布拼接起来的话，那么宽度也就有了。而北宋之所以诞生了大型的山水画，是因为北宋成立了一个官方单位——翰林图画院，里面网罗了很多画院画家，大量绘制巨型山水画提供宫里悬挂展示的需求。

范宽《溪山行旅图》、郭熙《早春图》和李唐的《万壑松风图》这三张大型山水画，被认为是杰作中的杰作。回顾中国的绘画史发展，山水画在中国绘画中是比较特殊的科目。

西方绘画初始以宗教画、人物画，或历史画等作为主题，很晚期才出现风景画。若以欧洲绘画史来看，风景画大约出现在荷兰的黄金时期，16世纪晚期到17世纪初期才逐渐出现。而风景画开始盛行，则要在19世纪由法国的巴比松派以及后来的印象派的推波助澜之下，之后风景画才成为欧洲绘画的一个题目。中国绘画史在发展初期就出现了山水画，一开始虽也不是主要的画科，但随着时代的发展渐渐站上主流的地位。在敦煌壁画、汉代的墓葬壁画与画像砖石上，都可以看到山水画。但早期的这些山水画并不够成熟，或许因为透视学还没发展，也无法掌握事物大小的比例，所以早期绘画常有所谓"屋小人大，树高于山"的情况出现，看起来是有一点奇怪，一点也不像真实的风景物件。山水画的发展，从汉代到五代只是起步阶段，宋代开始出现了类似真正写生的山水画作品。北宋初期，山水画渐渐站上台面，诞生了这一类型的绘画。所谓"主山堂堂"，指的是在一张立轴绘画中画一座很大的高山，这种主山堂堂的绘画作品，气势相当撼人。一般认为五代时期就有类似画作了，但最为兴盛的时期应是在北宋。

从唐代开始盛产自然山水诗，对山川景物的歌咏，在早期的诗词歌赋里向来是主轴。唐代王维等诗人提倡的"诗中有画、画中有诗"，又把诗跟画联结在一起。其实对于大自然的喜好与向往，向来就是东方文艺思想史里的一个大宗，可是从文学思想里对山川景物的喜好，到能将这份向往落实到绘画里面，还需要一段发酵时间。据说自唐代之后到五代，山水画就已经发展得很成熟了。五代时期有几位大师，如董源、巨然、关仝、李成等早期山水画的祖师爷，以山水作为他们的绘画主题，而这几位人物究竟有没有真迹传世，一直有很大的争议。因为现在各大博物馆的收藏中，虽然都可以看到一些号称是董源、巨然、关仝、李成的作品，但经研究后证实了可能都只是仿作。那么如今想看早期山水画的真迹，要追山水画的起源，该往哪儿追呢？我们现在可能还看得到的、比较趋近于早期山水画的、画得比较好的，就要看北宋时期的画作了。北宋的山水画发展成熟是奠基于前面所提的五代时期的大师们，而这些大师的作品可能没有真迹传世，所以现在赏析山水画时，就以北宋的画作为一种典型代表。

虽然山水画在五代就出现了，但直到现在都还不太清楚当时发展的真实状况。为什么到了北宋，山水画的发展会突飞猛进呢？除了以对山水景物的歌咏文思入画，积累酝酿已足，进入了最佳品赏期外，翰林图画院的设立无疑也是助长的原因之一。翰林图画院是一个职业画家概念的系统，这些职业画家会根据专长做分类，分成十个绘画科目——十画科，其中一个画科就叫作山水门。由此可知，至少在北宋的翰林图画院里就有一类的画家专画山水画，也可得知当时山水画已成正式绘画科目，北宋因此出现了巨量的山水画。

十画科的正式分类出现在北宋较晚期，北宋徽宗《宣和画谱》当中记载了十画科，总计列出二百三十一位画家、六千三百九十六件，这是艺术史上最大的一批绘画收藏列表。这些画家根据各自的专长项目被编进十画科。这十个绘画科目又被根据它们的重要性来做排名，有点像现在学校里，英文、数学、物理、化学等常被认为比较重要，而历史、中文等就显得相对不重要。被认为比较重要的科目放十画科的前面，比较不重要的往后排，由前往后的分类排序是：道释门、人物门、宫室门、番族门、龙鱼门、山水门、畜兽门、花鸟门、墨竹门、蔬果门。十画科排名第一的是道释门，道是道家，释是佛教，道释门的画家专画道教、佛教人物，以及这些教派的相关事物。为什么"道"被排在"佛"之前呢？那是因为北宋的皇帝大都信奉道教的缘故。而山水门当时在翰林图画院十画科虽仅排名老六，可一路走来，却是十画科后来发展最好的，这或许是因魏晋南北朝以降，歌咏自然景物向来是骚人墨客们的热播排行主题，而在画家与文人结合之后，山水门的地位就渐渐水涨船高了，初始只是排老六的山水门，渐次迈向主流大宗。被称作台北故宫博物院"三宝"的范宽《溪山行旅图》、郭熙《早春图》，以及李唐的《万壑松风图》都是北宋时期山水画，而范宽是其中的佼佼者。

非职业画家的范宽靠什么为生？吃土当吃补吗？

《溪山行旅图》是公认的一幅北宋山水巨作，过去也被誉为台北故宫博物院"三宝"之一，曾印在门票上，宣传的文案内也时常可见这张范宽的作品。不过很有趣的是，我们对范宽的了解并不太多。据记载，范宽这位指标性画家，跟同时代的李成，和稍晚于他的郭熙，合称为李郭范"北宋三家"。但翻遍了文献记载，范宽到底住过哪些地方、家世背景如何、怎么学画、如何谋生，几乎都语焉不详。首先较确定的是，范宽应是陕西华原（今陕西耀州）人，是陕西一个稍偏远的城镇，即使到了现代，该地仍不能算是商业繁荣的大城市，所以北宋范宽时，华原这个地点应该也不繁华。后来推算出范宽活动的时间点约在950年至1031年之间，这是第二件我们较有把握的资讯。再细察范宽的画作以及后世的记载，他主要的居住活动地点该是在现在的陕西、河南一带。除了以上这些外，其他传说都大有问题。

事实上，现今连范宽的本名都不能完全确定，因为在郭若虚的《图画见闻志》以及刘道醇的《宋朝名画评》中，两书的记载并不一致。关于范宽的本名有两种主要说法：《图画见闻志》中记载，范宽，字中立；而《宋朝名画评》则记述，范中正，字中立，宽是绰号。这样看起来，范宽的本名可能不叫范宽。可是到底哪一种说法是对的，至今无法确认。至于"宽"这个绰号，根据《宋朝名画评》记载，范宽为人宽厚，所以大家都用"宽"这个字来形容他。

在范宽的时代，官方设立的画院组织翰林图画院已正式运作，又简称为画院，画院内养了一大批画家，通称为画院画家。画院画家属于专门画画的职业画家系统，但范宽的名字不曾出现在翰林图画院里，所以，就是画院外的画家了。因此产生一个很重要的疑问：在11世纪，就是范宽所身处的时代，一位非职业画家的范宽究竟靠什么为生？在北宋时期，基本上可能会去买一张画或是请画家来家里画画的人，不是皇室，就是贵族。别说绘画并不是一般民众的生活必需品，消费绘画甚至也不是当时文人的日常。所以当时的非职业画家，究竟要如何为生？

没有在画院活动的范宽，被列名在北宋的非职业画家系统里。那么何谓非职业画家？非职业画家指的是不属于画院的画家，当时北宋的大师级非职业画家，除了范宽之外，一般被列出来的还包括：关全（一名关同）、文同（做官的）、米芾（做官的）、米友仁（做官的）、梁楷。以上三位做官的，虽不是职业画家，但不用靠卖画为生，画画对他们来说或许只是休闲活动。至于梁楷，早期是画院画家，因为个性疯疯癫癫，被称为梁疯子，或许无法适应北宋的官员习性，后来干脆辞官回家。虽然离开官场后也继续画画，不过梁楷因为生涯的前半段属于宫廷画家职业

范宽《溪山行旅图》

系统，所以跟范宽的状况也不能相提并论。宋代文献中提到的只有范宽的画极好，至于范宽学画的背景、生活日常的交游往来等资讯，连片鳞半爪的线索也不见。《图画见闻志》里描述到范宽时用上许多形容词："画山水，唯营丘李成、长安关同、华原范宽，智妙入神，才高出类。三家鼎峙，百代标程。……峰峦浑厚，势状雄强，抢笔俱均，人屋皆质者，范氏之作也。"郭若虚以上都是形容范宽的画如何之好，可问题是半点没提到范宽的真实身世和生活日常。不过郭若虚倒是点出了一个重点，提到三位五代北宋之交的山水画大师，即李成、关仝和范宽。

北宋晚期徽宗时所编的《宣和画谱》对范宽的大致生活描述得比较清楚一点了，但是否可信则见仁见智，因为这段记载的时间已远离范宽的时代：

> （范宽）于是舍其旧习，卜居于终南、太华岩隈林麓之间，而览其云烟惨淡、风月阴霁难状之景，默与神遇，一寄于笔端之间。则千岩万壑，恍然如行山阴道中，虽盛暑中，凛凛然使人急欲挟纩也。故天下皆称宽善与山传神，宜其与关、李并驰方驾也。

这段话说范宽在终南跟太华隐居时，观察日月山川景物、时光的变化，将其入画，画得非常好。最后《宣和画谱》再下个结论，说范宽跟关仝和李成，是可以并驾齐驱的。《宣和画谱》内提到的"终南""太华"，就是秦岭山脉的终南山与华山，这一带是关中平原附近的山脉，所以后来推论范宽住在陕西、河南这一带，可能与《宣和画谱》的描述有关。但疑点重重的是，《宣和画谱》成书的时代比起《图画见闻志》距离范宽的时代更久远了，离范宽时代越远的记载反而越清楚，这点实在很令人存疑。所以《宣和画谱》的记载是否可信，恐怕只能半信半疑。不过因为历史文献里有关范宽的资料极少，即便对这些资料存疑，还是能列出来作为参考。

《宋朝名画评》里说："范宽，名中正，字中立，华原人。性温厚，有大度，故时目为范宽。居山水间，尝危坐终日，纵目四顾以求其趣。虽雪月之际，必徘徊凝览，以发思虑。学李成笔，虽得精妙，尚出其下。遂对景造意，不取华饰，写山真骨，自为一家。故其刚古之势，不犯前辈，由是与成并行。宋有天下，为山水者，唯中正与成称绝，至今无及之者。"直说范宽本名范中正，宽就是由个性而来的绰号。这段话开头是这样解释的：说阿宽呢，隐居在山林间，成天不是游山便是玩水。

据传范宽一开始学画，学的是李成，然而李成的时代稍早于范宽，两人不曾存在于同一时空，所以范宽若要学李成，要怎么学？范宽可能是看了李成的作品来学画，但那个时代没有博物馆之类的地方可以临摹，也没什么大藏家没事拿作品让你欣赏，那么范宽如何能搜集到，或是怎么看到李成的画？其实这是个大问题。但在《宋朝名画评》的记载里，只直接讲明了范宽学的是李成，这就妙了，有没有可能只是作者刘道醇自己的推测而已？

刘道醇在《宋朝名画评》里又接着论述，范宽虽然学李成学得很像，但还是没法画得和李成一样好，所以范宽干脆放弃摹仿，直接面对真山真水写生，之后就自成一家，可以跟李成并驾齐驱了。此后，北宋画山水的就两个人最好，一个是李成，一个是范宽，后来也再没有画得更好的了。

《宋朝名画评》这段描述是否可信？相比之下，《宣和画谱》

里的范宽可能疑问还更大些，所以这些记载聊备一格，当参考就好。但不论哪份记载，都肯定了范宽很擅长画山水画，而且提到范宽的名字时，通常都与那些比范宽时代更早的大师们并称，也因此可看出，范宽在历史记载里的评价之高，大概是无出其右者。

连乾隆哥都懒得盖章的《溪山行旅图》，真的是真迹吗？

《溪山行旅图》是台北故宫博物院极重要的藏品，也是过去书画类的台北故宫博物院"三宝"之一。《溪山行旅图》的身份地位之于台北故宫博物院，有些类似《蒙娜丽莎》之于卢浮宫，也好比各博物馆具典范地位的镇馆之宝。《溪山行旅图》的发现是一个很有趣的过程，为什么特别用"发现"这两字呢？因为，我们很确定《溪山行旅图》是清宫的收藏，虽然这张画很大张，画得也很好，但从没被当成是范宽的真迹来看待，后来辗转运抵台湾。在过去的历史记载里，《溪山行旅图》似乎不太被重视，其历史评价和地位并不高。到底发生了什么事而一夕翻红？把时间倒转回 1958 年 8 月 5 日，台北故宫博物院书画处处长李霖灿惊天动地的"发现"。李霖灿回忆道："记得 1958 年的那个秋天，我在画中那一列行旅人马的后面，于夹叶树荫之下，发现了范宽的两字签名，于是长久以来，一直困惑人心的问题，立刻真相大白：这幅巨轴是范宽所作无疑。一块中国绘画史上的可靠基石，遂因之而得以奠定。"

据说当时发现的过程是这样的，李霖灿当时是台北故宫博物院的研究员，负责策展，选件来展出。1958 年的那一天，当时一位职员正从库房里搬画出来准备布展挂画时，看见了签名，马上和也在现场的李霖灿讨论，李霖灿拿了放大镜，再三确认了的确是范宽的签名。8月5日这一天之后，沉睡千年的北宋画家范宽作品终于重现，《溪山行旅图》成为台北故宫博物院的镇馆之宝。

但解了一个谜之后，却又引发更多的疑问！《溪山行旅图》曾经一直是清宫收藏，可问题是，清代皇室并没有特别注意到这张画。以范宽在历史上这么大的名气，能跟李成并称的北宋山水画大师，如果这个被发现的签名可以证实《溪山行旅图》是真迹，那么过去这张画为何不曾被重视？还有人统计了历史记录中的资料：从北宋到南宋，范宽画作数量越来越少，重点是，那些被著录收藏的范宽画作当中，没有一件叫《溪山行旅图》：

徽宗《宣和画谱》：内府收藏五十八件范宽画作。

米芾《画史》：亲眼见过三十件范宽画作。

邓椿《画继》：记载十二件范宽画作。

周密《过眼云烟录》：记载五件范宽画作。

从北宋到南宋，居然一下子少了五十余件范宽的作品，并且不管这些作品是怎样不见的，从徽宗朝《宣和画谱》到周密《过眼云烟录》的记载，没有提到过《溪山行旅图》，所以《溪山行旅图》是怎样冒出来的？

更有趣的是，在过去的记载里，几件范宽画作的名气都比《溪山行旅图》大，比如《秋林飞瀑图》《雪山萧寺图》《临流独坐图》，这三件作品都被归在范宽的名下，而且都被认为可能是真迹。但研究后发现，《秋林飞瀑图》应是南宋至元初作品，不是范宽画的；《雪山萧寺图》确定是南宋时期作品；"传"范宽的《临流独坐图》，可能是南宋初期作品。所以历史上曾被提到比较有名的范宽画作，都是南宋或是南宋以后的作品，跟范宽没有任何关系，都是被假冒的作品。而这些被误认为范宽画作的名气，都比《溪山行旅图》大，更精确地说，历史记载中，根本就没有《溪山行旅图》的存在。所以，有关《溪山行旅图》第一个谜题：如果是真迹，为何一直没被提到？

第二个谜题：既然历史记载没提到《溪山行旅图》这张画，那么研究的线索就只剩下印章了。《溪山行旅图》盖有数量很少的收藏章，在现在还可辨认的印章中，其中一颗印文为"忠孝之家"的印章是可能的线索，而这颗印章的主人应是钱惟演或钱勰。两位钱氏的年代与范宽相近，生活圈也重叠，所以，他们极有可能是《溪山行旅图》的原始主人。

钱惟演（962—1034 年），五代时期吴越王钱俶次子。北宋初期，从父归宋，曾任翰林学士、枢密使等，属一级官员的身份。钱勰（1034—1097 年），钱彦远之子，为吴越王钱俶后代，任盐铁判官、开封府尹。钱勰的官，就没有祖辈那么大了，因为吴越王钱俶归宋之后，按照过去的惯例，被封赠的官，虽然子孙都可以继承，即荫官，但一代会比一代小一些。而从这"忠孝之家"印章出现，甚至有人大胆假设，可能《溪山行旅图》是范宽为钱家所画的画之一，不过因为没找到史料来背书，这仅仅只是推测。

《溪山行旅图》上盖的印章数量相当少，北宋时期的"忠孝之家"这颗章后，下一颗印章居然就跳到明代董其昌。董其昌是明代相当有名的书画家，华亭派领导人，万历十七年进士，官至南京礼部尚书。董其昌看过《溪山行旅图》，而且还临摹过这张画，董其昌将看过的一些比较好的画，临摹下来制作成画册，将其命名为《小中见大册》，当中就收有范宽这张《溪山行旅图》。

《溪山行旅图》上还有董其昌的题跋："北宋范中立溪山行旅图董其昌观。"看样子，董其昌也不认为这张画是范宽的真迹，因为董其昌有个怪癖，他喜欢在鉴赏过的作品上做长篇累牍的题跋，他会发表个人意见，将他与这张画的关系巨细靡遗地写下来，但这张画，董其昌就写了那行字。而"观"这字就有趣了，董其昌精于书画，也精于鉴藏，他收藏了许多重量级的古代书画作品。一般来讲，他认定的真品，会写下"董其昌鉴定"这样的描述，而不是"董其昌观"，所以董其昌应是不以为这画为真，可大家说这是真迹，所以董其昌很滑头地留下这题跋。

除了最早出现的"忠孝之家"印章外，跳过了南宋，跳过了元代，下一个承接北宋"忠孝之家"印章的，居然是明代中晚期的董其昌，我们要问的问题是，南宋时期的人，难道没看过《溪山行旅图》吗？元代的人、明代初期的人，难道没见过这张画吗？为什么上面都没有那些收藏章的存在？

继董其昌之后，来到了明末清初的梁清标。《溪山行旅图》的装裱盖有两方清代私人收藏大家梁清标的章："蕉林秘玩""观其大略"，这两颗是梁清标个人使用的收藏章。梁清标（1620—1691年），字棠村，号蕉林居士，明崇祯十六年（1643年）进士，顺治初降清，官至保和殿大学士，康熙三十年（1691年）去世。梁清标雅好图书绘画，他的书斋"蕉林书屋"收藏甚多，《韩熙载夜宴图》《簪花仕女图》《洛神赋图》等，上面都盖有"蕉林秘玩""观其大略"这两颗印章。但即使梁清标一度拥有《溪山行旅图》，他对此画却并没太多着墨，所以可能梁清标也没把此画当成真迹看待。后来此画突然出现在乾隆时期，并成为皇室收藏，可能是梁清标的长孙梁彬继承祖父遗产后进献。

"蕉林秘玩"　　　　　　"观其大略"

众所周知，爱盖章的乾隆哥一旦收到杰作，总让台下观众忍不住想大喊："隆哥！不！手下留情啊。"想拉着他的手，请他别乱盖章，但《溪山行旅图》成为皇室收藏以后，却只被盖了一方清代皇室收藏章"石渠宝笈"，还有一方鉴藏章"乾隆御览之宝"而已。

乾隆九年（1744年）下令编纂皇室收藏目录《石渠宝笈》，至乾隆十年成书，共四十四册，二十八函。而"石渠宝笈"这颗章出现在《溪山行旅图》上面，可见乾隆九年到十年间，《溪山行旅图》就被正式编进皇室收藏。但是呢，乾隆本人可能没把它当真迹看待，因为上面只被盖了一方"乾隆御览之宝"，翻成大白话就是"朕看过了"，可见被认为是次等作品，并不受重视。因为乾隆盖章有个习惯，"一玺三玺五玺七玺"，他有这种"一三五七"的盖法，盖的印章数量，决定了乾隆认为这件东西的重要性。其实这也算蛮幸运的，因为如果被乾隆认定是真迹，那就不得了了，美人脸上会被刺满字啊！

另外还有一个线索，乾隆时期的收藏，每件作品都盖有收藏地点印章，所以《溪山行旅图》上还盖有两颗收藏地点章——"重华宫鉴藏宝""乐善堂图书记"。这两颗章相当重要，因为这是清代皇室的习惯，这件作品放在哪个宫殿，就盖上那个宫殿的印章。比如说若该件作品放在当时乾隆最重视的御书房、三希堂等，就表示被认为是最好的作品。而重华宫是乾隆还是皇子时期的居所，乾隆的大婚也是在这里举行的，所以，重华宫或许对乾隆本人来说有某种纪念意义吧。乾隆即位之后，重新装潢重华宫，作为与大臣们举行文人宴会时看戏的场所，可以理解成是一种"隆哥招待所"的概念，从重华宫的使用方式可看出它并不是很重要的宫殿。重华宫主建筑是乐善堂，曾是乾隆的书房，文青隆哥每年都在此举行新春赋诗的仪式。《溪山行旅图》当年便张挂于此地，乾隆也不认为这张画是范宽的真迹，所以并不特别重视。

1799 年，乾隆过世后，由于嘉庆对于书画没啥兴趣，分藏在紫禁城各宫殿的书画，除了随意馈赠大臣之外，都在清点后被封存于仓库，直到宣统时期。

溥仪回忆录《我的前半生》记载："我十六岁（1921 年）那年，有一天由于好奇心的驱使，叫太监打开建福宫那边一座库房。库门封条很厚，至少有几十年没有开过了。我看到满屋都是堆到天花板的大箱子，箱皮上有嘉庆年的封条……"由溥仪的回忆录可推知，或许《溪山行旅图》一直都是被封在箱子里面的，所以才几乎都没有其他印章的存在，乾隆之后就没有任何记录了，一百多年来这张画沉睡在仓库里。1922 年，溥仪在离开紫禁城的前夕，他开始为出宫做准备，下令清点各宫殿的文物，同时以赏赐为名，将文物运出紫禁城。入宫伴读的溥杰当时是灵魂人物，他利用每天入宫的机会，用随身携带的书包将文物挟带出紫禁城。据推测溥仪居住紫禁城的十三年间，总共带出至少一千两百件书画类珍品，但《溪山行旅图》却不在这一千两百件之列。一般认为《溪山行旅图》没被带走是因为画幅过于巨大，携带不便。但实际上，被带走的文物当中也有大件的作品，所以更可能的推测原因是，溥仪或是当年清点宫中文物的官员，他们都不认为《溪山行旅图》是真迹。

1948 年 12 月 22 日，国民党开始撤离上海，由于情况紧急，上海仓库的文物没有全部撤离，经由庄严、吴玉璋、梁廷伟、那志良四位专家挑选，最终选定绘画三千七百四十四件作为第一批运抵台湾的文物，而《溪山行旅图》雀屏中选。1949 年 1 月，《溪山行旅图》随着这批文物抵达了台湾，抵台文物开始编造清册，按照上海时期的编法，以"沪上寓公"分别造册 —— 文物：沪字号；书籍：上字号；文献：寓字号；公文：公字号。《溪山行旅图》当年以沪字号编号，再后来就是 1958 年发现范宽签名的事件。在确定了是范宽的真迹作品之后，台北故宫博物院开始重视这件文物，1961 年 5 月 28 日，台北故宫博物院应美国国会邀请，于华盛顿国家画廊举办"中国古艺术品展览会"，展出二百五十三件文物，之后于纽约、波士顿、芝加哥、旧金山轮展，于 1962 年 6 月 1 日结束，参观群众多达五十万人，展品中最受瞩目的便是刚发现范宽签名的《溪山行旅图》，而负责押运文物的李霖灿，应邀举办以范宽为主题的演讲，展览使得范宽这张画声名大噪，被归入台北故宫博物院"三宝"之一。

1958 年前，无论收藏者是谁，似乎都没有人把《溪山行旅图》当成真迹，没什么人关注这件作品。1958 年《溪山行旅图》爆红，所以虽然 1936 年上海版《故宫图录》没有收录此画，而 1963 年重印图录，加入范宽《溪山行旅图》，并以此画作为封面。

画我所见，一代宗师首倡"师心说"

不论这张画的真伪，或是历史流传，这张画本身就画得非常好，除了当时主流的"主山堂堂"的构图方式——巨碑式山水，《溪山行旅图》之所以被重视还有更重要的原因。北宋徽宗下令编纂的《宣和画谱》，详尽记载了范宽的作品、风格与流派，这也奠定了他的历史地位：

> （范宽）喜画山水，始学李成，既悟，乃叹曰："前人之法，未尝不近取诸物。吾与其师于人者，未若师诸物也；吾与其师于物者，未若师诸心。"

这段说的是范宽山水画的意义。范宽喜欢画山水，一开始学习的对象是李成，但学了半天后领悟到，临摹李成的画没什么意义，因为李成画的也是真山真水，与其透过李成再去画山水，不如把自然万物当老师，直接面对大自然来写生。而之后又加了一句，与其面对真山真水，不如直接面对我的内心。也就是说范宽作画的方式是，内心是怎样看待真山真水的，就把看待真山真水的感觉透过画笔呈现出来。所以《宣和画谱》的这段记载出现后，文人画兴起，从此范宽提出的"师心说"成为绘画理论的主流，山水画不再只是单纯的风景写生，而被视为一种内在意念的表达方式。

而范宽这张画的技巧也是相当好。中国传统的水墨画与西洋的风景画有一个很大的不同点：西方的风景画通常是画家各弹各的调，每个画家用各自的方法来写生，这是西方个人画风格的开始。但是东方的山水画里面，在画山、画水、画树、画所有的事物时，都有约定俗成的画法，所以基本上学山水画要先学一定的笔法笔触。山水画不是画山石，就是画树，"皴法"和"夹叶"，是山水画的两大笔法。以画山来讲，是山石的技法，笔法称为"皴法"；而用来画树的技法，称为"夹叶"。

皴法，指水墨画用毛笔蘸墨，以线条画出山石质感的笔法，常见的皴法有：长短披麻皴、大小斧劈皴、卷云皴、解索皴、荷叶皴、牛毛皴……。范宽的皴法主要有两种，描绘远山、中景山石的雨点皴（或绰号"雨打墙头皴""牛毛皴"，笔法是逆笔，从上而下，像下雨一样，一点一点地把笔画重叠上去）。另外，范宽用来画近景、描绘水边岩岸和石头的笔法叫作小斧劈皴，和他的夹叶画法一样，这是观察自然景观写生之后的结果，并无师承可言。小斧劈皴这笔法当时广为众人采用，范宽的小斧劈皴没有雨点皴那么受重视，雨点皴和小斧劈皴这两种笔法都不是范宽所独有，不过由于范宽使用的方法很成功，后来就被援引为约定俗成的一种笔法，在水墨画的传世技法里形成牢不可破的一种既定观念与基本技巧长达千年之久。

夹叶，又称为勾叶法，指水墨画用毛笔蘸墨，以两条以上的

雨点皴

小斧劈皴

线条，画出树丛树叶的笔法。清代以后成为水墨画家学习笔法的范本书《芥子园画谱》，曾列出二十七种夹叶画法，但常见的夹叶画法有以下几种：字叶、介字叶、梅花叶、菊花叶。夹叶与皴法几乎同时出现。

夹叶

范宽的夹叶画法也是很特殊的，他在《溪山行旅图》就运用大量不同的夹叶画法，用以表现山脚下不同的树种林相的组成，而这些夹叶画法几乎跟后来的夹叶画法是一模一样的，因此，范宽被认为是夹叶的祖师爷之一。

范宽的时代，皴法和夹叶的技法都还未发展成熟，皴法真正成形，大约在北宋初期，范宽就是皴法的早期大师之一。《溪山行旅图》里的皴法和一些夹叶的画法，成为未来皴法和夹叶的祖师爷，范宽于是以皴法与夹叶在山水画的传承里带来决定性的影响力。

同时在《溪山行旅图》里，确实可以看到范宽主张的"师心说"（或是"师心论"）的一种实践体现，仰观《溪山行旅图》时，确有一股凛凛然的大山大水气势袭来，完全重现我们在面对大山时，油然而生的对大自然的敬畏、景仰之心。

另外《溪山行旅图》画幅巨大，让山水画家佩服得五体投地。因为绘制小画时，画纸或是绢布可放置桌上，一眼看去综览全幅，而大型的画，就必须有构图、布置，有先行的、预想好的过程。范宽这张大画掌握得非常好，所以1958年证实是真迹后，这张画的地位更是立马从丑小鸭变天鹅。

仿作？真迹？关键人物董其昌的滑头暗示

1958 年发现了范宽签名、《溪山行旅图》一跃成为台北故宫博物院的镇馆之宝后，一直有人陆续地提出一些想法和看法。2015 年 3 月 16 日，南京博物院副研究员庞鸥，在《扬子晚报》发表一篇文章，直指《溪山行旅图》可能是假画。此文一出，立刻引发国内学者的讨论，有人支持，也有人反对。庞鸥的质疑在三月份只是提出假设性的看法，但四月陆续发表专文提出质疑，直指《溪山行旅图》是伪作，主要质疑点有二：

一是范宽不可能以绰号签名：依据典籍记载，宽是绰号，他的本名是中正或中立。范宽在自己的作品上理应署名范中正或范中立，所以这是后添的伪款；第二个质疑点是，范宽的签名墨色怪异：范宽的签名很小很小，隐藏在叶丛中，几乎看不到，墨色偏淡，明显与周边树丛的墨色不同，有可能是后添的伪款。而这两点质疑是否可信？支持与反对方，至今持续论战不断中。

台北故宫博物院《故宫文物月刊》三八八期，针对庞鸥的质疑，在"《溪山行旅图》特展"的专文中，给出了回应："究竟范宽、范中立、范中正三者，孰才是范宽的本名？其实，对于鉴赏他的作品，原非那般紧要，只因《溪山行旅图》上被发现范宽二字款，才引发了研究者不同的解读。……米芾《画史》曾提及，范宽少年时所作一幅山水轴，就题有华原范宽款。……既然少年时期即开始自署范宽了，那么《溪山行旅图》会题上范宽二字，又何足怪哉？"

如或有争议，但就画论画，这是好画，且让我们看画就好。

　　庞鸥的质疑虽然尖锐但也并非无的放矢，若您下次再看画时，可发现墨色确实较淡。另外，究竟范宽会不会用绰号来签名，这我们也不得而知。

　　且早在1958年发现范宽签名之后，就陆续有人提出类似的主张。我个人认为，这张《溪山行旅图》问题最大之处，其实是要看董其昌的另外一件《仿范宽溪山行旅图》。董其昌将整张二米多的画缩小了，编录进他的《小中见大册》里，而董其昌的版本，不只是仿而已，而是非常仔细地临摹，包含山的大小比例都像是拿尺量的一样，等比例地缩小。范宽签名的真迹在1958年被发现，是于这张画右下角的一队商旅、旁边的树丛里，而两张图在范宽签名的附近有的行旅商队、树丛、山石……，比较起来几乎完全相同。所以，董其昌势必仔细地看过原作，为何他没看到签名呢？这才是最大的疑问。董其昌不但没有仿签名，还落款"北宋范中立溪山行旅图董其昌观"，而不是"董其昌鉴定"，可见董其昌即便认为这张画画得很好，但自始至终并不认为这张画是真迹。

　　有一种猜测是，这伪造的签名，是董其昌仿过画之后才被添加的。那么为何不大方签名，要藏在树丛里呢？这就是伪造者很聪明的地方了，因为北宋画家的签名原则上都是隐藏在树丛里

商队及树丛中的范宽签名

面，或是山石堆里。为什么早期的画家要隐藏自己的签名呢？原因很简单，因为这些画家大部分都是宫廷画家，签名签得太大的话，皇帝看了不高兴可就麻烦了。尤其宋代的宫廷画家，原则上不太签名，所以有可能是在明代，或是明代以后所加上的范宽签名。但这个猜测没有任何文献资料可证实。

现今除了这张范宽的《溪山行旅图》之外，其他挂在范宽名下的作品，大部分都被认为是后世的模仿之作。所以，或许我们可以这样认定，最趋近大师真迹的一张作品，就是这张《溪山行旅图》。书画鉴定是一件很严谨的工作，台北故宫博物院遇到认为有问题的画作，都会习惯性地在画作名称前加个"传"字，就是告诉各位，这张画有可能是后世临摹之作。可是即便有这么多质疑的存在，台北故宫博物院这张范宽的《溪山行旅图》前面还没有出现"传"这个字，所以现在台北故宫博物院的看法，应该还倾向它是真迹。

用国宝当抹布？快报名"炫富"吉尼斯世界纪录

——郭熙《早春图》

范宽不是画院画家，而郭熙是北宋神宗朝很重要的画院画家。

要进入翰林图画院的画家，必须经过考试。画院画家是官职，领有官俸。郭熙不但是画院的待诏，还是待诏们的头头。郭熙是提举官，是画院画家的领头羊角色。郭熙也是翰林图画院招考新进画家时的命题官，所以郭熙和翰林图画院的关系极密切深刻。在了解郭熙之前，必须先了解何谓翰林图画院，以及与画家们相关的大致情况。

为皇帝服务、被太监管理的明代宫廷画家

之前提过，在中国艺术史里，书法的发展比绘画来得早许多。政府设立了某种类似学习书法绘画的组织，或该说是容纳艺术家的单位，如在唐代时，就有弘文馆出现了。弘文馆不是以绘画为主，而是以书法为主，所以是书院的性质。唐太宗爱好书法，所以设立弘文馆。弘文馆里面设有教席，收有学生，所以类似教学单位。

唐代之后，绘画逐渐发展起来，五代时就有知名画家出现，

出现了类似现代绘画的雏形，而盛期发展是在五代结束后的北宋时期。北宋开国之初的赵匡胤时代，就建立了画院组织，但画院并非新设单位，而是沿袭自五代，尤其是西蜀、南唐的画院。但从历史记载上，只知道西蜀、南唐有画院，画院的相关记载一概不太清楚。但据北宋郭若虚的《图画见闻志》记载，五代时期的西蜀、南唐的画院有一些画家的活动，这些画家有：后晋时期的王仁寿；西蜀时期的房从真、宋艺、阮知晦、黄筌等五人；后蜀时期人更多了，有黄筌、黄居寀、黄居宝、高从遇等十三人；到了南唐时期有徐熙、顾闳中、赵幹、赵昌等十一人，其中现在还存在的画作有顾闳中的《韩熙载夜宴图》、赵幹的《江行初雪图》，都赫赫有名。据说徐熙、赵昌的作品亦有传世的，可见五代时期的画应该有一定的量存在。但历史记载中，对于五代时期的画院是怎么组织的、如何招聘画家，以及画家在画院中如何活动，都语焉不详。所以，我们只知道有画院，但真实的情况不明。

宋太祖赵匡胤创立了新朝代，他就仿照五代时期设立了画院组织。在一本讲宋代典章制度的《宋会要》中，有一则非常重要的记载，描述了画院当初设立时的情况："翰林图画院，（太宗）雍熙元年置，在内中苑东门里，（真宗）咸平元年移在右掖门外。"又有记载说："（哲宗）绍圣二年改院为局。"说宋太宗雍熙年间，画院已有正式名称"翰林图画院"，一开始设立地点在当时北宋首都汴京，于皇城的内中池东门里。到了北宋真宗的咸平元年，将翰林图画院迁移到右掖门外。到了北宋哲宗绍圣二年（1095年），改翰林图画院为翰林图画局。这个记载相当重要，因为从《宋会要》的记述中，可以看到图画院在北宋时期的设立地点在何处，以及迁移的轨迹。另外，组织也不是简称为画院，而是翰林图画院。

之后郭若虚的《图画见闻志》也提到，北宋画院直接继承自南唐，初设称为翰林图画院，后来改名为图画院，又改名翰林图画局，之后又改为御画院，再改名为御画局。从这样的记载可看出，北宋画院的名称可能改来改去，但习惯上还是称之为翰林图画院或图画院，所以当时翰林图画院正式的名称就已经出现了。

那么当时是由谁来管理翰林图画院？根据《宋史·职官志》："翰林院勾当官一员，以内侍押班、都知充。"由典籍记载可知，翰林院本身是管理机构，由太监充任首长，称为"翰林院勾当官"，官衔为正六品都知。后来翰林图画院被改名为图画局，因为"局"的位阶比"院"小一些，所以勾当官往下降一级，改为分设正七品正使一员、从七品副使一员。图画院（局）的正、副使一般由太监充任，但是副使有时会由皇帝指派画家充任。例如北宋末的李迪就曾任职图画局副使，可见得图画局的副使可能才是真正的宫廷画家领导人。

《宋史·职官志》："翰林院……总天文、书艺、图画、医官四局，凡执伎以事上者皆在焉。"又说了，翰林图画院并不是只由画家组成，是一个由相当多的单位组成的组织，与御药局、内东门司、管勾往来国信所、后苑、造作所、龙图阁、天章阁、宝文阁、军头引见司等单位同隶属于内廷的入内内侍省。从这个组织构成可知，图画院是直属于内廷的总务机构，其官员类似历代供奉内廷百物的黄门。黄门是唐代开始出现的名称，这也是为何宋代野史称呼翰林图画院的宫廷画家为黄门官的原因。

　　略略认识了图画院的组织后，再来看图画院中职业画家的构成。目前对图画院画家官衔知之甚少，一般只以"翰林院待诏""翰林院供奉"来称呼。或许北宋皇室对图画院的画家只是以佣奴之流予以雇用，所以对画家职衔并没有一定的制度，而是随着皇帝的喜好授予官衔。已知的图画院画家官衔分为九种：御前祗应、待诏、祗候、艺学、祗应、博士、画学正、画学谕、学生，不过这些官衔并没有统一，且在每一个时代的名称各异。虽名称没有统一，但大致可从典籍的记载里，了解图画院内不同职位画家大致的状况。如图画院画家有一种可以直达天听的职位，称为"御前祗应"，但获得这种职位的人很少，目前仅知神宗朝崔白一人。《图画见闻志》说北宋神宗朝的崔白，未入画院就已相知于皇帝，后进画院蒙上谕，"特免雷同差遣，非御前有旨毋召。凡直授圣旨，不经有司者，谓之御前祗应"。

　　目前台北故宫博物院存有崔白《双喜图》，据说崔白对于画动物、花鸟类是一等一的高手。当时神宗很喜欢崔白，崔白进了画院成了画家后，直接给崔白"御前祗应"这个头衔，还特别明白指示只有神宗本人可以召唤崔白，连图画院的太监头头"勾当官"都管不了崔白。就连甚受神宗赏识的待诏郭熙，也要由勾当官传旨带领才能见到神宗，可见得御前祗应的特殊身份。

　　另外，待诏、祗候、祗应这三种官衔是画院的常设官衔，属于一般的宫廷画家头衔。待诏层级较高，祗候及祗应的等级较低。待诏原本是北宋的文官系统专用头衔，后来逐渐演变成荣誉头衔，最后成为画院正式官衔。根据邓椿《画继》记载："祖宗旧制，凡待诏出身者，止有六种，如模勒、书丹、装背、界作、种飞白笔、描画栏界是也。"

说的是北宋当时祖宗传下来的制度里，只有六种绘画技术能使人获得待诏的官衔："模勒"是指临摹、勾摹等工作，好比在书法中从事双勾、临摹等工作的人，"书丹""装背""界作""种飞白笔""描画栏界"等，也各自是专门的绘画技术。

低一点的头衔祗候，是最常见的官衔，人数很多，北宋特称为"入内内侍省祗候班"，是指上朝时，一班一班地站，可见人数很多。前面提到的御前祗应则是凤毛麟角，根本只有一两个。比祗候稍微低一些是祗应，但有人认为这职位不存在，可能是祗候的笔误。

还有四种官衔学正、学谕、艺学、学生，应是图画院的教学系统官衔。如唐代的弘文馆，以书法为主，除了延聘书法家之外，也招收了学生让书法家来教导。学正、学谕在太宗朝就已经出现，但这是荣誉衔，艺学、学生才是正式官衔，学正、学谕、艺学是由高而低的教学头衔。学生则应是图画院每年招聘、刚考进来的年轻画家们，因为没有经验，不了解图画院的要求，所以请老师指导这些新进的工作人员。徽宗时期，由于皇帝个人的艺术品味，所以极力扩充图画院，以上四种官衔的画家充斥图画院。

宋徽宗甚至仿照太学组织，在翰林院正副使之外再增设博士。这种博士有别于勾当官，称为画学博士或是术学博士，以统领图画院教学。当时科举考试也增设画艺一科，以取天下画艺卓绝之士。初入画院的画家称为学生，之后逐步升迁为学正。宋代书画艺术的兴盛与皇帝对图画院的礼遇有关，这是历代所不及的。北宋开国之初，对于图画院即礼遇有加，翰林院以图画院居首。宋代还有个特别的规定，官员上朝时，九品以上的官员穿绿色官服，五品以上穿绯（红）色，三品以上穿紫色。图画院虽仅有八品或是九品官职等级，按规定本应着绿色官服，但由于皇帝的特殊喜好，恩准这些画家们可穿绯色衣服。到了北宋晚期，徽宗更进一步，允许画院凡祗候以上得以"佩鱼袋"。佩鱼袋原属主管职才能享有的特权，而画院居然得以破例。

千里为官只为财，重赏之下必有勇夫

宋代艺术史中，翰林图画院是发展完善的关键绘画组织，郭熙又是图画院中的关键人物，有关郭熙的记载都附属于翰林图画院。

宋代艺文风气极盛，与皇帝雅好艺术活动有关。宋代开国之初就对图画院的画家礼遇有加，除了之前提过的官服可特例服绯外，还破格恩准可佩鱼袋。所谓"千里为官只为财"，钱当然是关键，清官自然是有的，但有点钱不是更好吗？原本图画院画家以职等来说，等级并不高。宋代的官场，七品到九品工匠系统的官员薪水应该称为食钱，画家支领的却称为俸钱，而不称食钱。由此可知，北宋时期的画家属于文官系统，而不是工匠系统。当时画家的待遇，比起做陶瓷的工匠，或其他各式技术工匠都来得好上太多，自然投考画家官员的意愿就更高些。

图画院画家领的"俸钱"又可再区分为两种：第一种是俸禄，以现代的理解可算是本俸，按官阶支给钱以及米麦等实物；另一种为职钱，类似现代的职务加给，是按照职务另外附加的补贴。图画院画家同时支领以上两种薪水，待遇所得甚至优于同等级的文官。北宋画家薪资历朝都有增加，除了俸钱之外还另外增加额外的配给——增给钱，以现代的理解，类似红利，或说分红、年终奖金之类的概念。时代越往后，各种补贴薪资越多，远远地超过同级官员的水准。增给钱一开始只有单独的一项，但之后又再以这个项目独立出许多子项目。目前已知增给钱的项目，到了北宋晚期总计有二十五种：茶汤钱、厨食钱、添支米钱、添支柴钱、添支料钱、折食钱（类似现代的误餐费）……

画家们的薪水并不是固定的，除了俸禄外，随着受重视的程度而有所增减。北宋中期普通等级的待诏可以领到的薪水，大约每月为六万三千六百文，当时同等级的官员薪资不到他们的三分之一。俸禄的部分，每月十千钱，另外补贴春天、冬天做衣服的布料（绢）各五匹，再补助纺纱做衣服的棉花十五两。嫌拿布匹、领棉花麻烦？没问题，也可直接折合现金十千六百文，总共每个月可领二十千六百文。职钱每个月可领十八千。增给钱的部分每月领十千（含料钱：十五千）。以上加总便是每月领的惊人的六万三千六百文，这是很大的数字。

当时翰林图画院的画家都在开封工作，此处便以当时开封的物价为标准。据孟元老《东京梦华录》记载，首都汴京（开封）当时米价每斗三十文钱，六万三千六百文钱可以买到二百多石的米，大约是现今的两万多斤。当时城肆中的高级酒家（米其林三星）所供应的餐点，开价也不过"羊羔美酒七十二文，煎鱼、鸭子、炒鸡兔、血羹、腰肾杂碎十五文"。读者此处便可想象，每个月六万三千六百文钱是多么好用的一笔数字。

图画院的画家还不只领受以上好处，北宋初期，严格规定"入内内侍省"（指在皇城内工作：如翰林图画院、翰林书院、龙图阁、天章阁等单位）的官员，原则上不得离开京城到外地当官，京官和外官彼此是没有互相交流的，而翰林图画院的上级单位便是入内内侍省。但自真宗朝开始，翰林图画院开始恩准以放官，一开始限制图画院的官员外放当官，最高只能官至光禄寺丞，而后再度放宽至国子监博士。到了徽宗朝建立出职放官制度，待诏五年出左班殿值，书艺十年出右班殿值。左班殿值和右班殿值是当时朝廷内的一般官员，原本属于杂流的画家，担任了十年的殿值后，便得以三班借职出仕任官。借职出仕任官便是可以当地方官了，例如，萧照（北宋山水画家）任云州主簿（主簿是财务官），张希颜（北宋山水画家）任蜀州推官（推官是司法官）。

宋代考选画家的制度相当严格，虽然大部分的画家都是经过考试才进入翰林图画院的，但也有一小部分，如郭熙，是被推举进图画院的。考试怎么考呢？北宋徽宗于科举考试增设画艺科，画艺科自此从一般非常规的考试科目，成为正式常设性的考试科目，这是中国唯一的例子。以科举考试为画院增加员额，可见徽宗对画艺的重视程度。那么，何谓"画艺科"？《宋史·选举志》中记载："并……画学生入翰林图画局。画学之业，曰佛道，曰人物，曰山水，曰鸟兽，曰花竹，曰屋木。以说文、尔雅、方言、释名教授。"为何要特别提到"佛道""人物""山水""鸟兽""花竹""屋木"？因为每个画家都有各自擅长的强项，擅长风景的，可能不擅长画人物，鸟兽画得精彩的，让他画佛道类未必知道该如何下手。要画家样样精通，那是强人所难，也未必能达到好的效果，所以考试采取分科进行，于徽宗时代分类确立为"十画科"。

考了试后，怎样评定画家考生们的分数高低呢？《宋史·选举志》中又说道："考画之等，以不仿前人而物之情态形色俱若自然，笔韵高简为工。三舍试补、升降以及推恩如前法。惟杂流授官，止自三班借职以下三等。"说的是当年画艺科考试评分的标准——好的画不能抄袭别人，而是将自己的情感力量灌注其中，要画得流畅自然、气韵佳。

画艺科的考试怎么考？怎样命题？其考题现今还有流传。郭熙的儿子郭思写了《画题》一文，其中记载郭熙备受皇帝宠爱的那几年，被任命为画艺科举考试命题官时出考题的事："吾（郭熙）为试官，出尧民击壤题，其间人物却作今人巾帻，此不学之弊。"古代典籍中多处可见"尧民击壤"的记载。尧是史上重德爱民的明君，为政时四海升平，百姓日出而作，日落而息，种田时"击壤而歌"，一边拿着锄头锄土，一边开心唱歌，好一片和乐安康的景象。"尧民击壤"四个字，便是歌颂太平盛世时人民安居乐业的景况，也是当年郭熙的考试命题。来考试的画家考生，就根据这四字来作画答题，但据说当年画家们作的画都被郭熙打了下来，因为画中的人物都"今人巾帻"。郭熙指出"尧民"自然该作古装打扮，考生却都画了时装，郭熙还对考生们发了一句评语"此不学之弊"。郭熙的主张，也是宋代对艺术家的要求：画家不能只是画艺精湛，也该饱读诗书，将丰富的人文涵养呈现在作品中才合乎标准。所以除了著名的"尧民击壤"之外，在宋代画艺科考试中，其他人命题的试题也都甚重文学性，而且特别偏重诗意特质，如："野水无人渡，孤舟尽日横。"

邓椿《画继》卷一："野水无人渡，孤舟尽日横：自第二人以下，多系空舟岸侧，或拳鹭于舷间，或栖鸦于篷背。独魁则不然，画一舟人，卧于舟尾，横一孤笛，其意以为非无舟人，止无行人耳，且以见舟子之甚闲也。"多数人都画河边没有人渡河、一艘空船停在河边云云。但当年考第一名的画家，画的是岸边一只船，船上一位等着载客渡河的船夫躺在船尾，正吹着笛子。能得第一名是因为点出了其实不是"没有人"，而是"没有人渡河"，所以等待乘客的船夫太闲了，只能吹笛子打发时间啊。

其他还有"乱山藏古寺""踏花归去马蹄香""竹锁桥边卖酒家"，都是很诗情画意的题目，取才的标准不是以精细夺胜，而是以意境为上。以诗意入画的宫廷鉴赏品味，开启了中国诗书画三者合一的滥觞。画艺科不只是考试的科目，也呈现了当时的一种审美标准，即画家不但必备高超画技，还须具备一定的文学素养。

神宗爱郭熙，一殿专皆熙作

艺术史关于书法家的记述常较详尽，画家的资料则相对较不足。因为一般来说，书法家都是文官系统出身，朋友之间交集往来密切，相关的活动记录原则上来说较多，所以对书法家的认知通常较清楚。而过往的画家，以北宋来看，朝廷给画家的待遇福利再好，通常还是被视为技术工匠阶级，即便画得再好，画家本身的记录相对不多。但到了明清后，画家和文人的身份相结合，记录便完整些。

对大画家郭熙的认识也一样，时至今日，仍不太多，约生于真宗咸平四年（即1001年，也有人认为郭熙生于1023年），八十余岁还健在。郭熙早先曾为京师几个重要的宫殿与寺庙绘制大型的屏风画或壁画，于北宋神宗熙宁元年（1068年），六十余岁奉诏入图画院（就算郭熙生于1023年，进画院也四十五岁了），中晚年才进入图画院为皇帝工作。他起初被任命为"艺学"，作画外也教导年轻新进画家，由于表现优异深受皇帝喜爱，后来升迁为"翰林待诏直长"，类似于图画院所有待诏的头头。神宗爱郭熙的画，曾经"一殿专皆熙作"。郭熙当时制作了许多大幅山水画，《早春图》应该就是完成于那个时期。王安石变法后，新成立中书省、门下省和枢密院，都隶属于中央政府组织，墙上壁画都采用郭熙的作品，可见郭熙在北宋神宗朝时确是独领风骚的人物。

有关郭熙的相关记载，都是在宫廷活动时留下的一些记录，并未载明郭熙如何学画。郭熙擅画山水，根据记载推断，应是没有师承，主要靠自学，早年风格较工巧，后取法李成，画艺大进，到晚年落笔益壮，炉火纯青。郭熙著有一本画论《林泉高致》，后来一些画家们也将自己的画作命名为《林泉高致》，可见郭熙在山水画界的领头羊地位。《林泉高致》中提出"高远、深远、平远"的"三远法"构图主张，成为一种典范，对于山水画的影响很大。郭熙画山石多用卷云皴，指用毛笔画石头时，弧形的笔法，有点抖动的效果，正如风吹云卷的形状，据说是郭熙独创的笔法；画树枝则如蟹爪下垂，笔势雄健，水墨明洁，也是郭熙的正字标记。元代后所谓"李郭画派"的两位祖师爷，一个是范宽和郭熙都临摹其山水画作的老前辈李成，另一位就是郭熙。

元丰末年（1085 年），随着神宗的去世，徽宗即位，一朝天子一朝臣，郭熙的画不再受重视，宫中悬挂的画作大多被取下来，收到库房中。甚至有记载说裱背工将库房里郭熙的画一张一张裁开，当作一块又一块的抹布来擦桌子擦椅子。可能就是遭此一浩劫，北宋神宗朝时创作量那么大的郭熙，现存的画作才会如此之稀有。虽然各大博物馆都宣称拥有郭熙的画作，但目前为止证实为真迹的，应该只有一件，就是台北故宫郭熙的《早春图》。《早春图》在北宋灭于金后，所幸被留在金朝宫中，成为爱好书画的金章宗的珍藏。明代初年，和《溪山行旅图》一样，收藏于内府，清代归著名收藏家耿昭忠、阿尔喜普，后入清宫。或许因为大多数时间被保存于宫中，《早春图》得以避免天灾人祸，而流传至今，成为画史上最重要的作品之一。

郭熙作品大量被毁这件事，记载于南北宋交界时的邓椿《画继》卷十：

> 先大父在枢府日，有旨赐第于龙津桥侧。先君侍郎作提举官，仍遣中使监修。比背画壁，皆院人所作翎毛、花竹及家庆图之类。一日，先君就视之，见背工以旧绢山水揩拭几案，取观，乃郭熙笔也。问其所自，则云不知。又问中使，乃云："此出内藏库退材所也。"昔神宗好熙笔，一殿专背熙作，上即位后，易以古图。退入库中者，不止此耳。先君云："幸奏知，若只得此退画足矣。"明日，有旨尽赐，且命舆至第中，故第中屋壁，无非郭画。诚千载之会也。

讲的是邓家长辈任职于枢密院时，墙上张挂的都是郭熙的画作，但不知何故画作都不见了，后来某天见人擦桌椅，用的不是一般抹布，而是画上了山水画的旧绢布，裁成一块一块来擦桌子椅子。邓家长辈询问了中使太监："这是怎么一回事？"中使答："这些布料取自宫殿里的仓库，被打下来的绢布裁了当抹布用。"邓家长辈于是上奏给皇帝，说这么珍贵的画拿来当抹布不合适啊，皇上于是下旨："喜欢就带走吧。"最后仓库里的画全都运去给了邓家。

落有四个款的《早春图》，世界第一

郭熙的《早春图》是台北故宫博物院书画类的"三宝"之一。三件大家公认画得最好的巨型山水画，画幅大，技巧都很好，另外两件分别是范宽的《溪山行旅图》和李唐的《万壑松风图》。因为当时纸张的制造技术还没那么成熟，要找大尺寸的纸相当困难，所以宋代的绘画有八九成都是画在绢布上的，而纺织机织出的布要织多长有多长，但宽度有限，所以当画家要绘制大型绘画时，有时候要将两块或三块布横向拼接起来。将两块布拼接起来即是"双拼"或称"双缣"，这样画要绘制多宽就可以多宽。《早春图》和《溪山行旅图》一样，都是画在双拼绢布上，淡设色的大幅山水。

《早春图》的画幅左侧中间，有一行小字隶书款："早春。壬子年郭熙画。"这行字经验明正身，确认是郭熙的作品，小字的上方压盖有"郭熙笔"之印文。以郭熙活动的年代推算，这一年"壬子"是北宋神宗熙宁五年（1072年）。在这行落款内，包含了画题、画作年代、画家名，以及画家自己的印章。这是世界上第一张包含了这四款资讯的山水画，弥足珍贵。《早春图》上有郭熙的签名，显得很突兀，因为北宋的画家以宫廷画家为主，原则上是不会在画作上签名的。而郭熙能在画作上签名，可见得郭熙对自己的作品很有把握，也足证郭熙有多么受到宋神宗的重用，更重要的是开启了未来画家在自己作品上签名落款的先声。

从郭熙本人题跋可知，一开始此画郭熙就命名为"早春"（早春约莫是三月天），画的是河南、陕西这一带刚开春的景致。即便三月开始回春，但气候依然严寒。《早春图》中树枝上的树叶都还没长齐，呈现出些微萧索寒冷的意境趣味。

《早春图》上盖的印章与《溪山行旅图》相较而言完整得多。《溪山行旅图》上的印章与题跋都很少，而《早春图》完全是另一回事。从郭熙本人、金代的印章等，尤其是后来还进入清代皇室收藏，该有的都有，可从历代的印章倒回去推算这张画的辗转流传。

这张画有两组有趣的印章，第一组的第一颗印章为"御赐忠孝堂长白山索氏珍藏"，第二颗印章是"九如清玩"，第三颗印章是"也园珍赏"，三颗印章为一组，是索额图的印章。索额图，满洲正黄旗人，是清代开国功臣索尼的儿子，官至太子太傅，领侍卫内大臣，甚至被封为一等侍卫，在擒鳌拜时立下首功，授索额图国史院大学士，生平最大的功勋为平定三藩之乱（三藩是指清初吴三桂、耿精忠、尚可喜等三支割据势力的藩镇），康熙九年（1670 年）任保和殿大学士，可见当年受重用的程度。从上面他盖的印章推测，或许是康熙赏赐给索额图的，或是索额图从民间购买搜集来的。

"御赐忠孝堂长白山索氏珍藏"

"九如清玩"

"也园珍赏"

但在盖了索额图印章的《早春图》上，却同时出现了三藩成员耿昭忠的印章。耿昭忠（1640—1686 年）是耿继茂的儿子、耿精忠的弟弟，字信公，当时正被软禁在北京当人质，后来也娶了公主为妻，算是驸马爷。这一组盖在《早春图》上的印章，包含了"丹诚""琴书堂""都尉耿信公书画之章""公""信公珍赏"，都是很喜欢书画艺术的耿昭忠的个人印章。但誓不两立的索额图与三藩子弟耿昭忠的两组印章为何会出现在同一张画上？

郭熙《早春图》

难道是当初耿昭忠收到了这件《早春图》，兴奋地跑去找死对头索额图在画上签名盖章写题跋？当然不可能！比较可能的状况是：三藩之乱后，人质耿昭忠认为自己必死，于是将所有收藏除了送给友人外，又从中选出精品献给康熙皇帝，《早春图》就这样进了紫禁城，有可能康熙又再赏赐给了索额图。

"丹诚"　　　"信公珍赏"　　"公"　　　"琴书堂"　　"都尉耿信公
　　　　　　　　　　　　　　　　　　　　　　　　　书画之章"

郭熙的正字标记，"寒林蟹爪"画龙脉气势

虽然北宋时期山水画已相当兴盛，但相对而言发展时间较短，所以范宽、郭熙都面临一样的课题，没有太多前辈大师的画作真迹范本可参考，山水画也还未真正定型，之前的大师各自有其风格技法，所以范宽、郭熙即便临摹过李成的作品，但也都一样，没有太多从前的作品可学习，画法都可算是独创的。

郭熙死后，进入南宋，南宋高宗皇帝并不特别喜欢郭熙，而是雅好李唐（约1049—1130年后）的画，郭熙的作品自此被打入冷宫。高宗赵构（1107—1187年）赞誉李唐可比唐朝李思训（651—718年），一时画人争相效仿，其后南宋画院中尽皆为李唐及马远、夏圭风格的延续。于是李郭画风在南方的影响力湮灭不彰，仅北方金朝仍有画家追随李郭派的风尚。

但到了元初有一波新画风兴起，一般称为"李郭画风""李郭画派"或是"李郭风格"。"李"就是李成，"郭"指的是郭熙。郭熙曾经学习李成，所以两位并称。但李成的画作，几乎没人确

定看过真迹，而郭熙至少还有作品传世，所以李郭画派学的并不是李成，或该说，是"透过郭熙来学李成"，可见郭熙影响力之大。赵孟頫（1254—1322年）倡复古，跨越南宋而学北宋李郭、五代董巨及唐人青绿等。赵孟頫广学前贤的作风，对元代画家有非常关键性的影响。

有一个说法是，郭熙这件作品是以龙脉的形象来构图的，正如一条龙盘旋而上。中间主山堂堂，左右两边各有小山，一眼看去就像画面里有个"十"字，"十"字中间那一竖，就像龙脉一样整体往上升的气势，使画作呈现出强大的气场。

郭熙画山石时使用的笔法为卷云皴，刚好极佳地配合了龙脉蜿蜒形态的呈现。而后人学郭熙笔法最多的是画树木时使用的笔法蟹爪枝，蟹爪枝现在有个绰号为"寒林蟹爪"，是郭熙的正字标记。"寒林"指秋冬时期树叶凋零，只余树枝的萧索零落样貌。"蟹爪"则是画小树枝的画法，小树枝从上往下延伸，极似螃蟹脚，相当有特色。有个说法指称"寒林蟹爪"是郭熙学自李成，但李成的"寒林蟹爪"长什么样子？其实直至今日，我们都还找不到确认是真迹的李成作品。但据此一说可推断出，李成的画作

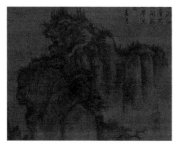

卷云皴

蟹爪枝

原则上笔法也使用"寒林蟹爪"，而郭熙又有一段时间学过李成，也引领了一派后来的画家都学习跟随了这笔法，可见这张画对后世的影响。

整张《早春图》呈现出来的效果非常惊人，气势极好！同样是主山堂堂，范宽《溪山行旅图》的主山堂堂画得像石碑一样，是立在那边的一座主山，但郭熙《早春图》的主山堂堂是运用卷云皴，还有像龙脉一样蜿蜒而上的构图方式，使画面仿佛处于晃动中，山不再是稳定不动的事物，而是氤氲蒸腾中的有机体，细节还处处透露出许多尽在不言中的意境，技巧绝佳。而究竟是什么样的意境感觉？郭熙的儿子郭思，整理了郭熙的论述后集结为《林泉高致》，书中一再主张，画家除了绘画技巧好外，必须有文学素养。

受郭熙影响而嫡传李郭画法者各有所长，如曹知白（1272—1355年）《群峰雪霁图》笔法秀润，气质文雅；唐棣（1296—1364年）《霜浦归渔图》笔力遒劲，清朗俊逸；朱德润（1294—1365年）《林下鸣琴图》运笔布墨，柔和婉约。诸家画艺重现李郭萧疏清润的风尚。另陆广（约1320—1369年后）《仙山楼观图》，柔隽的云头皴法虽源出郭熙，然已蜕化而出，启迪明人门径。而擅长界画的李容瑾（14世纪），其《汉苑图》也巧妙地将李郭树石法参融于其画中。此外，亦有参李郭树法与董巨山石，浑然一体，杰出者如赵雍（1289年生）。上述兼容并蓄的作风，使李郭画派在沉寂一段时间之后，于元朝再度呈现繁荣兴盛的景象。

南宋皇室品味的代表

——马远《山径春行图》、马麟《秉烛夜游图》

南宋时期，有四位大画家并称"刘李马夏"。刘是刘松年，李是李唐（或是李迪，也可能是李松），马是马远，夏是夏圭，四位画家各有擅长。台北故宫博物院收藏了不少马远的画作，《山径春行图》被认为是马远代表作之一。

虎父无犬子，响当当的五代画家家族

之前再三提到过，大部分的书法家是文人，文人后来又可能当官，人脉就会广，朋友相对也多，相关的记载也较多，但画家则不然。虽然到了宋代已有翰林图画院，而马远还是翰林图画院的代表画家之一，但相关记录不多，只知道这位画家大约活动在1160年至1225年之间。只知道马远是河中人，河中在山西的永济，可是南宋时期的山西永济属于金国辖区，所以马远祖籍虽在山西永济，但他其实住在临安（今浙江杭州），推论可能是因为战乱，马氏家族往南方逃难，搬到了现在杭州一带。而马远活动的时间，大约是在南宋光宗到宁宗时期，这是南宋的第三任及第四任皇帝。马远在光宗及宁宗两朝，任职图画院的待诏。

之前提到北宋的翰林图画院是宋代的画院组织，当时图画院网罗了许多杰出画家，在优厚的报酬下为皇室服务。南宋时期的图画院，基本上是延续北宋的组织，创设初期的画家也大多来自北宋汴京（今河南开封），待诏是画院中最高等级的画家。从相关记载得知，马远出生在一个世世代代都是画家的家族，从马远的曾祖父马贲开始，就已经是个画家了。马贲是北宋徽宗朝宣和画院的画家之一，主要是以佛像画为主。马远的祖父马兴祖，则是南宋高宗朝绍兴画院的画家。所以从曾祖父到祖父，从北宋到南宋时期，都在画院里当画家。马远的父亲马世荣、叔叔马公显，也都是画院画家。马远的哥哥马逵也是画家，擅长花鸟画，而马远本人则是以人物及风景画为主，马远的儿子马麟也是画家。这样算起来，马远整个家族光是宋代就有五代的画家，包含马远本人在内，总共五代七个人，可说是家学渊源。

所以其实马远学画，你可以想象，他不必去拜师学艺，因为他的家族就是画家家族。而马远任职图画院里的待诏，是这个五代七人的画家家族中名气最大的一位，其次就是马远的儿子马麟。另外，马远家族并不是一个简单普通的画家家族，而是有着工匠层次的。根据宋末元初的大鉴藏家周密所著的《齐东野语》，南宋高宗朝时期的马远祖父马兴祖，除了是画家之外，还负责修复及誊写内府所收藏的书画作品，作为备查之用。

当年金兵攻打北宋首都汴京，徽、钦二帝被抓走，原本汴京所收藏的一些古代书画和善本书籍等文物，因此都流散在外。在金兵追击下，南宋高宗一路由北向南逃，建立了新国家南宋，首都设在临安（今浙江杭州）。身为艺术家皇帝的高宗即位后，想保存先祖留下来的资产，尽量设法把由汴京失散的书画作品从各地搜罗回来。马兴祖在南宋高宗朝时负责内府，内府是当时专门收藏书画善本、古籍文物的单位。

艺术鉴赏力的提升，其实没什么诀窍，只要看得多、摸得多、过手得多，自然会有一些基础的了解。而马兴祖的工作除了画画之外，还负责修复。内府的书画作品若有毁损，就设法修复，若无法修复，就重抄重画一份，是一个人力影印机的概念。而这种古书画的修复与誊描工作，必须本身对于书画的收藏，或是艺文修养达到一定程度，才有办法胜任。总之，这不是一般画家有能力办到的。所以从周密《齐东野语》的记载，可得知马氏家族至少从祖父马兴祖时期开始，就不再只是一个普通的画工家族了。很可惜的是，由于从前艺术史对于画家的记录不多，即使像马远这样五代有七个大画家的家族，我们对于他的认知，还是只有少数片段而已。

南宋时期，对于马远的作品评价很高。人称南宋四大家的"刘李马夏"中，刘松年与李唐（或是李迪），算前辈画家，所以马远及夏圭并称为"马夏"。因为无论是马远或夏圭，他们画画时有一个习惯，会在画面中留下大片空白，再把作为主角的主景，挤到斜对角的空白处，让画面在一松一紧、一疏一密之间，形成很有趣的对比。一边是虚的、完全放空的，另外一边则是主景的所在，现今称这类构图方式为"边角风格"，也就是宋元时期所说的"马一角，夏半边"。"马一角"，就是形容马远画画时，常留下一角的空白。而"夏半边"，则是指夏圭的作品画面一半是实的，另一半是虚的。虚与实对比，空白与主景对比，形成画面上的趣味感。

马远和夏圭都是图画院的画家，两人应该是同事，而其中马远看来更受皇帝的重视。台北故宫博物院藏有一张马远的《乘龙图》，这是一张宗教题材绘画，画中的主角骑在龙背上，而这位主角的长相与当时的宋光宗皇帝极为相似，我们对比了《乘龙图》与宋代所留下的这位皇帝的御容画像后，发现相似度颇高。身为宫廷画家，并没有太多的自主性，原则上都是体察上意，皇帝喜欢什么，他就画什么。所以这张《乘龙图》的主角能以当时皇帝的长相作为范本，可以看出这题目一定是皇帝指定的，因为古代的宫廷画家如果未获皇帝授意，或取得某种默契，就直接画出来，是很危险的，万一皇帝看了画不高兴，别说可能掉脑袋，抄家灭族都是有的。所以马远能够这样画画，可见得很受皇帝的宠爱。

关于马远是皇帝喜欢的红人，还有一些关键记录可看出马远与皇帝，以及马远和其他皇族成员之间的关系。在马远现存的大部分作品中，都看得到宁宗皇帝或杨皇后的题跋，可见马远的作品应该很受重视，因为同时期其他画家的作品上，并没有像马远的作品这么高频率地出现皇帝或皇后的题跋。

明末清初的书画鉴藏家孙承泽，在所写的《庚子销夏记》提到"远在画院中最知名"。他还说"予有红梅一枝"，这说的是他收藏有一张马远的画，画的是红梅花。这张画除了画得很好之外，还有皇后杨妹子的题跋。真奇怪，为什么皇后叫"妹子"？妹子在现代，是口语化的称呼，可能管年轻的女子就叫妹子，但我们这位皇后，是真的就叫杨妹子。明代还有一位重要的书画鉴藏家王世贞，他同时也是一位书法家，更是当时文坛领袖，所谓"后七子"之一（"后七子"是指明朝嘉靖到隆庆年间，主导中国文坛的七位重要文学家），是一位拥有多重身份的大人物。王世贞曾说："凡远画进御，乃颁赐贵戚，皆命杨娃题署。"这个"娃"就是皇后杨妹子。这句话是说，马远的作品画完呈给皇帝看时，或是皇帝要将画赏给皇亲国戚或有功大臣时，通常这位杨皇后就会在画上作题跋。从孙承泽及王世贞的记载里，可知以前的藏家就已经注意到宋代画家这么多，但作品上会出现皇帝或皇后题跋的，马远算是排行第一。由此可知，马远当时的身份地位与受宠程度之高！

另外还有一个传说，马远想扶植儿子马麟进宫在图画院系统服务。当时新进的画家，通常都属低阶如画院学生这种等级，据说马远为了马麟能快速升官，常常在自己的作品中签上马麟的名字，再呈给皇帝。虽然目前尚未找到直接证据，但现存马麟作品中，有一部分的确有可能是马远的作品。所以目前有一派主张马远与马麟的作品应该合起来看，因为他们的作品有可能都混在一起了。

这个故事也透露出另外一个讯息，这五代共七位画家的马远家族，家学渊源，不需要去外面学画，也不会有所谓"郭熙学李成，范宽学李成"的状况，因为自家叔叔伯伯阿姨长辈们都是画家，只需在家自学作画，马远还会把自己的作品当作是儿子的作品往上呈。由此，可看出马氏家族之间的关系相当紧密。

但即便马远及马麟父子的名气再大，由于从古到今，中国艺术史看待画家，一般都将其归类于技术工匠阶级，相对留下的记录就比书法家要少多了。即便是马远，还好因为他是图画院的待诏，才能从图画院的记载里，大致看出马远的人生。这是研究绘画史一个非常大的盲点误区，因为常常必须在对画家认知不多的情况下讨论作品，就可能会有所偏颇。

但至少可以确认的是，马远是宫廷画家，而且在众多宫廷画家当中，出现宁宗皇帝与杨皇后的题跋最多的就是马远的作品。所以马远所体现出来的品味，应该就是一种皇室的品味。

文青杨妹子，真实版的小宫女升职记

杨妹子，虽然不确定是否为杨皇后的本名，过去还曾一度被误以为是杨皇后的妹妹，但现今大都认为杨妹子就是皇后本人，而且可以确定的是，她曾在马远的画作上题跋并自称杨妹子。元代的吴师道在题"仙坛秋月图"的诗注里，有这样的记载："宫扇，马远画，宋宁宗后杨氏题诗，自称杨妹子。"南宋宁宗皇帝有两位皇后，杨妹子是第二任皇后。杨皇后过世后，被封为恭圣仁烈皇后，从这谥号的用字，可得知杨皇后多受宁宗重视。

据记载，杨妹子自小父母双亡，幼年曾在戏班工作，因为颇具姿色又能歌善舞，所以被选进宫中当宫女，后来因为才艺双全又兼有姿容，在宫中的地位逐渐重要。宁宗庆元元年（1195年），杨妹子被封为平乐郡夫人，两年后升为婕妤，属于宫中中低阶的女官。她原本连姓氏都没有，被封为婕妤后，有会稽人杨次山，据说与杨皇后同乡，自称是杨妹子的哥哥，而杨妹子也认了这个哥哥，所以她后来就用了杨这个姓氏。庆元五年，杨妹子又高升为婉仪，再过一年又升为贵妃，可见多么得宠。也就在那一年，宁宗皇帝的原配韩皇后过世了，当时有许多妃子的资历都被看好是继后的人选，但宁宗独排众议，扶正杨妹子为皇后。从官女子一路升迁，最终登上皇后大位的杨妹子，善于权谋、生性机警、果决能断，上位后还曾联合几位大臣，诛杀了当时兴兵北伐、权倾一时的宰相韩侂胄。

　　为什么杨妹子能脱颖而出，被立为皇后？宁宗皇帝用"知古今"形容杨妹子熟稔文史，爱好艺术收藏。据说杨妹子不但长于诗词，能书善画，可能是因为她出身戏班的关系，所以喜欢写些长短调的词句，南宋朝几位重要宫廷画家的作品上，都有这位皇后的题跋，马远、马麟的很多作品都有这位皇后的手题真迹。清代编辑的《四库全书总目提要》还可以看到她的著录书目，但可惜的是她的诗词文集作品并没有流传下来，现在也仅存少少的几首诗词可供想象这位文采风流的皇后的才情而已。

　　元末明初的大文学家、大收藏家陶宗仪，在所著的《书史会要》卷六中曾提到："宁宗皇后妹，时称杨妹子。书法类宁宗。马远画多其所题，往往诗意关涉情思，人或讥之。"这段记载很值得玩味，陶宗仪居然由"妹子"两字，推断杨妹子是宁宗皇后的妹妹，但近代研究已经证实，这是误传，只是陶宗仪望文生义，其实杨妹子就是杨皇后。

　　另一方面，《书史会要》又提到，杨妹子的字与宁宗皇帝很像，马远画中的题跋，很多人认为是宁宗题的，但事实上是由杨妹子代替宁宗皇帝写的。陶宗仪最后还说，虽然杨妹子有才，但是她的诗词"诗意关涉情思"，指责她的作品都在谈情说爱，太过于软调，所以"人或讥之"，讥笑杨妹子，虽然能诗能画能写字，但内容也不过就是风花雪月啊。且不论陶宗仪对杨妹子的成见，他到底点出了一个重点：马远画上的题跋，很多是杨妹子所作。清代著名的诗人厉鹗，在《南宋院画录》也提到，南宋时期画院画家的画作上，有一些宁宗皇帝的题跋，其实都是经由杨妹子来鉴定作题跋的，比如马远有一件名作《水图》，一般推测画上的题字也是出自杨皇后之手。

《书史会要》《六研斋笔记》里也提到，当时宁宗皇帝如果要送画给大臣，上面的题跋多由皇后代笔。台北故宫博物院有一部分南宋画家的作品上，就盖有杨皇后的印章或是有她的题跋。杨皇后的印章有"坤卦印""坤宁宫翰墨""坤宁殿"，其中"坤卦印"就曾出现在李嵩的《月夜看潮图》这张画上。

南宋宁宗朝的画家李嵩在某年的中秋节，为皇室成员到钱塘江口的皇室林园"天开图画阁"观钱塘潮顺便赏月的宫廷活动画了一张扇面以作为记录，杨妹子就在这件重要的南宋作品上题了两句诗："寄语重门休上钥，夜潮留向月中看。"题跋旁边就盖了杨皇后的"坤卦印"，这张画被命名为"月夜看潮"。

杨妹子的先生南宋宁宗皇帝赵扩，是什么样的人？大多数的皇帝能够登基，通常是因为皇帝爸爸过世，但赵扩能当上皇帝，是他的光宗皇帝爸爸禅让给他。所谓"禅让"，是指前任皇帝退休，由下一任皇帝即位，如此一个朝里会有两个皇帝（皇帝与太上皇帝），而这似乎也成了南宋宫廷的传统。南宋开国的高宗皇帝禅让给孝宗，孝宗当了几年皇帝之后，就禅让给光宗。后来光宗再禅让给宁宗，但据说光宗其实是在宫廷正殿被废掉，所以光宗应该是不太情愿地禅让给儿子宁宗，传说光宗因此郁郁寡欢就病死了。是以宁宗能当上皇帝，其实是当时许多大臣在背后支持，甚至不惜发动宫廷政变，这也是为什么宁宗即位后，会重用韩侂胄这类权臣的原因。宁宗皇帝非但身处于战乱，连皇帝的位子都是从政变与禅让中得来，相当混乱。

但南宋皇帝的艺文修养都很好，高宗、孝宗都是书法家，宁宗也擅写书法，雅好艺术。所以宁宗皇帝喜欢杨皇后，极有可能是因为杨妹子是个文青，而他们的喜好也与南宋绘画的品味有密

马远《山径春行图》

不可分的关系。

这些人这些事，都对南宋指标性的宫廷画家马远影响极大，因为宫廷画家的画作，代表着皇室的品味，马远的绘画风格反映的就是当时皇室喜好的调性，知名画作《山径春行图》，正是诞生于这样的时代背景。

"马一角"，诗书画三者合一的祖师爷

《山径春行图》，过去也有人称为《芳径春行图》，但这不重要，因为画的名字都是后来才取的。《山径春行图》，画作尺寸并不大，是绢本，画在绢布上，有点浅设色（中国绘画依色彩的有无，大致分为丹青彩绘及水墨晕染两个系统。丹青彩绘指的是用植物或矿物性颜料，称为设色。设色又依其深浅、色调，再细分为青绿或浅绛），画上没有年款，所以只能从印章、题跋来做推

测，应该是完成于杨妹子当上皇后之后。

南宋时期的宫廷流行禅宗。结合儒家思想的禅宗，在北宋时期只在米芾、苏轼、黄庭坚等文人圈里流传。可是到了南宋孝宗时期，禅宗正式进入宫廷，宁宗皇帝甚至还为禅宗正式建立"五山制度"（指评定禅院的等级）。此外，杨皇后对于禅宗更是礼遇有加，不但拿钱办"水陆会"，还曾支持禅宗当时很具影响力的人物如净禅师（又称道元，杨皇后又称他为天童如净，也是后来日本禅宗支派"曹洞宗"的祖师道长）以"臣僧"之名，在皇宫中举行法会。

禅宗之外，在宁宗还是太子时，理学大师朱熹是他的老师。宁宗登基后，宰相韩侂胄不喜欢理学，虽曾一度禁理学，但禁令随即就被推翻，理学在宁宗的支持下成为皇室的主轴。

由此可知，禅宗及理学，在南宋的皇室中非常受欢迎，也都对当时的皇室品味有一定的影响力。虽说禅宗、理学，听起来不太一样，但有一个共同的特质，便是讲求内心世界的平静，都主张"与其观诸物，不如观诸心"，所以"观心"是当时皇室品味里很重要的一件事情。

宁宗朝是南宋的战乱时期，绍兴和议之后，停战多年的金国和南宋，在宁宗的权臣宰相韩侂胄主政之下重启战端，由南宋主动进攻金国，前后曾发动两次大规模的战争，却都以失败（双方停战）收场，战火甚至波及长江上下游一带。两国议和后，签订了南宋有史以来最丧权辱国的"嘉定和议"，主和派大臣史弥远，联合杨皇后暗杀了主战派韩侂胄，砍下头颅送给金朝，重新订立不平等条约。这是宋金最后发生的大规模战争，自此两国都没有能力再启战端。

　　"嘉定和议"有多不平等？首先，双方停战，两国回到以高宗绍兴年间的国界为界；再者，宋金两国重新议定关系，从原本的叔侄关系，变成伯侄关系，金国从叔叔进一步变成伯父，宋朝自然是晚辈侄子；最后，南宋的赔款更多了，每年赔给金国的钱从二十万两增为三十万两，绢布从每年二十万匹增加到三十万匹，另外南宋还要再赔偿金国打仗的军备损失三百万两银子。如此巨额的赔款，让国家经济遭受重创，物价横飞，民穷财匮，社会纷乱。或许也正因为如此，皇族成员转而追求内心的平静，理学与禅宗于是风行。

　　马远正是服务于这个时代的画家，是宁宗朝最受皇帝宠爱的宫廷画家，所以马远的绘画品味就是当时皇室品味的代表。马远的《山径春行图》上面两行题跋，写的是"触袖野花多自舞，避人幽鸟不成啼"，两句诗写得浅显易懂，意境却极美。"触袖野花多自舞"，以前文人穿的是宽衣薄带，外出春游，袖子勾到了路边野花，勾一下、碰一下，花晃动了，像跳舞一样。所以"避人幽鸟不成啼"，原本山林间没有受到太多骚扰的小鸟，因为有人靠近，花被袖子触动，受到了惊吓，突然从树丛里飞了起来。这两句诗，一安静一动作，各式各样的物件融合在一静一动的画面里，有声音有动作有想象。

　　有此一说，这题跋可能是在宋代时，套自另外一首诗的内容，因为"触袖野花多自舞，避人幽鸟不成啼"只有两句，但诗最少要四句。后来据学者研究，当时一位理学大师程颢，有一首很有名的《春日偶成》诗，里面有两句"云淡风轻近午天，傍花随柳过前川"，很多人认为"触袖野花多自舞，避人幽鸟不成啼"，有可能是从这两句套用出来的。无论这推测是否合理，但都与南宋理学流行的状况相呼应。至于画面上的题跋，据说出自于宁宗皇帝的手笔，但也有人主张是杨皇后的字，因为从历史资料来看，宁宗皇帝的许多题跋是由杨皇后代笔。台北故宫博物院也说这是宁宗皇帝的字，我们当然尊重台北故宫博物院的说法，但其实究竟是皇帝还是皇后的字也不是那么重要了，重点在于《山径春行图》这张画里，看得到这两句诗所呈现的意境，而如前所述，马远的作品代表的是当时的宫廷品味。

《山径春行图》画面中一位文人走在山径上，可能正在春游，身后的树丛里跟着一个小书童，手上抱着一把琴。这文人从画面左下角，沿着一条小路往右前方前进。这张画后来被取名《山径春行图》，是因为这看起来像是一个山径场景。

将画与"触袖野花多自舞，避人幽鸟不成啼"两句题跋对照，可发现诗与画两者是合为一体的，画里真的就看到一个文人，宽大的衣袖勾到了山径旁的野花，惊动了原本在画面左侧柳树上的两只鸟，一只突然间飞起来，另外一只还停在树上。"避人幽鸟不成啼"，有人出现，发出了声响，吓到了鸟儿。

这是标准的马远式风格，将主景都挤到左下角，包含树、野花、那一位文人，还包含后面的小书童，又巧妙地点出了春天的"春"这个字。画中的文人，头上戴了一顶半透明的纱质文士帽，正适合春暖花开的气候，文人的衣服略显宽松，布料轻薄，是这个时节舒适的穿着。

文人上山郊游，可却没忘让书童抱着琴一起爬山，为什么？《陋室铭》里，也提到在家弹无弦琴，弹琴是古代文人的生活情趣。你可以想象，这位文人上山春游，走着走着看哪里风景不错，就随兴坐了下来，书童立马把琴捧到文人面前，文人于是就弹吗？未必！因为那是一种情趣，单纯只是一种意境。"此时无声胜有声""余音绕梁，三日不绝"的重点都在弹琴，但不在于"弹"这个字，而在于能有这个意境。"琴"对古代文人来说是一个态度，并非真要练出怎样的绝世技艺，而是呈现文人生活的样貌，正如同"抚琴""玩鹤""焚香"，都是当时文人的生活雅趣。

画面中，马远把所有的物件安排到左边，右边则是一片空茫，仅露出了一点山头。这正是所谓的"马一角，夏半边"。有人曾形容马远作品的风格，说他"峭峰直上而不见其顶，或绝壁直下而不见其脚，或近山参天而远山则低，或孤舟泛月而一人独坐"。"峭峰直上而不见其顶"，说马远只画一半而已。"或绝壁直下而不见其脚"，下面都不画了，也只画一半。"或近山参天而远山则低"，这是指马远作品，通常都把前景画很大，或后面整个虚掉。这形容的都是马远作品的风格特征。《山径春行图》便可看到这种虚与实之间的互换，而画面上感受到的虚实互换，其实与题跋"触袖野花多自舞，避人幽鸟不成啼"或许有某种关联性。

我们从当时流行的理学与禅宗思想来看这张画，马远所体现的并不是一张纪实的风景画，而是一种虚无缥缈的意境，表达宋代禅宗及理学强调的"与其观诸物，不如观诸心"，重视的是作品里所能体现的人生价值与品味，这才是马远《山径春行图》真正想要表达的内涵。而"触袖野花多自舞，避人幽鸟不成啼"这两句题跋，虽不是马远自己的诗作，也非马远写的字，但诗与画水乳交融，有一说这正是开启"诗画合一"的祖师爷。

因为北宋时，虽然翰林图画院的画家考试，都是以诗歌来命题，但画院画家并不习惯在画上写字。郭熙《早春图》偌大一张画，郭熙仅在左边角落的一棵树下签名，几乎看不到它；范宽虽不是画院画家，可是在《溪山行旅图》上签名时，却刻意将它隐藏到右下角的树丛里。从北宋画家的签名习惯，可看出当时并不习惯在画上写字，甚至还尽量隐藏自己的字迹，所以早期较少看到所谓"诗画合一"的意境。虽说当时绘画作品里常藏有诗意，但真正在画上题跋作诗，让观者藉诗赏画的做法，在北宋尚不普遍。

但到了南宋，诗与画就慢慢结合为一体了。细看《山径春行图》，你会发现在画面左下角，眼睛几乎看不到的地方，有马远的签名。虽然这签名依然签得很小，但画面右边马远刻意留下大片的空白，又有"触袖野花多自舞，避人幽鸟不成啼"两行大大的字写在上头，由此可推测，南宋时已开始将诗歌与绘画搭配结合。在中国绘画史里，元代后所流行的"诗书画三者合一"，或许早在马远的《山径春行图》就是个开端，是"诗画合一"的过渡期范例，即将成为未来在元代以后画家们试图结合文学、书法与绘画，迈向所谓"诗书画三者合一"的滥觞。

其实，我个人一直认为马远的《山径春行图》很可惜。这张画似乎在明末清初曾被重新装裱，但不知何故，新的装裱可能把原本画上历代藏家的题跋以及款印给裁掉了。所以有关这张画过去的收藏情况，以及历代藏家怎么看待这张画的记录都很少。

现今，《山径春行图》被裱成册页，画心就是这张画，画心以外是明末清初时期的装裱，画上的题跋也只有宁宗皇帝（或是杨妹子）所写的那两句诗。上面盖的印也不多，只剩下四颗印章，其中一颗已无法辨认，另外三颗印章分属明末清初时的两大收藏家：张孝思与梁清标。张孝思，字则之，江苏镇江人（古称

为京口），据说善书法，喜画画，且富有，他的收藏中，从近代
到唐代的历代书法名作、宋元名画等应有尽有。《山径春行图》
就盖有一颗"张则之"印，所以可知《山径春行图》曾是张孝思
的收藏。但张孝思盖章的时候，习惯将几颗章盖在一起，如同以
前的藏家一样不会只盖一颗印章。张孝思有另外一个收藏章"张
孝思赏鉴印"，他经常将这两颗印章搭配使用。

但《山径春行图》却只有一颗"张则之"印，
少了另一个"张孝思赏鉴印"，据推测原本可能
的盖印位置，应该就在如今新的装裱上面，可
能被裁掉了，所以看不到了。《山径春行图》除
了"张则之"印之外，还有另一位藏家梁清标
的两个收藏章"棠邨审定""蕉林玉立氏图书"。
梁清标是明末清初的大藏家，范宽的《溪山行
旅图》原本也是他的收藏。

"棠邨审定"

"蕉林玉立氏图书"

　　由此我们可得知，《山径春行图》原本属于张孝思的收藏，
后来转到梁清标的手上，最后才成为清皇室的收藏。

名花? 红妆? 燕支雪? 海棠代言人苏东坡

　　台北故宫博物院里，我最喜欢的一张画，就是这件马麟的
《秉烛夜游图》。这张画好的关键在于，是文学与绘画高度结合的
标准范例。这张画，画面不大，宽度只有 24.8 厘米，高度 25.2
厘米，是画在绢布上的绢本。原本这是一把扇子的扇面，后来扇
面被拆下装裱成如今我们见到的册页。

　　马麟《秉烛夜游图》的意境源自苏东坡的诗。马麟为南宋画
家，自然知晓北宋的诗人苏东坡。马麟这张画更深刻的意涵就在

马麟《秉烛夜游图》

所谓的文学性。文学对于绘画的影响是东方艺术里很重要的一环，古典诗词与绘画的结合，概念起始于北宋之前，从唐代大诗人王维"诗中有画，画中有诗"的概念开端，但真正的发展是从北宋开始的。北宋图画院招生考试时，大都以诗为题入画，但直接以诗题来作画，应是到了南宋才达到成熟典型的阶段。所以很多人主张南宋时期的绘画比起北宋更温柔婉约，更具有深层意涵，《秉烛夜游图》便是拥有南宋绘画特征的典型代表。

北宋元丰二年（1079 年）十二月，苏东坡因著名的乌台诗案被贬官，从湖州知府被贬为黄州团练副使，是个不被允许管事的闲官，他那些著名的诗歌、文学作品大部分也都是在黄州这七年间写成的。苏东坡到了黄州后，第一个落脚地点是城外山坡上的定惠院。来年春暖花开，他睹物思乡，心有所想，写下了这首诗名好长的《寓居定惠院之东，杂花满山，有海棠一株，土人不知贵也》。诗名清楚交代了住在定惠院的东边，满山花开，点出春天到了，其中有一株四川老家才有的海棠花，但"土人"（指的是当地的住民）不识得海棠有多娇贵。

这首长诗的前几句为："江城地瘴蕃草木，只有名花苦幽独。嫣然一笑竹篱间，桃李漫山总粗俗。也知造物有深意，故遣佳人在空谷。自然富贵出天姿，不待金盘荐华屋。"苏东坡形容黄州居所的环境"江城地瘴蕃草木，只有名花苦幽独"，当年赤壁大战就在左近，大江东去的现场就在城旁，所以叫"江城"，地处闷热潮湿的南方，是"地瘴"，潮湿闷热正适宜生长草木，所以"蕃草木"。放眼望去，群花中只一株海棠"只有名花苦幽独"，这句有自况的味道，比喻苏东坡自己被贬到黄州做官的处境。"嫣然一笑竹篱间，桃李漫山总粗俗"，桃花、李花常是满树盛开怒放，易感价廉，相映一比，海棠开花量较少，更显孤高，苏东坡是拿桃李的俗来咏叹自喻为海棠。

"也知造物有深意，故遣佳人在空谷"，苏东坡自我解嘲，说上天造万物都有其用意，我今天之所以被贬官来这瘴疠之地，便如此地少见的海棠还开了花一般，是老天自有安排。"自然富贵出天姿"明写海棠花美极，"不待金盘荐华屋"则是引用一个魏晋南北朝的典故，来自石崇对海棠讲过的一句话"汝若能香，当以金屋贮汝"。海棠花虽很美，但没什么味道，所以美归美，视觉上满足了，但嗅觉上似乎总少了一点点。所以石崇说如果海棠能有香味，他就要比照金屋藏娇的故事，来珍藏种植这海棠花，而苏东坡便援引且转换了这一典故。

苏东坡刚到黄州时，写诗有个习惯，就是会为他的诗作写很长很长的诗名，将写诗的背景在诗名中交代得很清楚。譬如他有一首诗，诗名《上巳日，与二三子携酒出游，随所见辄作数句，明日集之为诗，故辞无伦次》，诗的内容讲什么不重要，重点是这首诗，提到上巳日与二三子携酒出游事，其实就和他去赏海棠花是同一件事。相比对下可得知，苏东坡是和几个朋友一起去赏海棠，并且还带了酒，时间则是上巳日。上巳日是春天，农历的三月三，这就是当年苏东坡赏海棠的时间点。

苏东坡咏海棠诗不只一首，贬黄州的第四年他写了另一首诗名只有两个字的《海棠》绝句："东风袅袅泛崇光，香雾空蒙月转廊。只恐夜深花睡去，故烧高烛照红妆。"这首诗被认为是苏东坡一系列海棠诗中最好的一首。（"香雾空蒙月转廊"，有另一版本为"云雾空蒙月转廊"，都可以的。）

"东风袅袅泛崇光，香雾空蒙月转廊"，是指春天的风，慢慢吹拂着，崇光指的是夕阳西下，天色将暗未暗、将明未明时，所以是傍晚到晚上的这段时间，那天有点小雾，月儿在天上，月光映照到廊柱，廊柱的影子在地上缓慢移动。"转"这字，生动地联结出月亮在天上的运行。"只恐夜深花睡去"，海棠花开的时间很短。"故烧高烛照红妆"，红妆是指海棠花开，粉粉的白、粉粉的红的美姿。因为晚上看不到花，所以让人赶紧把蜡烛点起来，要把握时间夜赏海棠哪！

南宋的画家们经常以诗歌作为绘画主题。马麟的《秉烛夜游图》就是以苏东坡这首《海棠》诗的意境来作画，因为晚上赏花，所以画名被称为《秉烛夜游图》。

苏东坡其他的诗里也常提到海棠，譬如《黄州寒食诗》。大名鼎鼎的《寒食帖》，写的就是苏东坡的两首《黄州寒食诗》。

"自我来黄州，已过三寒食。年年欲惜春，春去不容惜"，海棠花开了，宣告了又一个春天的到来，我苏东坡来到黄州，转眼已迎来了第三个寒食节。"今年又苦雨，两月秋萧瑟。卧闻海棠花，泥污燕支雪。暗中偷负去，夜半真有力。何殊病少年，病起头已白"，海棠花瓣被雨打落，满地泥泞。夜里，苏东坡躺在床上，听到花从海棠树上落下的声音，"燕支雪"就是胭脂雪，是苏东坡用来描述海棠花的名词，因为海棠花开花时，花瓣红里透白，白里透红，漫天飞舞，恰如皑皑白雪上搽了胭脂，胭脂里透了白雪的这种感觉。"泥污燕支雪"，花瓣掉落到泥地，胭脂雪被污泥沾染了，这里还是以海棠花自喻被贬官落难到黄州的凄惨景况。海棠花对苏东坡来讲很重要，几首诗下来，苏东坡俨然成了海棠的代言人。

不完美的小瑕疵，更美更可爱

再回到定惠院，定惠院的海棠是怎么回事呢？

定惠院是苏东坡刚到黄州时住的地方，旧址在今湖北省黄冈市东南方，原本的样子据说直到明代中期都还在，明代后被拆掉了。根据明弘治年间的《黄州府志》记载："定惠院，在府治东南，苏子瞻尝寓居，作海棠诗以自述，院废。弘治庚申得故址，其茂林修竹，园池风景，宛如苏子所言者。"说苏东坡当年曾住在定惠院，还写了海棠诗来比喻他自己。

到了清代，根据清光绪年间新编的《黄州府志》记载，当时黄州城内外，共有大小街道五十一条，其中有一条街道就叫定惠院街。清代中期，黄州城人口增多了，原本在城外的定惠院被包到城里来，定惠院也被拆掉了，原本所在街道被命名为定惠院街，之后又被多次改名为定花院、定花园、定花苑、淀花园等。但无论怎么改，可以发现原则上都还是以"定惠院"来命名，这是对大文豪苏东坡的一种尊敬。

搬离了定惠院之后的苏东坡，在元丰七年（1084 年）三月三日那一天重游定惠院，写了一篇游记《记游定惠院》。为什么要重游定惠院？一来是为了赏海棠花，二来是每一年上巳日三月三，都是苏东坡与朋友一起踏青郊游的日子。说到上巳日，王羲之的《兰亭集序》里，"永和九年，岁在癸丑，暮春之初，会于会稽山阴之兰亭，修禊事也"，也提到他是为了修禊日而去，所以苏东坡与朋友们一起去游定惠院和王羲之的兰亭有相同的目的，都是为了三月三上巳日举行的春游活动。

《记游定惠院》里这样写："黄州定惠院东小山上，有海棠一株，特繁茂。每岁盛开，必携客置酒，已五醉其下矣。今年复与参寥禅师及二三子访焉，则园已易主。"苏东坡每年去一次，因为一年赏花一次，"五醉其下矣"，他已经第五年到这个地方来了。但今年与参寥禅师以及两三个朋友一起去拜访这株海棠，才知定惠院的主人已经换了。而游记里这株海棠，应该就是海棠诗的主角了。文中可看出，这海棠不是苏东坡种的，苏东坡只是年年都跑去赏海棠，并且写下海棠诗。

海棠其实分好些个不同品种，有木本、草本等，苏东坡笔下的海棠应属木本，长得像一棵小灌木。而木本的海棠是没有香味的，所以石崇才说："汝若能香，当以金屋贮汝。"苏东坡诗里的海棠，正是定惠院里没有香味的海棠，可苏东坡就是爱海棠，还拿"泥污燕支雪"来自我比喻。海棠没有香味这事，确实给很多人一些遗憾，因为花开了，除漂亮之外，若能带点香味不是更好吗？然而这遗憾对于文学或艺术来说很重要，完美未必是一件好事。太美太完整，对于艺术的创作，反倒可能留不下足供思考或是静下来的空白空间。太完美事实上并不那么吸引人，若带一点小瑕疵，反而可衬托得更美 —— 缺憾本身也是一种美。

宋代一位叫彭渊材的文人，还有所谓的"五恨"之说："一恨鲥鱼多骨，二恨金橘太酸，三恨莼菜性冷，四恨海棠无香，五恨曾子固不能诗。"这段还挺好玩的，鲥鱼是长江的一种鱼，个儿不大，但很好吃，被认为是最鲜美的鱼之一。以前的人吃鲥鱼是大事，几年前我为鲥鱼写过文章，提到当年鲥鱼是用来进贡的鱼，相当珍贵，被捕后装进桶子一路往北京送，虽然鲜美好吃，但就是刺很多骨头很多，所以这是一恨也。金橘就是小橘子，看起来好看，闻起来也香，但吃起来真是酸得不得了，所以二恨金橘味酸。莼菜虽好吃但性冷，吃多了对肠胃不好，所以说三恨莼菜性冷。第四恨就是前面提的海棠无香。第五恨太好笑了，曾巩是唐宋八大家之一，一般认为曾巩写的文章比诗好太多了，能写这么好文章的一个人，居然作诗不行。

到了民国后，张爱玲也套用这种说法，说"海棠无香""鲥鱼多刺""红楼梦未完"是人生中的遗憾。《红楼梦》的后四十回是人家帮曹雪芹续的，真正他写的只有前八十回而已，所以张爱玲说"红楼梦未完"真太可惜了。

苏东坡还有一个故事也跟海棠有关。宋代的笔记小说《春渚纪闻》里，有篇《营妓比海棠绝句》，是苏东坡在黄州给营妓题诗的趣事。据说苏东坡向来大方，每次宴会，总是"醉墨淋漓，不惜与人"。喝得有点懵了，写字时就更加自在放得更开，所以"醉墨淋漓"。"不惜与人"，苏东坡每次写完字，顺手就送人了，或者人家叫他写他就写，并没有宝贝自己的作品到不轻易示人，这就是随和大气的苏东坡。

但因地位悬殊，营妓李琪一直没好意思向苏东坡索取墨宝，直到在黄州第七年了，苏东坡即将离开黄州的某次送行宴上，李琪终于向苏东坡说出心中的愿望，且是在东坡酒酣时提出的。苏东坡乘兴命李琪磨墨，大笔挥就，在李琪的领巾上题了诗文两句："东坡七载黄州住，何事无言及李琪？"苏东坡小小开李琪玩笑，说我苏东坡在黄州住了七年，为什么没给你李琪写过诗呢？

写了两句后，即"掷笔袖手，与客笑谈"。苏东坡当场挥毫作诗，现场的人都围过来看，但两句写完以后就不写了，两句不成诗嘛！大家也觉得这两句诗太过平淡，于是相互疑问："语似凡易，又不终篇，何也？"心想这写得太简单了吧！看来也没什么特别，为什么只写两句不写完？大家都很纳闷。

宴会结束后，李琪忍不住了，怕苏东坡跑了就求不到墨宝，当下跪拜在地求苏东坡再续上两句。苏东坡哈哈大笑，随即提笔又续写："恰似西川杜工部，海棠虽好不留诗。"苏东坡拿杜甫比喻自己，说李琪虽然很好，但我七年来没为你写诗，正如杜甫在四川住了多年，也没有为美丽的海棠写过一首诗呀！

苏东坡多次引用海棠，游记里也写，笔记小说里也提到，还又作诗又写词的，可见海棠对于苏东坡来说有多重要。花这么长的篇幅来讲苏东坡与海棠，是为了让大家能更理解马麟的《秉烛夜游图》，因为马麟画这张画，从头到尾就是依据苏东坡对海棠的描述来画的，所以先了解苏东坡的海棠，才能够看懂马麟为什么这样画。

界画？墨染？撞粉？马麟作画功力一流

之前强调过，中国艺术史里画家的身份地位较接近所谓的工匠阶层，历史记载相对就少了。一直要等到元代后，文人绘画兴起，文人也成了画家，记载才相对多起来。所以我们对南宋画家马麟的了解很少，史料对他的记载几乎是空白，仅知他约活动于1195 年至 1264 年间，原籍河中（今山西永济），是五代马氏画家家族的成员之一、家族南渡后第三代画家，居钱塘（今浙江杭州）。马麟的父亲马远是光宗、宁宗两朝非常受重视的代表画家，在画院里任职第一等级的待诏，所以你可以想象马麟的人生，终生都与画院脱不了关系。

马麟师承家学，少见的几则记载里，说他擅画人物山水花鸟，作品"用笔圆劲，轩昂洒落"，画画爽快，用笔非常劲道，据说画风"秀润处过于乃父"，指细致微妙的处理比父亲马远来得更好。但马麟的官运似乎没有父亲好，宁宗时期，才勉强获得"祗候"的职位（这是画院里的第二等级画家），但还是颇得宁宗赵扩、皇后杨氏（杨妹子）的称赏喜爱，常在马远、马麟父子的作品上题字。但马麟也可能是因为在父亲马远的庇荫之下的缘故。明代书画家朱谋垔所著的《画史会要》曾说："能世家学，然不逮父。远爱其子，多于己画上题作马麟，盖欲子得誉也。"

有一种说法，说马麟的作品能获得皇帝与皇后的题字，是因为皇帝、皇后喜爱马远而爱屋及乌。《画史会要》曾提到"不逮父"，指马麟不如他父亲马远那么好，然"远爱其子，多于己画上题作马麟"，马远爱马麟，盼马麟成才，所以就在自己的画上签上马麟的名字，用这种方法来提升马麟的地位。这是《画史会要》里的记录，可信吗？因为我们对马麟的认知很少，记载也非常少，找不到其他对比资料，所以这个记载或许可以认定为真的。但说马麟不如马远好，这是《画史会要》的说法，也是早期宫廷画院里看待马远跟马麟的视角，但现在未必认为如此。若将现存的马远与马麟的作品拿出来比较，我个人认为其实马麟不比马远差，尤其这件《秉烛夜游图》更是马麟的代表作。

《秉烛夜游图》没有年款，画面上仅右下角有三个很小的字，有马麟的签名"臣马麟"。自称"臣"可见得这是呈给皇帝或皇族成员用的扇面。台北故宫博物院中有好几件马麟的作品，但这件《秉烛夜游图》一般被公认是他最好的作品之一。

马麟完全忠实表达出苏东坡海棠诗的意境："东风袅袅泛崇光，香雾空蒙月转廊。只恐夜深花睡去，故烧高烛照红妆。"这讲的是夜晚赏花，马麟为了表达黑暗中带一点光线的效果，他先用"墨染"的方式，把整张绢布染了一遍。"墨染"，说白了挺简单的，就像染布一样，拿墨加水稍微稀释，再层层叠叠染到你要画的那张画布或画纸上，就会让整张画面像低沉的夜色中有微光一般，于是达成了苏东坡海棠诗中夜景的氛围。其实，在马远的《华灯侍宴图》这件画作上也使用过墨染的技法，可见这是马氏家族经常使用的技巧。

除此之外，在这么小的画面里，马麟画了一间跟围墙连在一起的屋子，这间屋子在花园里，而屋子的门是打开的，可以看到门里坐着一个人，门外就是花园，园里的海棠，繁花盛开。我们可以想象这屋里的主人正在唤仆人或小书童，到花园将蜡烛点起来，因为"只恐夜深花睡去，故烧高烛照红妆"。晚上要赏花，所以要在高高的烛台上点起蜡烛。马麟画了花园，也画了点蜡烛的桥段，紧紧扣住了苏东坡海棠诗的内容。在这么小的一张画里，要塞进这么多内容，画房子、画人、画烧蜡烛，还要有花，甚至在夜空中还有一轮明月高挂，这是马麟这张画的情形与调性，二十五厘米大小的扇面要塞进那么多元素，马麟没办法用毛笔笔尖慢慢地一朵一朵画花，所以是用"撞粉"的技巧来画出海棠开花的。

什么是"撞粉"？因为花的颜色有红有白，所以马麟的做法是拿红色与白色的颜料，稍微混一下，制造出红红白白的效果，然后再拿起毛笔蘸了颜料，用洒的方式直接洒在画面上。你可能会疑惑要怎么

马远《华灯侍宴图》

洒。其实很简单，他双手各自拿着一支毛笔，右手的毛笔上面蘸的是之前提到的"撞粉"，再以左手的笔用敲的方式轻击右手毛笔杆，因为毛笔本身是软的，一敲一震动，毛笔上附着的颜料就被甩出来落到画面上，于是看来就像是树上开出了花朵。用"撞粉"的方法来画这种微小的花，是马麟很特殊的地方，也是画这种小篇幅作品一种很好的技巧。

但可惜的是，"撞粉"虽可快速画出树上盛开的花朵，但因是以"洒"的方式，把颜料洒到画面上，所以缺点是没能紧密跟绢布（或纸）结合，年代若久远，"撞粉"就会慢慢掉色。岁月漫漫，这张画距今约有一千年历史，原本该是满树盛开的海棠，马麟这件《秉烛夜游图》的花朵，现在看来好像挺稀疏的，其实是当年的"撞粉"已经都掉得差不多了。但各位如果有机会到台北故宫博物院亲眼欣赏这张画，仔细瞧还是可以看出马麟用"撞粉"画花时的一些痕迹。

除了画花之外，在《秉烛夜游图》里，马麟也画了一间屋子，因为"香雾空蒙月转廊"，马麟按照苏东坡的描述，赏花地点并不在荒郊野外，而是从屋子里望出去，"月转廊"。马麟运用了他最得意的界画技巧，画了一间在花园里的房子，围墙边有门廊，屋子的细节他都一起画出来了。"界画"这技巧很特殊，是古代画家用来画建筑物的一种笔法。画建筑物要用到直线及横线，若拿毛笔直接画会有点抖，而且也画不直。但用"界画"的方法，就能很精准地画出建筑物的直与横。到底要怎么画呢？首先必须用一支干净的新毛笔，笔尖还是很完整的，只在笔尖处蘸墨，再另外找一支旧笔管对半剖开成半圆形，就套在那支笔尖蘸了墨的笔下面，让笔尖露出一点点就好，画画时手握着那支套着半圆形笔管笔尖蘸墨的毛笔，就可以靠着尺来画画了，这种画画的方法叫作界画。

无论用什么材料工具来辅助，可画画的工具还是毛笔，毛笔笔头是软的，要画出直线是很困难的一件事情，而这件《秉烛夜游图》马麟运用"界画"的方法，很巧妙又精确地在小小的画面里画了花园、门廊，甚至连屋瓦都准确地画出来，这就是马麟《秉烛夜游图》三个很厉害的技巧：第一是墨染，第二是撞粉，第三是界画。

综观全画，马麟把苏东坡的海棠诗诠释得处处到位："香雾空蒙月转廊"，马麟画了一间有回廊的屋子，回廊上方的夜空中，画了一个很小很小的、几乎看不见的月亮，模糊地透出了点月光，因为"香雾空蒙"，指的是空气中有一点点的雾气，所以马麟利用染的技巧，把月亮稍微染淡一点，让月亮看起来有点模糊、不太清楚，有点云有点雾但是又有月亮出来，迷蒙的意境处理得很好。"故烧高烛照红妆"，红妆指的是海棠，因为海棠开花时颜色是红红白白，红里透点白色，所以用红妆来比喻。红妆原指女生化妆，古代化妆品主要是用三种颜色，黑色、红色跟白色。白色用来把整张脸涂白，红色用来点朱唇，黑色则是用来画墨眉，但最主要的颜色还是红与白。所以苏东坡的比喻很巧妙，用红妆来比喻海棠开花，而马麟也巧妙地把这段给画了出来。

马麟把苏东坡的诗作完整落实在他自己的画里，当你在欣赏这张画时，心中忍不住就会想到那四句诗："东风袅袅泛崇光，香雾空蒙月转廊。只恐夜深花睡去，故烧高烛照红妆。"这就是马麟《秉烛夜游图》所要传达的意境与价值。这张画也被认为是绘画与诗歌结合的完美范例，因为后来的文人画家们会把诗写在作品上，但在南宋马远及马麟的时代，画家们还不习惯把诗抄在画上，所以《秉烛夜游图》画作上没有任何文字。但这张画的感觉传达得太好了，至少宋代的文人，一眼就能看出马麟画的是苏东坡的海棠诗。这就是马麟最厉害的地方，也是我最喜欢的马麟作品《秉烛夜游图》的独特之处。

大时代的小故事：一张画得不好但很有趣的画

——《蓬窗睡起图》

七七三三七，唐代以来引领艺文风骚

　　台北故宫博物院收藏有一幅名为《蓬窗睡起图》的绢本设色册页，收在《名画集真册》的第一幅，册页的尺寸基本都不大，清宫旧题为"宋高宗蓬窗睡起"。

　　《蓬窗睡起图》目前的等级分类，并不被认定是国宝级文物，因为细看此画，它的绘制技巧并不杰出，而且显得风格平凡，所以也谈不上有何出众之处可言。不过它却代表着某种南宋的绘画典型，具有极重要的美学意义与历史价值。

　　这件作品最特殊的地方是画面右方带有题跋。众所周知，宋代画家并不习惯在画面上题诗写字，甚至绝大多数的宋代作品连画家签名的名款都没有，一直要等到元代以后才开始有在画作题字的习惯，所以带有题跋的宋画是很少见的，而且是很特殊的现象。然而这件作品右方的题跋是一阕词，这阕词也正是清代认定这件作品出自南宋高宗之手的原因："谁云渔父是愚公，一叶为家万虑空。轻破浪，细迎风，睡起蓬窗日正中。"

《蓬窗睡起图》

　　这阕词出自于高宗赵构在绍兴元年（1131年）所作的《渔父词》第十一首，根据《宝庆会稽续志》的记载："（高宗）绍兴元年七月十日，余至会稽，因览黄庭坚所书张志和渔父词十五首，戏同其韵，赐辛永宗。"

　　以上这段话的原意是说：1131年，正在躲避金兵追击的高宗皇帝流寓到了会稽（今浙江绍兴），在这里高宗终于暂时得以远离已经长达四年的战祸，除了改元绍兴之外，同时也开始游山玩水。当时看了黄庭坚抄录的张志和《渔父词》十五首，高宗在饱览江南景色欣喜之余，也发思古之幽情，以《渔父词》为韵，自己作了十五首《渔父词》，并且把它抄录下来送给陪伴在侧的大臣辛永宗以为恩遇。

　　高宗向来喜欢书法。他是从学习黄庭坚的行书入门的，所以对于黄体书风一直都很熟稔。绍兴元年高宗看过的黄庭坚《书张志和渔父词十五首》现今已经失传，因此我们也无从推测这件作品的真实样貌，只能以张志和《渔父词》的意境判断，这种内容应该很适合行书体，所以黄庭坚很有可能是以他最擅长的大字行书写了这件作品，如同《送寒山子庞居士诗帖》那样的书体一般，优美舒缓又不失大气。

而唐代张志和的《渔父词》本来就一直享有盛名，其中那首"西塞山前白鹭飞，桃花流水鳜鱼肥。青箬笠，绿蓑衣，斜风细雨不须归"，词意浅白而不轻浮，更是大家耳熟能详传唱千年的佳作。张志和的一生则充满了传奇，很符合文人的口味与想象，传说他出生时母亲梦到有松入怀，随即生下了这位晚唐最有名的文人。

张志和曾以明经科及第，深获唐肃宗赏识，赐翰林院待诏，授左金吾卫录事参军，但之后辞官退隐，自号"烟波钓徒"。而晚唐张彦远所写的《历代名画记》更提到："张志和自为渔歌，便画之，甚有逸思。"如果张彦远的记载没错的话，那么张志和也是会画画的，只是没有作品传世而已。

1131 年，高宗看了《书张志和渔父词十五首》之后，一时诗兴大发，在那年也做了十五首渔父词。这十五首渔父词（又称为《渔歌子》《渔歌》），现今收录于《全宋词》之中，其中比较有名的是第五首："扁舟小缆荻花风，四合青山暮霭中。明细火，倚孤松，但愿尊中酒不空。"以及第十一首："谁云渔父是愚公，一叶为家万虑空。轻破浪，细迎风，睡起蓬窗日正中。"

而这第十一首就是现今出现在台北故宫博物院收藏的《蓬窗睡起图》右侧的行书题跋，这也是清代认定这件作品是高宗亲笔御书御画的主要原因。

不过，以《蓬窗睡起图》的题跋字体看来，虽然是赵构最擅长的行书体，但是笔画显得有点凝滞焦结，而且结字总觉生硬别扭，眉目之间生涩失真，点画之间亦远远不如现存所有其他高宗书迹那样舒缓自然。所以，以笔迹而论，这应该不是高宗的亲笔御书。最重要的证据除了书风不像赵构亲笔所书之外，在题跋的后方有一个朱文篆体方印，印文是"寿皇书宝"，这颗印章的主人正是高宗皇帝的养子，也就是南宋第二位皇帝宋孝宗在淳熙十六年（1189 年）退位以后，被尊为"至尊寿皇圣帝"时所使用的印章。

"寿皇书宝"

高宗是在五十五岁（1162 年）自动退位的，因为没有子嗣所以把皇位禅让给南宋孝宗，自己则退居为太上皇，一直到 1187 年寿终，得年八十一岁。而孝宗本人其实也很爱好书法，根据史料记载，他自己曾向大臣说："朕无他嗜好，或得暇惟读书写字为娱。"

事实上，孝宗在艺术史上的地位远远不及高宗，但比起其他朝代庸庸碌碌的帝王而言，孝宗还算得上是一位书法名手，他传世的其他书迹也尚有可观之处。所以，台北故宫博物院收藏的这件《蓬窗睡起图》上面的题跋其实与高宗无关，它应是孝宗的亲笔御书。

至于画作本身则与上述这两位帝王也没有关系，以细密用笔的特征与虚实相掩的构图而言，应该是出自当时的绍兴画院某位宫廷画家之手，虽然不是非常独到的杰作，但也算是一件四平八稳不失规矩的典型宫廷绘画。

而以画作本身与孝宗题跋搭配的关系看来，这件作品的重要性其实不在于它本身，而是在这位不知名的南宋宫廷画家在创作之初，可能就被要求留下空白之处以待孝宗题跋。而且，在一开始的时候应该有十五件作品，每件作品也应该都被要求必须得配合高宗的十五首《渔父词》而作适当的绘画。

这个推论虽然没有直接的证据可以证实，但是以孝宗与高宗的关系而言，这是极有可能发生的事，因为孝宗不但得位于高宗的禅让，而且以太上皇自居的高宗要再过二十五年才过世，所以这位孝宗其实是一直生活在高宗阴影底下的皇帝，这也是为何历史上都把孝宗朝当作是高宗朝的延续的主要因素。而高宗对于孝宗虽然不至于事事干预，在国政上以高宗的艺术家性格而言本来就不太搭理，但是他一直都认为孝宗的书艺不够精进，尚有待加强的空间。

在历史上记载这两位帝王之间互动的关系，大都以书法作为交流，高宗曾多次把自己得意的书法《急就章》《金刚经》赐给孝宗，而孝宗也很知趣地进上了自己写的《草书千字文》以为感谢。高宗甚至还曾亲自临写王羲之书法之后送给孝宗，并且告诉他"可依此临五百本"。写五百次的王羲之？这句话不只是高宗晚年力学王书的证据，而且也是他希望孝宗能够到达这种境界的想望。

台北故宫博物院收藏的《蓬窗睡起图》，就是在这种书艺交流的情况下诞生的作品。孝宗在1189年退位之时，高宗已经至少过世了两年之久，或许是当年高宗禅让之情与过去融洽的二十五年相处，使得他下令画院画家以《渔父词》为题画下十五件作品，并且亲自书写作为想念吧？但是，事实真相是否就是如此，我们还是没有直接证据，所以无法证实，一切也都只是推测而已，只能是推测而已。

但高宗《渔父词》的出现，很具有历史意义与价值，身为帝王之尊，又是个大书法家与宫廷艺术主要的赞助人，由他的想法与作为动见观瞻，赵构所作的《渔父词》无论词意是否雅驯，这十五首《渔父词》的出现就已经具有划时代的意义了。

"渔父"一词不是宋代所特有的，它可上推到《楚辞·渔父》屈原与渔父的故事。在这个故事中，忧忧惶惶徘徊于江边的屈原遇到打鱼的渔父，作者借由两人的对话说出旷达的人生态度：

> 渔父曰："圣人不凝滞于物，而能与世推移。世人皆浊，何不淈其泥而扬其波？众人皆醉，何不哺其糟而歠其醨？何故深思高举，自令放为？"……渔父莞尔而笑，鼓枻而去。歌曰："沧浪之水清兮，可以濯吾缨；沧浪之水浊兮，可以濯吾足。"遂去，不复与言。

自从《楚辞·渔父》之后，历史上歌咏渔父的文章数量之多，几乎可用车载斗量来形容，渔父不再是一种职业称谓，而是已变成某种旷达以自适的情境与心情的代名词。时光荏苒，随着各类文体的演进，最后《渔父词》在唐代晚期成熟，它首先被引入唐代的教坊之中，编为歌舞，到最后也逐渐在文人圈内大量流传，而催化这种歌行体的人就是唐代自称"烟波钓徒"的张志和，他的渔歌甫一出现，立刻成为这种在宋代被称为"七七三三七"的词牌代表（"七七三三七"指的是这阕渔歌的字数，总共五句，由七、七、三、三、七个字排比而成）。

唐代张彦远《历代名画记》载："张志和自为渔歌，便画之，甚有逸思。"自此，渔隐渔歌从唐代以来便成为艺文创作的对象。

张志和一生视名利如尘土，不肯屈于富贵，放荡江湖之间，再加上随遇而安的生活态度，使得他与采菊东篱下的陶渊明、梅妻鹤子的林逋一样，都成为隐士一类文人的典型，他的渔歌不仅写景写情，同时也是这种生活态度的写照，因此自晚唐至今传唱千年而不坠。

宋代开国以来，渔歌就已开始在文人雅士的圈内流传，宋代文人不只读渔歌同时也写渔歌，渔歌在此时已成为文人圈的共同嗜好与向往。当时的渔歌一类的歌行体裁被称为"渔歌子"或"渔父词"，翻开《全宋词》可以发现几乎每位作家都有写过，以歌咏其志，其中周紫芝的作品干脆把渔歌始祖张志和写入他的作品之中："好个神仙张志和，平生只是一渔蓑。和月醉，棹船歌，乐在江湖可奈何。"

从宋代渔父词的发展来看，这类体裁一开始是在民间或文人间流传，因为以渔歌的内容与起源来说，实在不适合宫廷艺术的创作目的，所以北宋的皇室艺术之中并没有发现这类型的题材发酵。但是到南宋初期绍兴元年（1131 年），南宋开国君主高宗赵构以渔歌为主题，连写十五首《渔父词》之后，过去渔歌不及于皇室的藩篱就被打破，再加上高宗不只作词，还亲自抄录赏赐给大臣以为优遇。而 1189 年之后的几年之间，南宋第二位皇帝孝宗再命宫廷画家以高宗《渔父词》为题连画了十五张作品，孝宗本人再亲自抄录高宗渔歌于画卷之上以为流传，自此以后《渔父词》的地位完全确定，它已不再是歌行文体或戏曲表演，而是成为南宋审美品味的一环。

研究《渔父词》，"辛永宗"也是关键。高宗皇帝当年写完《渔父词》后，便将这件作品送给大臣辛永宗。辛永宗是南宋开国之初的中兴四将之一，但后来因获罪被除名。

辛永宗在南宋初期任"神武中军统制"，是一支地方军（神武中军）的指挥官，可能因战功彪炳一路高升，绍兴年间任"江南西路兵马副都指挥使"。

后来辛永宗与秦桧不睦，据说他被诬告"冒俸"，说他冒领了远超过原本应得的薪俸，因获罪被抄家，下场惨到"一簪不留"，家产被没收到连头上一根发簪都留不住，最后流放到广东肇庆而死。

因为《蓬窗睡起图》没有签名，所以无从得知是出自南宋哪一位宫廷画家之手。但至少知道，画上的题跋是孝宗亲笔所书，而那首词是高宗写于绍兴元年（1131年）的。

《蓬窗睡起图》的重点并不在画作本身，而在于画作所反映的时代意义与历史价值。虽然这张画本身的绘画价值不很高，孝宗亲手题跋的书法水准，也远不及早两代的北宋徽宗与南宋高宗，但其所呈现的文化意义却很重要。这张画诞生于一个很特别的时间点，散发出典型南宋初期的时代氛围所造就的气质。

一路向南，朕逃！朕逃！朕再逃！

"绍兴元年七月十日，余至会稽，因览黄庭坚所书张志和渔父词十五首，戏同其韵，赐辛永宗。"南宋首都在杭州，会稽与杭州分别位于钱塘江南北两岸，会稽在江北、杭州在江南，两地相距有好一段距离，高宗皇帝为何到会稽？单纯只想游山玩水，体会会稽的水乡景致吗？从当时陪同在高宗身边的是武官大将辛永宗可以推测真正可能的原因，也许是要巡视军情。

绍兴元年高宗刚定都临安（今浙江杭州），为何随即跑到会稽？在此之前，当时的南宋还处在悲惨战乱中，时间点往前再推约四五年，北宋钦宗靖康二年（1127年）五月一日，金兵攻陷首都汴京（开封），北宋灭亡。当时还是康王的赵构，被分封在南京应天府（今河南商丘），正在组织勤王之师，准备与金兵对抗。然而就在当下，金兵却俘虏了徽、钦二帝，以及大量的皇族成员与后宫妃嫔，徽宗皇帝的儿子、排行第九的康王赵构就在应天府被拥立为高宗皇帝。

康王赵构在战乱之中，意外当上了皇帝，改元建炎。高宗知道自己打不过金兵，只能一路南逃，展开了长达四年流亡皇帝的生涯。建炎三年（1129年）一月，南宋跟金国两国还在战争中。当时高宗赵构在扬州，大将韩世忠兵败，高宗慌忙一路又再往南出逃，连龙袍、冠冕、印玺、公文都来不及带，逃到了建康府（今江苏南京）。之后，改建康为行都，但金国部队紧追不舍。建康已在长江以南了，但金国大将完颜宗弼，仍然兵分四路，一路往南追杀。

高宗还为此写信给完颜宗弼："以守则无人，以奔则无地。"身为皇帝，竟写信跟敌军将领示弱说："我想守，但是我没有人可以守；我想逃，但我也没地方可以逃。"希望对方可以"见哀而赦已"，高宗皇帝其实想要和谈，但是金国并没有理会。

当时在南京的高宗，后有金兵追杀、颠沛流离，但身边的禁军将领居然叛变了！起因是南宋新建成，高宗分封大臣被认为不公，导致禁军将领苗傅、刘正彦借口皇帝被权臣宦官蛊惑，不但诛杀皇帝身边近支大臣与亲信宦官，还逼迫高宗将皇位禅让给年仅两岁的儿子赵旉。整整乱了两个月，高宗形同被软禁，史称"苗刘兵变"。高宗皇帝唯一的儿子赵旉，据说因惊吓过度不久就生病过世，赵构因此绝后，这也是为什么后来高宗要用养子作为继皇帝。

你可能会问，皇帝怎么可能只有一个儿子？但高宗就真的只有一个儿子！时间回到建炎三年（1129年）一月，就在苗刘兵变前两个月，韩世忠兵败，传说当时高宗正在床上与妃子相亲相爱，却突然听说韩世忠兵败，当场惊吓过度，从此无法生育。

建炎三年四月，苗刘兵变刚被大将张俊、韩世忠弭平。同年十一月，金兵将领完颜宗弼旋即率四路大军渡过长江，宋军兵败如山倒，各地纷纷沦陷，高宗又开始了颠沛的逃亡生涯。整整四个月，乘船沿着东南海岸在海上四处躲藏不敢上岸，最后只好来到温州。高宗之所以坐船逃往海上，可能认定金兵是来自东北的游牧民族，应不擅水军。但未料金兵依然紧追在后，当时完颜宗弼宣称就算"搜山检海"，也要抓到高宗皇帝。

建炎四年二月，金兵开始组织水师，但出师不利，遇到大风暴损失惨重。当时南宋军队分水陆二军进击，水军由韩世忠率领，陆路由岳飞率领，双方决战，金兵惨败后退兵回长江以北。但撤退时，金兵一路烧杀掳掠，能带的全带走，无法带走的放火烧毁。南宋原本的首都建康（南京），与附近的镇江、杭州、苏州、绍兴等地，全都沦为焦土。

建炎四年年中，高宗皇帝在温州，研判金兵兵败，元气大伤，一时无法再南下，于是想回到原本的首都建康。但一方面，建康离长江以北的金兵太近；再者，经过金兵的烧杀掳掠，建康早已残破不堪。所以将首都又往南迁至杭州，把杭州改名为"临安"，定为临时行都，改元"绍兴元年"（1131年）。此后，南宋开始了偏安江南一百五十年的小朝廷时代。

回到之前提的，高宗是在绍兴元年七月写了《渔父词》，这时的南宋尚未太平。因为直到绍兴八年的绍兴和议为止，偏安江南的南宋都不平静，时刻都处在紧张的备战状态中。从绍兴元年（1131 年）开始，主战派大臣，如岳飞，就借着金兵往北方撤退的机会，一路从长江以南往北进攻，收复了陕西及河南部分地区。所以，绍兴元年七月，当高宗皇帝渡过钱塘江抵达会稽（绍兴）时，这一带之前都是宋金主要战场，可想而知当时应该还是满目疮痍的废墟。所以高宗皇帝写作《渔父词》的时间，必然非游山玩水的心情，而是巡视军区，审视部队。

但当下，高宗还是写了看似愉悦的《渔父词》，这就是以下我们要探讨的高宗的心境问题。

太上皇高宗爸爸，和他的孝宗儿子

高宗皇帝写的《渔父词》，再由继位的孝宗皇帝亲手将《渔父词》题到《蓬窗睡起图》这张画作上。高宗是长寿的皇帝，享寿八十一岁，一般人们认为他的个性很软弱，甚至说他是昏君。尤其为了谈判绍兴八年的议和，他杀了岳飞以取悦金国，也被万世所唾弃。不过也有人说当时的大臣秦桧才是真正戕害忠良的幕后黑手，但若不是皇帝允许，秦桧没有那么大的权力，应该也不敢这样做，所以真正背后的决策者正是高宗皇帝本人。

杀岳飞、取悦金人，导致高宗被万世唾弃，一代名将就这样冤死，真是太可惜了。不过也有人认为高宗功不可没，因为绍兴议和确实为南宋带来了短暂的和平。绍兴八年之前，长期的战乱，南宋基本上已形同焦土，所以绍兴议和至少换来一百五十年让长江以南居民可休养生息的局面。

但因为岳飞，因为高宗被拥立为帝后就一路南逃多年，因此这位皇帝一直被认为是个昏君。南宋诗人林升的诗作《题临安邸》："山外青山楼外楼，西湖歌舞几时休？暖风熏得游人醉，直把杭州作汴州。"就极尽挖苦了高宗，这是当时一般舆论的代表。诗作前几句乍看之下，是形容西湖山水美景与歌舞升平，但最后一句"直把杭州作汴州"，就是骂高宗皇帝，真的把杭州当作汴州了？真的把偏安江南作为终生的事业了吗？这首诗道出了当时百姓对于高宗的看法，指责他太软弱了，无心北伐。

元代时重修宋史，当时的史官脱脱，评论了南宋高宗，说其人"恭俭仁厚，以之继体守文则有余，以之拨乱反正则非其才也"。就是说高宗个性守成可以，但要拨乱反正是办不到的，换句话说是指高宗能力不足。

这位文青皇帝，书法写得很好，诗也作得不错，但似乎无心国政，所以高宗也许就是不想打仗只想平安就好。

作为一个文青皇帝，高宗确实留下了几件足以传世的书法佳作，现今保存在台北故宫博物院的高宗书《七言律诗》（又名"高宗书杜甫诗"，收入《宋元宝翰册》，绢本）就是这样的一件作品。

这是抄录自杜甫的七言律诗，内文是这样写的："暮春三月巫峡长，晶晶行云浮日光。雷声忽送千峰雨，花气浑如百和香。黄莺过水翻回去，燕子衔泥湿不妨。飞阁卷帘图画里，虚无只少对潇湘。赐亿年。"

全文以高宗最擅长的行书体写成，书风较为严谨工整，这很近似北宋四家之一米芾的风格。诗词内容虽然不是高宗本人的作品，但是高宗的书体与诗词内容却非常搭配，我们读此件作品，真会觉得江南水乡的婉约景致扑面而来。

另外，绍兴元年七月所写的几首《渔父词》有"睡起蓬窗日正中""但愿尊中酒不空"。当时岳飞正在力抗金兵，身为皇帝的赵构不思如何兴兵北伐，却希望能"睡起蓬窗日正中"，这其实也正体现了高宗一心希望求和偏安的想法。

从《渔父词》来看高宗皇帝的时代，南宋初期主战的四大名将全都被罢黜，辛永宗被抄家到"一簪不留"，岳飞则死得极惨。"上之所好，下必效焉"，如果皇帝是这样的偏安想法，下面官员如何还能有积极进取的心态？当时整个时代氛围也因此导向"小确幸"的退隐思想。

两宋时期，"渔隐"的隐逸思想发展到极致，成为一种独特的时代风尚。化名耐得翁的作者写的《都城纪胜》描述，宋代文人雅士，战乱时面对昏君，他们能做什么？当时的文人雅集，就是文人以"渔父习闲社"为名的聚会。"渔父习闲"，学习渔父不问江湖世事的想法，在当时非常普及，导致当时在野文人处世淡泊；在朝为官者，则韬光养晦。朝隐、市隐当道，"隐"成为当时的文青时尚。整个宋代的文人圈充斥着"事不关己莫开口，话不投机半句多"的隐逸氛围，从上到下，从皇帝到朝臣。我们再回头看《蓬窗睡起图》，应该就较能体会当时的时代气氛了！

身为书法家皇帝，高宗早年曾苦临过黄庭坚与米芾："高宗初学黄字，天下翕然学黄字；后作米字，天下翕然学米字。"而中晚年之后高宗则苦学王羲之与魏晋笔法。这几位书法家都擅长行书，也以行书最具个人特色，这也是高宗皇帝传世的书迹几乎都是行书的原因所在。高宗赵构《翰墨志》说："余自魏晋以来至六朝笔法，无不临摹……众体备于笔下。""意简犹存取舍，至若禊帖，则测之益深，拟之益严……以至成诵。"我们之前提到王羲之《兰亭集序》时，有介绍《兰亭集序》又称为《禊帖》。赵构表白自己有多爱《兰亭集序》，又说了"顷自束发，即喜揽笔作字，虽屡易典刑，而心所嗜者，固有在矣。凡五十年间，非大利害相妨，未始一日舍笔墨"。赵构说自己五十年来勤练字，基本上从没停过。明代书法家陶宗仪《书史会要》也说："高宗善真、行、草书，天纵其能，无不造妙。""或云初学米芾，又辅以六朝风骨，自成一家。"说赵构很厉害什么字都能写，一开始学习米芾，后来就学魏晋南北朝时期的字。

绍兴三十一年（1161 年），金国撕毁和约，战事再起，南宋先败后胜，苦战之后取得采石之役的胜利，大破金兵。虽然打了胜仗，但已民穷财竭，不到一年后，绍兴三十二年六月十一日，高宗皇帝做了一件大家都没办法想象的事情——他写退休书，以"老病倦勤"为由，将皇位禅让给养子建王赵昚（南宋孝宗），五十五岁的高宗皇帝就批准自己退休当太上皇。

高宗书法的黄金时期就是在他退位成为太上皇的期间，据《宋史》卷三十二《高宗纪》记载，绍兴三十二年，赵构自称太上皇，退居德寿宫，到了八十一岁才去世。五十五岁到八十一岁，长达二十六年的太上皇生涯，时间和精力都挥霍在艺术中，这段时期他的书法趋于成熟。南宋的艺术无论是书法、绘画，此时也都很兴盛，因为皇帝喜欢！

据说他临摹《兰亭集序》，每写完一本，就将临本送给皇子、皇侄和朝中大臣们观摩学习。传说高宗还曾亲自临写王羲之书法后送给孝宗，并且告诉他"可依此临五百本"。这句话不只是高宗晚年力学王书的证据，而且也是他希望孝宗能够到达这种境界的想望。

一时之间，民间掀起了学书法的狂潮。据马宗霍《书林藻鉴》记载："高宗初学黄字，天下翕然学黄字；后作米字，天下翕然学米字；最后作孙过庭字，而孙字又盛。"高宗一开始学写黄庭坚字的时候，全天下人都学写黄庭坚；后来高宗改学米芾，所以大家又改学米芾的字；最后高宗还学习草书，学写孙过庭的字，所以孙过庭的字又突然间变成重要的字了。

根据《宋史》记载，高宗禅让的理由是因为太祖赵匡胤托梦，要还政给太祖一系的子孙（孝宗是七世孙）。但其实真正原因是赵构没有亲生儿子，所以必须在宗族子孙中找接班人。孝宗与高宗的关系非常亲密，堪称父慈子孝的典型范例。孝宗即位之后立即为岳飞平反，扫平秦桧党人（秦桧当时已过世，但这很妙吧！岳飞被高宗所杀，但孝宗即位后却为岳飞平反，还扫平了秦桧一党的党人）。同时孝宗也力图振作再启战事，虽然最后仍以不胜不败收场，金国与南宋两败俱伤，但大致看来，孝宗在位时国家政局稳定繁荣，是一段很短暂的安定时期。

孝宗当了二十五年皇帝之后，淳熙十四年（1187年）十月，高宗去世，孝宗痛哭两天无法进食，还说虽然高宗不是我的亲爸爸，但比我的爸爸还亲，所以要主动服丧三年。对孝宗而言，这本该是独立执掌国政的大好机会，但仅过了不到两年，在淳熙十六年二月，孝宗就将皇位禅让给儿子光宗皇帝，便自称太上皇闲居慈福宫（后改名重华殿），继续为高宗服丧。光宗绍熙五年（1194年），孝宗去世。

一般推测，《蓬窗睡起图》题跋的时间点，应该就是孝宗皇帝当太上皇的时候，约1189年至1194年之间。孝宗在高宗过世后，或许因为内心悲伤，或者是感念高宗传皇位给他，所以题了高宗的《渔父词》："谁云渔父是愚公，一叶为家万虑空，轻破浪，细迎风，睡起蓬窗日正中。"《蓬窗睡起图》这件画作，本身并不算是杰作，在画的左下角，画了一叶渔舟，船上有个渔人正打哈欠。

《蓬窗睡起图》中刚刚睡醒的渔人正在打哈欠，就这么画有什么了不起呢？但，这就是整张画的意境与情调。我们回头看看高宗到孝宗这一段时期，从高宗的《渔父词》，到孝宗找宫廷画家画了《蓬窗睡起图》，再把《渔父词》题在画上，当时是南宋短暂的承平时期。可能在一个大时代的动乱中，大家想在内心里寻求一点宁静，南宋的时代与退隐气氛，在整件作品中跃然于纸上，而这可能就是画作真正想传达出的意思。

一般人或许可以这样子盼想，而身为皇帝的孝宗，若还想要"睡起蓬窗日正中"，可能就有一点过分了。但话又说回来，这张画确实是一个很显著的例证，用画来传达背后的真实故事。我想再次强调，其实一张好的画作，不是只求单纯画面上的美观，有时更重要的是能体现出整个时代氛围，反映当时人们真实的内心世界，而这件《蓬窗睡起图》，就是一个大时代缩影，很显著的案例。

善用故事营销！让乾隆都买单的经典案例

——黄公望《富春山居图》

元代画家黄公望画了一张被誉为"画中之兰亭"的国宝级大作《富春山居图》，现今保存在台北故宫博物院，这件作品的名气之大，还有人为它拍了同名电影。

扑朔迷离的八种说法，黄公望到底是何方神圣?

先生不知何许人也？我们对黄公望的了解很少，相关记载芜杂，各家说法相互抵触，很少有黄公望同时期的文献记载，无论是他本人和朋友的记录都很少，大部分都是他过世后，甚至是过世了好几百年后才出现的记载。所以很多信息都是靠后世的文献记载再推测出来的，因此是否可信也是个疑问。

现在一般的说法，黄公望出生于1269年，1354年过世，字子久，号大痴、大痴道人，或一峰道人。黄公望的籍贯，最常见的说法在元代平江路常熟州（今江苏常熟），元代夏文彦《图绘宝鉴》："黄公望……平江常熟人。幼习神童科，通三教，旁晓诸艺，善画山水。"除此之外，历史记载还有另外共七种说法。

有一说为衢州（今浙江衢州），出自元代夏文彦《图绘宝鉴》

的另一个抄本神州国光社本。有一说为杭州（现浙江杭州），黄公望的友人王逢《题黄大痴山水》诗："大痴名公望，字子久，杭人。"有一说为松江（今江苏松江），元代钟嗣成《录鬼簿》："黄子久，名公望，松江人。"有一说为永嘉（今浙江温州），元末明初文学家陶宗仪《辍耕录》卷八："黄子久散人公望，自号大痴，又号一峰，本姓陆，世居平江常熟，继永嘉黄氏。"有一说为富阳（今浙江富阳），明代的《明一统志》卷三十八："黄公望，富阳人。"明代凌迪知《万姓统谱》也说黄公望是富阳人。有一说为徽州（今安徽黄山），明代万历年间陈善《杭州府志》说黄公望是"徽州人"。最后还有说是莆田（今福建莆田），清代乾隆年间《大清一统志》卷五十九："黄公望，莆田人。"《娄县志》卷三十："（黄公望）相传莆田巨族，一云常熟陆神童之弟。"这是把黄公望搬家搬得最远的。

总之，研究黄公望的资料原本就不多，但关于他籍贯的说法又有各种出入，连他的朋友们都说法不一。传说黄公望原本姓陆名坚，因家境贫困过继给黄姓人家，黄家主人年老无子，一直盼有人继承家业，于是收养同乡陆家之子。据说黄老爷子看到黄公望之后大喜说："黄公望子久矣。"所以进了黄家的陆坚，就改名为"黄公望"，字"子久"。

这说法最早可能出自元末明初陶宗仪的《南村辍耕录》："常熟陆姓，出继永嘉黄氏。"（《南村辍耕录》简称《辍耕录》，是陶宗仪的见闻录，记载了他日常所见所闻的奇闻轶事。）但这可信吗？有依据吗？至少黄公望本人没这么说过。但此一说法，却备受后人推崇又广为流传，这可能因为陶宗仪是大文学家，我们虽存疑，但也只好当真。

查找元、明两代著作，黄公望的相关记载中并无陆氏子之说，包含元代钟嗣成《录鬼簿》的明代抄本（早期以手抄本流传）在内，《录鬼簿》是最接近黄公望生存年代的著作，但也都没有这种记载。

到了清代初期，手抄本的《录鬼簿》成了手刻木版的印刷本时，曹栋亭刊本《录鬼簿》却这样记载："黄公望本姑苏陆姓，名坚，髫龄时，螟蛉温州黄氏为嗣，因而姓焉。其父年九旬时方立嗣，见子久，乃云：黄公望子久矣。于是改姓黄，名公望，字子久。"这看来应该就是后人说故事，添油加醋来着。

清代钱陆灿著的地方志《常熟县志》，又进一步说黄公望的继父居住在常熟小山（虞山），黄公望"本陆氏子，少丧父母，贫无依，永嘉黄氏老无子，居于邑之小山，见公望姿秀，异之，乞以为嗣，公望依焉，因用其姓"。

从元到清，这几百年时间，黄公望的故事就这么越传越离奇了。我们把梳史料的过程中，有个重要原则：如果时代越晚记载反而越清楚完善，即必须存疑。民国初年疑古史派的代表学者顾颉刚先生，就提出所谓"层累造成说"，意思就是 A 把故事说给 B 听，B 又把故事说给 C 听，C 又继续说给别人听。A、B、C 都为了让故事好听，而不断添油加醋，因而时间越往后推，就说得越完善，但是对于这样的史料，我们就必须存疑。只是我们虽然对黄公望的身世有疑问，却并不表示要推翻它，而是要等待更多相关记录被发掘后，才能更进一步推理论定。

另外还有一则传说，黄公望幼年时就非常聪颖，读书过目不忘。这资料最早出自《画史会要》："幼聪颖，应神童科，经史二氏九流之学，无不通晓。"自此所有相关记录都说他是神童。

一开始，我是相信这资料的，画家是个神童有何不好？但问题就出在"神童科"是科举考试的一种，也称"童子科"，从汉代的察举（汉代选拔官吏的制度称为察举）就已经有"童子科"。宋元时期，"童子科"限制十三岁以下的儿童才能应考。如果考取就可以不经过书院的过水，直接报考乡试，或是直接到各地官府，经过试用后成为"吏"，但不是"官"（"吏"是基层公务员）。这个考试类似现代的公务员初等考试，简言之，乡试是正式科举考试的第一阶段，而"童子科"有点像是预备考试。一堆古人说，黄公望考过"童子科"，但我个人认为这段记录相当可疑。

因为黄公望十一岁（元至元十六年，1279年）时，南宋与元军在广东崖山进行最后决战而败北，大臣陆秀夫背着八岁的小皇帝赵昺跳海身亡，南宋灭亡。而在此之前的三年（1276年），当时黄公望八岁，元代的军队就已经攻陷长江至太湖流域附近区域，南宋的势力仅维持在偏远的福建、广东一带。黄公望家乡常熟，这个区域在更早之前就已经是沦陷区。然而，蒙古人在入主中原之后，就取消了科举考试，一直到征服中原七十五年后才又重新举办科举。

也就是，哪来的"童子科"考试！当时打仗都来不及了，根本就不可能有科举考试存在。查阅相关的历史记载，无论南宋末年，抑或是元代初期都没有举办科举考试的记录，尤其在此之前，黄公望只有八岁，也不太可能参加神童科考试，所以我个人认为这段记载并不可信。

当然，虽无科考，但1293年，黄公望二十四岁时的确曾在杭州，受到浙西廉访使（全名肃政廉访使，道一级监察司法官）

徐琰的任用，担任地方小吏（书吏）。徐琰到杭州任官，可能需要当地参谋，所以有人推荐黄公望做他的幕僚。而且黄公望后来又成了大画家，大人物都需要一些传奇故事，因此就不难想象，有人伪造了神童故事，口耳相传地留下这段夸大其实的假传闻。

徐琰是诗人，也是当时文坛领袖之一，他的交友圈很广，除了文人周密、画家高克恭之外，还有个好朋友赵孟頫。赵孟頫是著名的书法家、画家、文学家，他当时也在杭州，透过徐琰的关系，黄公望认识了赵孟頫。

黄公望尊赵孟頫为师，自称"松雪斋中小学生"，松雪斋是赵孟頫的书斋，因此后来许多记录都说他是赵的学生。但当时黄公望很年轻，两人辈分年龄相差太大，应该不可能是真正的师生关系，黄公望只是尊他为师，这与认他为师是两回事。

此时的黄公望也开始进入江南地区的艺文圈，可能是透过徐琰等人的交友关系，他与曹知白、王蒙（这二位也都是元代大画家）等人都有接触。尤其是曹知白，他是当时李（成）郭（熙）画派的领袖之一，两人年纪差不多，所以成为终生好友。

而当时，在徐琰幕僚中的还有倪瓒的哥哥倪昭奎，透过他的关系，黄公望可能也在此时认识了倪瓒，而倪昭奎本人是一位全真教的道士，所以日后黄公望投入全真教，可能是受到倪昭奎耳濡目染的影响。传说，黄公望还曾经身穿道服去上班，引起徐琰的惊讶与小小的不满。从大都（今北京）派驻江浙的徐琰，任期满了以后便回去了，黄公望等幕僚也因此解职。

元朝第四位皇帝仁宗即位后，在次年（皇庆二年，1313年）十一月下诏恢复科举考试，此时元代自成吉思汗以来已经

有七十五年没有举行过科举。首场科举考试的乡试于延祐元年
（1314 年）八月二十日在全国十七个考场举行，录取三百多人。
次年在大都（北京）举行会试，同时通令全国各行路省，荐举没
有参加乡试但有贤能者试用为乡吏。

传说，四十六岁（一说四十三岁，或三十七岁）的黄公望在
延祐二年又受到荐举而担任小吏，荐举他的人是张闾。张闾又名
章闾或张驴，他是元代的大贪官，据说元代著名的杂剧《窦娥
冤》描述的地痞流氓张驴儿就是影射张闾，当时他负责清点江浙
地区的田地赋税，可能在此地因公务之便结识了黄公望。

后来，张闾调任大都（今北京），升官为中书省平章政事，
此时黄公望可能随同张闾一起到了大都。一年后，张闾再度派任
江浙地区，为江浙行省平章政事，此时黄公望很确定就在张闾的
幕僚中，负责田地田籍赋税清点。不料张闾借着清点土地的机会
大搞贪污，1315 年（此处日期的记载有点混乱，应理解为 1315
年前后的一两年之间）张闾因为侵吞田产而逼死九人，导致民
反，天怒人怨，抗议不断，事情暴露之后张闾被捕，黄公望也因
此被牵连下狱，关了两三年，甚至可能长达五年。

黄公望被释放的时间没有确实的记载，推测当时他已经五十
多岁，如果这年龄记载可信，黄公望在狱中被监禁应有四五年之
久。由于他是从犯，因此并未遭虐待，此案后来也不了了之。后
人之所以知道黄公望曾经被关，是因为他与诗人杨载有书信往
来。杨载的诗作《次韵黄子久狱中见赠》："世故无涯方扰扰，人
生如梦竟昏昏。何时再会吴江上，共泛扁舟醉瓦盆。"

杨载应该是黄公望担任徐琰幕僚时认识的，两人是多年好
友。杨载于 1314 年通过乡试，1315 年考上进士，在狱中的黄公

望得知杨载一路过关斩将，登上进士，心中一定十分感慨。

黄公望出狱后试着重回官场，杨载把他推荐给松江知府汪从善，但这件事无疾而终，不了了之，可能汪从善因张闾事件想要避嫌，而未能任用黄公望。之后，黄公望放弃仕途，在杭州、苏州一带卖卜为生，成为一个算命师，浪荡江湖之间，不再关心世事。

大约六十岁左右，黄公望投入全真教（中国道教的重要派别）成为道士，拜金月岩为师，重新开始人生的新旅程。元代有部分文人画家之所以进入全真教，是因为此教与元代皇室关系密切，教众可获得较好的待遇，且其教义中有儒家思想，相对来说也让当时的文人愿意亲近接受。

黄公望的师尊派系如下：王重阳、丘处机、李志常、王溪月、金月岩。当时黄公望与张三丰、冷谦等人都有往来，同时黄公望也与老师金月岩一起编纂了几本道教典籍。传说，黄公望在这段时间，曾到苏州文德桥边开了自己的道观"三教堂"，三教指的是儒、释、道三教。但这个道观维持不久，黄公望随即又放弃了宗教事业到处云游，开始寻找自己的人生意义，推测可能是他的个性比较文青，不适合严谨的宗教生活。

黄公望从四十多岁到六十多岁的二十多年间，几乎不曾作画，似乎随着放弃官场的同时也放弃绘画，直到他遇见危素，才又被拉入艺文圈，再度重提画笔。危素（1303—1372 年），字太朴、号云林，江西金溪人，元代至正时期累官至翰林学士承旨，明初洪武年间，任职翰林院的侍讲学士、知制诰，都是皇帝身边的中央官员。危素是当时很重要的书法家、收藏家，《书史会要》记载："危素善楷书，有释智永、虞永兴（世南）典则。"他与吴镇、黄公望很熟稔，黄公望在危素的收藏中，看到许多重要作品，据说危素的收藏有顾恺之、王蒙、荆浩等。

黄公望与危素之间有个故事。明代张泰阶编撰的古画著录《宝绘录》记载，当时危素家藏有数十张宋代好纸（宣纸），他特别请黄公望用这些纸作画。但黄公望可能是因为太久没有画画了，所以迟迟没有动笔，六年后才完成了《秋山图》。可惜的是，现在已经看不到《秋山图》的原画了。

约七十岁左右，黄公望隐居在杭州西湖南边的小山，结庐而居，取名"大痴庵"，"庵"的宗教意味很浓厚，后来黄公望就根据此庵之名，自号"大痴""大痴道人"。

"至正七年，仆归富春山居"（语出黄公望《富春山居图》题跋），这是说元至正七年（1347 年），七十九岁的黄公望离开杭州，回到老家，在富春山居住。富春又名富阳，在杭州西南，因境内有富春江流经而得名。黄公望在此居住的房子，名为"小洞天"。有人说黄公望因为年纪大了所以想回老家；但另有一说是，当时向他索画的人很多，黄公望应接不暇，所以才从杭州西湖边迁居到富春山。但此时，黄公望不是长居富春山，而是经常离开一段时间再返回，其间他常回到出生地常熟（琴川）虞山一带，游山玩水。

鱼翼和鱼元博合著的《海虞画苑略》记载了一则黄公望在虞山到齐女墓游玩的故事，说他夜半乘舟载酒而行，想让酒水冰凉适饮，便以绳索绑酒瓮丢入水中拖行。但到了齐女墓，想把酒瓮从水里拉起时，绳索竟突然断裂，只能眼睁睁看酒瓮沉入水中，此时黄公望大笑，声动山河。（但这件事只能当作参考，有后人附会的嫌疑，并不十分可信，当时黄公望已经八十多岁，想必得非常健康才能笑声震动山河吧！）

元惠宗至正十四年（1354年），黄公望在杭州去世，享年八十六岁，相当之高寿。黄公望从六十多岁重拾画笔，正式作为一个画家，到八十多岁去世，一共画了二十年。

黄公望去世十四年后，元朝灭亡。在此之前，元朝已经进入末期，各地叛变蜂起战乱频繁：

至正十一年，徐寿辉、陈友谅已经自立山头，据地与元朝对抗。

至正十二年，二十五岁的朱元璋加入濠州郭子兴的红巾军。

至正十五年，农民起义军韩林儿（红巾军领袖韩山童之子）自立为王，号称"小明王"。

至正二十八年，朱元璋部将徐达攻陷大都，惠宗北逃，元代灭亡。

由此可见黄公望的隐居，与当时的时代纷乱也是有关系的，他出生于南宋晚期的动乱之中，又死于元代末年的战乱时期，可以想象纷乱的世局使得他的作品总是透露出隐士与避世的意味。

冤枉啊！是皇上没眼光，不是臣没眼光！

清乾隆十年（1745年）冬，乾隆皇帝收到一件上面有黄公望题跋的手卷，当时称之为《山居图》（现今称为"子明卷"，收藏于台北故宫博物院），因为画作上有黄公望的签名，所以乾隆把它编入《石渠宝笈》（《石渠宝笈》是清代皇室收藏品的记录），认为这件作品是黄公望真迹。

子明卷的命名由来，则是因为画作上题跋："子明隐君将归

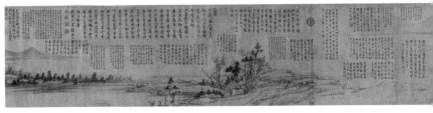

黄公望《富春山居图》（子明卷）

钱唐（塘），需画山居景，图此赠别。大痴道人公望。至元戊寅秋。""子明"是谁，大家已经不清楚了，黄公望画了此图送他归隐，所以一般称之为子明卷。而又因为题跋上有"山居"二字，于是乾隆将其命名为《山居图》，但至于乾隆是怎么收藏到这幅画的，他并未说明。

黄公望为元四大家之首，乾隆对子明卷非常珍爱，常置左右，甚至几次下江南也带在身边。从乾隆十一年（1746年）到乾隆六十年，长达五十年间，乾隆总共写了五十六则题跋，整张画上满满都是他的字，到最后没有地方可写了，又在装裱压缝处写下"以后展玩，亦不复题识矣"（王羲之《快雪时晴帖》也有类似的题跋），可见乾隆爱这幅画真是爱到心坎里了。

但是，乾隆收到子明卷后过了一年（乾隆十一年），他又买到另一卷黄公望的手卷"无用师卷"，此图与子明卷几乎完全相同。这下子，咱们乾隆爷苦恼了，究竟哪件为真迹？哪件是摹本

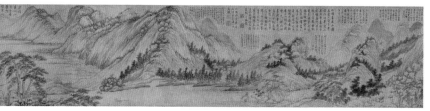

呢？乾隆皇帝说："丙寅冬，或以书画求售，多名贤真迹，则此卷在焉。"

当时乾隆因为先前的子明卷的先入为主印象，主观认定眼前的无用师卷是赝品，但乾隆还是买下了无用师卷，由其大臣梁诗正在画上代为题跋："此卷笔力荼弱，其为赝鼎无疑，惟画格秀润可喜，亦如双钩下真迹一等，不妨并存。因并所售，以二千金留之。"古人鉴定书画时以笔触、力道爽利者为真，所以乾隆皇帝认为无用师卷的笔力较弱，必为临摹（也就是所谓"双钩"）的作品。尽管如此，这幅画与另一些作品是一起出售的，因而乾隆还是花了两千两银子买下来。从这里我们也可以知道乾隆所收藏的作品并不都是臣民进贡的，他也会花钱购买。

至于无用师卷的命名也是来自画上的题跋：

至正七年，仆归富春山居，无用师偕往。暇日于南楼援笔写成此卷。兴之所至，不觉叠叠布置如许，逐旋填札，阅三四载，未得完备。盖因留在山中，而云游在外故尔。今特取回行李中，早晚得暇，当为着笔。无用过虑，有巧取豪夺者，俾先识卷末，庶使知其成就之难也。（至正）十年，青龙在庚寅，歇节（端午）前一日。大痴学人书于云间夏氏知止堂。

这段题跋是歇节的前一日所写，歇节就是端午节，可见题跋的时间点是至正十年（1350 年）五月四日。那么无用师是谁呢？根据记载：郑樗，字无用，号散木，元代全真教道士金志扬的弟子，黄公望的道友晚辈，人称"无用师"。

郑樗与黄公望皆为道士，当黄公望在富春江边隐居时，或许无用师就是跟着他一起前往的。传说郑樗擅长书法，尤其是汉隶，但他的书法名气不高，艺术史几乎不谈论这位书法家，他也没有可信的作品传世。

由于乾隆主观认定子明卷是真迹，所以原本他就在子明卷写着："偶得子久山居图，笔墨苍古，的系真迹。"但一年后，他得到了无用师卷，虽认定是假画，自己不作题跋，但他还是不免有点疑虑，又题字："有古韵清香，非近日俗工所能为……（待）他日之辨。"

不过到了乾隆五十年（1785 年），他终究一口咬定子明卷是真迹。

无用师卷仅有梁诗正代题，但他在题跋上强调，这是乾隆授意要他写的，暗示着其实梁诗正虽是揣摩皇帝之意，但心里有底，知道这可能才是真迹，但不敢明言。后来甚至还奉命把无用师卷编入《石渠宝笈》，而列为"次等"，子明卷则被列为"头等"，一直到嘉庆时期重编《宝笈三编》，才还给无用师卷应有的地位。

梁诗正（1697—1763年），雍正八年（1730年）登一甲第三名进士（也就是所谓的"探花"），乾隆即位后重用梁诗正，堪称乾隆最信任的大臣之一，可说是乾隆的"文胆"，历任户部尚书、工部尚书，官至翰林院掌院学士、南书房行走协办大学士。

我想梁诗正代乾隆题跋时，心中一定是犹豫忐忑的。先不说画作本身，我们来看看无用师卷这幅画作上有几位明代大师的题跋，不是短短的两句话，而是好几百字的长篇大论，可见他们都认为这是好作品。古代的书画鉴定，题跋是关键，因为题跋常常写出画作的流传过程以及题跋者对此画的评鉴。

无用师卷的题跋中，要数明末清初的书法家邹之麟的最重要，他盛赞此画："余生平喜画，师子久。每对知者论子久画，画中之右军也，圣矣。至若富春山图，笔端变化鼓舞，又右军之兰亭也，圣而神矣！"评价之高，比喻黄公望在绘画界的大师地位，便如书法界的王羲之。而黄公望的所有作品中，《富春山居图》又是其中的佼佼者，地位好比王羲之的《兰亭集序》。

而明四家之一的沈周，则说："以画名家者，亦须看人品何如耳。人品高，则画亦高，故论书法亦然。"明代一般认为艺术家本人的人品要高，画如其人，人如其画。

董其昌也赞叹地说："吾师乎！吾师乎！"

由此可知，无用师卷的评价极高，现在都认为它是真迹，而子明卷才是摹本。梁诗正当时看了这些大师的题跋，心里怎么能不忐忑呢？他是清代很好的大臣，也是文学家、艺术鉴赏家，但乾隆皇帝看走眼，他奉命代皇帝题跋，却因而背上骂名，是不公平的，所以我一定要替他说说话。

沈周：大痴黄翁，在胜国时，以山水驰声东南，其博学惜为画所掩，所至三教之人，杂然问难，翁论辩其间，风神竦逸，口若悬河，今观其画，亦可想见其标致。墨法笔法，深得董巨之妙，此卷全在巨然风韵中来。后尚有一时名笔题跋，岁久脱去，独此画无恙，岂翁在仙之灵，而有所护持耶？旧在余所，既失之，今节推樊公重购而得，又岂翁择人而阴授之耶？节推莅吾苏，文章政事，著为名流，雅好翁笔，特因其人品可尚，不然，时岂无涂朱抹绿者，其水墨淡淡，安足致节推之重如此？初，翁之画，亦未必期后世之识，后世自不无扬子云也。噫！以画名家者，亦须看人品何如耳。人品高，则画亦高，古人论书法亦然。弘治新元立夏长洲后学沈周题。

文彭：右大痴长卷，昔在石田先生处。既失去，乃想象为之，逐还旧观，为吾苏节推樊公得之，是成化丁未岁也。至弘治改元，节推公复得此本，诚可谓之合璧矣。今又为吾思重所得，岂石田所谓择其人而授之者耶。思重来南京，出二卷相示，为题其后。隆庆庚午四月，后学文彭记。

董其昌：大痴画卷，予所见若檇李项氏家藏《沙碛图》，长不及三尺，娄江王氏《江山万里图》可盈丈，笔意颓然，不似真迹。唯此卷规摹董巨，天真烂漫，复极精能。展之得三丈许，应接不暇，是子久生平最得意笔。忆在长安，每朝参之隙，征逐周台幕，请此卷一观，如诣宝所，虚往实归，自谓一日清福，心脾俱畅。顷奉使三湘，取道泾里，友人华中翰为余和会，获购此图，藏之画禅室中，与摩诘《雪江》共相映发。吾师乎！吾师乎！一丘五岳，都具是矣。丙申十月七日书于龙华浦舟中，董其昌。

邹之麟：余生平喜画，师子久。每对知者论子久画书中之右军也，圣矣。至若富春山图，笔端变化鼓舞，又右军之兰亭也，圣而神矣！海内赏鉴家，愿望一见不可得，余辱问卿知，凡再三见，窃幸之矣。问卿何缘，乃与之周旋数十载，置之枕藉，以卧以起；陈之座右，以食以饮；倦为之爽，闷为之欢，醉为之醒。家有云起楼，山有秋水庵，夫以据一邑之胜矣。溪山之外，别具溪山，图画之中，更添图画，且也名花绕屋，名酒盈樽，名书名画，名玉名铜，环而拱一富春图。尝闻天上有富贵神仙，岂胜是耶？又闻子久当年，元是仙人，故遗此迹与问卿游戏耶？国变时，问卿一无所问，独徒跣而携此卷，嗟乎！此不第情好寄之，直性命徇之矣。彼五岳有真形图，而富春亦有之，可异也。当年此图，画与僧无用，追随问卿，护持此卷者，亦是一僧，可异也。庚寅画画，题画人来，又适庚寅，可异也。虽然，余欲加一转语焉：绘画小道耳，巧取豪夺，何必蕴记，载之记中也。东坡不云乎：冰上偶然留指爪，鸿飞那复记东西。问卿目空一世，胸绝纤尘。乃时移事迁，感慨系之，岂爱根犹未割耶？庞居士不云乎：但愿空诸所有，不欲实诸所无。嗟乎！余言亦太饶舌矣。野老邹之麟识。

好棒的故事营销，无用师卷的坎坷流传

现在普遍认为是真迹的无用师卷，根据黄公望在元至正十年

五月四日完成《富春山居图》后所留下的题跋，可以知道此画应是郑先生请他画的，在他信笔涂抹、修修改改完成后不久，应该就归无用师郑樗所有。

后来元末战乱，此画可能流传民间，一百多年后，在明成化年间（1487年之前）成为沈周的收藏。依当时惯例，得到一幅好作品，要请人在上面题字，但没想到沈周请人在画上题字时，此人的儿子却把画藏匿起来，谎报被偷走了。后来，沈周居然发现这件作品在苏州的市集上被人以高价出售，他相当着急返家筹钱，但却被同样雅好书画收藏的好友樊舜举早一步买走。沈周无可奈何，只好以"背临"的方式，依靠记忆力临摹，重画一件《富春山居图》作为纪念。沈周版本的这件《富春山居图》，现藏于北京故宫博物院，这些资料就是从此画作上的题跋得知的。

再过九十年后，万历二十四年（1596年），董其昌买到了《富春山居图》，他非常高兴，盛赞这张画是"吾师乎！吾师乎！"

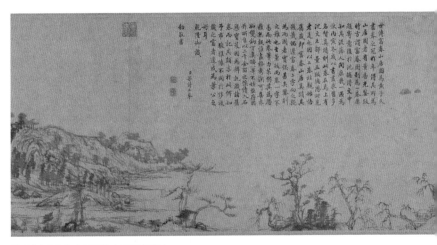

黄公望《富春山居图》（无用师卷）

董其昌是很重要的书画鉴定家，经过他鉴定的作品其实都不错。后来，董其昌到晚年时（崇祯九年，1636 年）又把这件作品质押给宜兴人吴达可。书画质押，本来也是常见的事情，只是不知道董其昌是什么原因，可能就是缺钱？但不久后董其昌就过世了，所以没能把画给赎回，自此这件作品便归吴家所有。

吴家是书香世家，也是大地主，家世显赫富有。吴达可死后，《富春山居图》归儿子吴正志（字之矩，1589 年中进士）所有，他们父子两人都是明代晚期的大收藏家。吴正志在画面纸张接缝处盖上七个压缝章"吴之矩印"，这几个章也是鉴定的关键。《富春山居图》是个手卷，是由好几张纸拼接起来的长轴，所以有接缝粘贴的地方。

吴正志去世后，《富春山居图》归第三个儿子吴洪裕所有。吴洪裕可以说是个典型的文青，他非常喜欢这件作品，甚至爱到了"置之枕藉以卧以起，陈之座右以食以饮"的地步。就是睡

觉、吃饭的时候，时时刻刻都要放在旁边欣赏！

清顺治七年（1650 年），吴洪裕死前要求将他喜欢的几件书画收藏火化陪葬，包括唐寅《高士图》、智永《千字文》、黄公望《富春山居图》。据说在火化时，侄子吴子文趁吴洪裕昏迷时，偷偷踢翻火炉，抢救回《富春山居图》与《高士图》。但也有一说是他直接从火炉中抢救出《富春山居图》，因为这些画是手卷，卷起来烧的，吴子文才得以偷天换日地放进其他的手卷，这段故事实在是蛮戏剧化的。

总之，结果是《千字文》已烧毁，《高士图》大部分已烧毁，仅存最后一段的"梁楷笔法"。黄公望《富春山居图》比较幸运，仅烧毁前面一小段，后段留下几个火烧的烧孔。

之后，由《富春山居图》裁切下前面烧毁，但尚残存的一小段约五十厘米，重裱为独立的《剩山图》（现藏于浙江省博物院），后面的部分修补过烧孔后就是现存的《富春山居图》无用师卷（现藏于台北故宫博物院）。

吴家在康熙八年（1669 年），把《富春山居图》的前半段《剩山图》，卖给收藏家王廷宾，从此《剩山图》消失在历史上，直到对日抗战时期才又出现，被书画家吴湖帆购得，最后转售给当时的浙江省文管所（就是现在的浙江省博物馆）。

乾隆十一年（1746 年），吴家把《富春山居图》的后半段（即无用师卷）以及其他几件书画作品，以两千金（两千两白银）让售给乾隆皇帝，当时的吴家应该是吴子文的后代。有人认为，吴家可能是很会说故事，他们不过是为了抬高售价而编造了《富春山居图》的流传过程，但这也算是一种很好的营销手法吧！

孰真？孰假？六百多年来争论不休！

《富春山居图》是否完成于 1350 年？这一直是个很大的疑问。

反对者认为，根据黄公望自题"未得完备"一语，表示这幅画仍然不断在修改。黄公望与一般画家作画习惯不大一样，他总是把画带在身边，看哪里的风景不错，就停下来画，今天画两笔，明天画三笔，慢慢添，慢慢加，可能一直到 1354 年黄公望八十六岁去世为止都没有完成。所以，这件作品虽然原本是为郑樗所画，但因为未完成，也就一直未能归郑樗所有。

赞成者则认为"未得完备"只是自谦之辞，古代的文人总是表现谦虚委婉，就是所谓"暧暧内含光"！所以"未得完备"不过就是黄公望的自谦而已，根本不足为奇。

如果相信第一种看法，读者就会衍生出另一个问题：《富春山居图》全貌究竟应是如何？这当然没有人能回答。不过这其实还是小问题，下面的意见分歧才是数百年来争论不休的大问题。

子明卷和无用师卷目前并存于台北故宫博物院，现今一般学者都倾向认为无用师卷是真迹，而子明卷则是出自明代末期的摹本。这一论点是根据画作的笔触判断（无用师卷较为圆润，而子明卷显得较生涩），以及根据黄公望题跋的笔迹来鉴定的结果。

明代中晚期收藏风气兴起，因此有人买，就有人卖，只要有商业利益存在，就会有复制的摹本出现。当时在苏州有一批民间画家，特别善于模仿名画，这些复制品后来还被统称为"苏州片"。由于这批画工在临摹时，一边眼睛看着真迹，一边照着描绘，所以笔触会显得较为生涩而不顺畅。同样的，临摹题跋的字迹，看起来也就比较怪异。但是，乾隆皇帝反而认为子明卷的笔触较为有力，而据此认定它才是真迹，可见人人都不免有其主观的认定。

但却也有人持不同看法，反对者认为子明卷与无用师卷都是真迹，而且无用师卷是依据子明卷为底本而作的，这便是子明卷比较生涩而无用师卷用笔纯熟的缘故。这个论点的基础是：黄公望六十多岁才重拾画笔，之前有二十多年几乎不曾作画，所以刚开始画子明卷时难免比较别扭。

此论点也是言之成理，毕竟这两件作品都是元代的，现在谁也无法铁口直断，百分之百地确定，因此我们也在此提出，一并供读者参考。

另又有一派主张表示，《富春山居图》作画的地点并非富春江！因为黄公望在题跋上只说他住在富春山，并未说他画富春江。而且，富春江的出海口是平地并没有山。但不管是《子明卷》或是《剩山图》，画卷最右端开头的地方画的都是一座小山，不是富春江出海口"平沙五尺"的样貌。虽说富阳地区最著名的河就是富春江，而且元代画家作画即使是实景写生，画中景物也未必百分百如实景，但那座山也实在太不合理。因此，有人就提出黄公望作画的地点是瑞安的飞云江，因为瑞安也在富阳附近，而飞云江的出海口确实有座山。

至于所谓"平沙五尺"一语，则是出自清代画家恽寿平问吴子文，《富春山居图》最前端被烧毁的部分，黄公望到底画了什么？吴子文回复："起手处写城楼睥睨一角，却作平沙，秃锋为之，极苍莽之致，平沙盖写富春江口出钱唐景也。自平沙五尺余以后，方起峰峦坡石。今所焚者，平沙五尺余耳。"（《瓯香馆集》卷十一）但是持反对意见的人认为，吴子文不过为了帮他的收藏品说故事，"平沙五尺"只是想当然耳的信口开河而已。

然而反对者则认为，黄公望的题跋明明写着："至正七年，仆归富春山居，无用师偕往。暇日于南楼援笔写成此卷。"富春山的山脚下就是富春江，这时间地点黄公望都写得很清楚，根本不用讨论。

黄公望在明清之际被推崇为元代四大画家之首，而《富春山居图》的笔法、意境、情调确实都对后代文人画有极大的影响。评论家们认为，黄公望的个性、人生经历、作品风格，都足以为万世之楷模，对他确实是推崇备至。但就因为《富春山居图》是大师之作，历史记载的各家鉴定与评论就难免有溢美之词，甚至彼此之间还有冲突矛盾之处，这是大师名作必然会面对的处境。像上述作画地点的争议，收藏家吴子文之说是值得参考的，但飞云江之说近来也受到热烈讨论，争议尚未停歇。

总而言之，关于此画的种种争论由于证据不足，只能各说并存，实难一锤定音，所以，我们就借用乾隆所言：待他日之辨吧！

陶瓷青铜杂项

在过去的艺术史当中，器物类的文物以青铜、玉器、陶瓷为大宗，也最受重视。这三类的文物与文人生活密不可分。在过去它们不只是被欣赏的对象而已，同时也是文房陈设，在古代文人生活当中，扮演着"雅集清玩"的角色。

南宋时期，江南文人在自家的园林与书斋中流行"四事"：焚香、点茶、挂画、插花。这四件事被认为是很雅致的生活享受。在进行时，青铜或陶瓷制的香炉、茶具、花瓶，以及各种小摆设都是常见的用具，这些陈设当中可见到青铜、玉器、陶瓷的应用与审美的方式。

从宋代以后，文人书斋中常见到各种文玩小摆设作为装饰与玩赏的对象，历代小说与话本中也常看到作者对于这些文玩的描述。曹雪芹在《红楼梦》中描述大观园里各屋子的样貌时，经常长篇累牍地叙述屋子里陈列的文玩，青铜、陶瓷、玉器在《红楼梦》里不但是品味的象征，也已经是生活家饰的一部分了。

随着 20 世纪考古学的发展，原本在艺术史当中比较少人关注的器物类文物，因大量的出土而一跃成为现今艺术史的主流，而研究者的关注对象也从精致的文玩转向庶民生活物品。所以，文物的研究范围与内容也随之扩展，除了传统的三大类，增加了各式各样的内容，竹木器、泥器、石器、漆器、珐琅等，多姿多彩的对象使得文物研究成为现今的显学。

台北故宫博物院的器物类文物过去大多来自清宫旧藏，这些器物大抵不离文玩的本质。但现今的台北故宫博物院通过捐赠、购买等，已逐渐脱离清宫文物的范畴，逐渐建立起自己的体系与收藏。

文物，不只是文玩而已。它不只是单纯的摆设与被欣赏的对象，而是承载历史价值与古人真实生活样貌的缩影。器物与书画等同，有一样的定位与价值，在过去、在未来都有一样的意义。

走过路过，不可错过的"酸菜白肉锅"

——毛公鼎、翠玉白菜、肉形石

毛公鼎可不是普通的饭锅

俗称台北故宫博物院"新三宝"的"酸菜白肉锅"：有个锅"毛公鼎"，有块肉"肉形石"，还要有棵白菜"翠玉白菜"。但以艺术史上的价值来论这三件文物，真正国宝级的展品只有毛公鼎，然而被大家"看红的"翠玉白菜和肉形石，其实只是重要文物或一般文物。

鼎本就是很重要的国之重器。毛公鼎的材质是青铜，高 53.8 厘米，口径 47.9 厘米，深度为 27.2 厘米，重 34.7 公斤。有句话说"问鼎之轻重"，是指国与国之间互探敌情。鼎基本上是越重越好，因为鼎的材质是青铜，而在中国商、周，及先秦等早期时代，青铜是金属冶炼技术提高之后的成果，青铜不只用来做锅子，也是制作武器与货币的材料，所以鼎越重，代表青铜使用量越多，也就表示国力越强盛。不到 35 公斤的毛公鼎，并不算非常重。目前已知最重的鼎为司母戊方鼎，又称为后母戊鼎，现收藏在中国国家博物馆，高 133 厘米，重 832.84 公斤，将近 833 公

毛公鼎

斤，远远比毛公鼎重得多。

毛公鼎虽不很重，却相当重要，其重要之处在于它的铭文字数是存世青铜器中最多的。鼎通常会铸造铭文，铭文字数的多寡很关键，因为鼎上的铭文通常会叙说当年制作的原因，以及——为了什么事件而制作的相关记录。

毛公鼎的字数约有五百字。是不是刚好五百字有点小争议，有说是四百九十七字，或四百九十九字，有人讲是五百字，但台北故宫博物院对外的资料是"腹内铸铭三十二行五百字"，那我们就以台北故宫博物院的资料为准。会有字数的差异，是因为周代使用的文字为大篆，而大篆的某些字我们无法辨识，在这种情况下，有些字可能就会被认成一个字或两个字，这才会出现字数上的差异。

毛公鼎的铭文分为七段，总共写了三十二行，而这篇文字的内容很重要，因为它是一篇册命（是一个国家的王对于他的大臣、贵族所下的命令）。

毛公鼎的册命，是关于西周周宣王与他的叔叔毛公瘖的，也有人认为是毛公歆，这是因为大篆字体解释的问题，但不管是毛公瘖或是毛公歆，"毛公"是很确定的。周宣王任命他的叔叔毛公处理国家大小事务，还任命毛公的家族成员担任禁卫军以保卫王室。为了感谢毛公对国家的贡献，周宣王赐给他许许多多的酒食、衣服、车子、兵器等礼物。

毛公为了表达感谢，就将这篇本质为任官令的册命，铸到了鼎上，作为让子孙永保之祭器。

中国古代的青铜器，除了重量必须要重，上面的铭文文字还要越多越好，因为这些铭文主要记录一些国家大事。目前已知上面有长篇铭文的青铜器，毛公鼎的字数最多，达五百字左右，排行第二的散氏盘三百五十七字，第三名大盂鼎二百九十一字，再者虢季子白盘一百一十一字，所以毛公鼎的铭文整整比排名第四的虢季子白盘多了将近四百字。这四件青铜器因为都是清代晚期发现的，并称为"晚清四大国宝"。

毛公鼎的最后一句是这样写的："毛公瘖对扬天子皇休，用作尊鼎，子子孙孙永宝用。"这句虽是客套话，但其实也很重要，表达毛公对于天子的任命非常感念，所以铸造了这个鼎，鼎上不但铸

王若曰："父瘖！丕显文武，皇天引厌厥德，配我有周，膺受大命，率怀不廷方亡不閈于文武耿光。唯天将集厥命，亦唯先正略燮剸辟，属谨大命，肆皇天亡，临保我有周，丕巩先王配命，旻天疾畏，司余小子弗彶，邦将曷吉？迹迹四方，大纵不静。乌乎！趩余小子圉湛于艰，永巩先王。"

王曰："父瘖！今余唯肇经先王命，命汝燮我邦我家内外，惷于小大政，屏朕位，虩许上下若否于四方，死毋动余一人在位，引唯乃智，余非庸又昏，汝毋敢荒宁，虔夙夕惠我一人。雍我邦小大猷，毋折缄，告余先王若德，用仰昭皇天。申恪大命，康能四国，欲我弗作先王忧。"

王曰："父瘖！雩之庶出入事于外，敷命敷政，艺小大楚赋。无唯正昏。引其唯王智，乃唯是丧我国。历自今，出入敷命于外，厥非先告父瘖，父瘖舍命，毋有敢惷敷命于外。"

王曰："父瘖！今余唯申先王命，命汝亟一方，宏我邦我家。汝顑于政，勿雍建庶人？毋敢拱苟，乃侮鳏寡。善效乃有正，毋敢湎于酒。汝毋敢坠，在乃服，恪夙夕，敬念王威不惕。汝毋弗帅用先王作明型，欲汝弗以乃辟陷于艰。"

王曰："父瘖！已曰及兹卿事寮、大史寮，于父即尹，命汝兼司公族、×叄有司、小子、师氏、虎臣、×朕执事。以乃族干捍吾王身。取×卅×。赐汝××一卣，祼圭瓒宝，朱市×、×黄、玉环、玉×、金车、贲爱较、朱乱、××、虎×、熏裹、右轭、画×、画×、金甬、错衡、金踵、金×、束×、金×弼、鱼箙、马四匹、×勒、金巤、金膺、朱×二铃。锡女兹，用岁用政。"

毛公瘖对扬天子皇休，用作尊鼎，子子孙孙永宝用。

毛公鼎拓片与铭文

了王室的任命，同时要他的子子孙孙继续珍视它。"子子孙孙永宝用"，是真要拿毛公鼎来煮饭吗？当然是作为祭祀时的礼器之用。

鼎从新石器时代开始，也就是商代之前就已经出现。早期的考古挖掘，无论是南方或北方的遗址，都曾出土过以陶土做成的小型鼎，但这类鼎应该就是食器。周代还发展出"列鼎制度"（指形制相仿，但尺寸大小依次递减的鼎）。周代的礼制规定"天子九鼎，诸侯七，卿大夫五，元士三"。九、七、五、三的数字之分，就是指在祭祀时，你的身份地位限定了你可以使用几个鼎。同一组列鼎的外形都一样，但排列则必须是由大至小。据说周天子用九个鼎，诸侯则降一级用七个鼎，卿大夫用五个鼎，士大夫则只能用三个鼎。由此可知，周代用鼎作为礼器来祭祀已发展得极为成熟。商周以来，列国铸造的鼎越做越大，作为礼器使用的鼎则更大，无论是祭祖、祭天还是祭地，鼎越大越好！

《左传·成公十三年》："国之大事，在祀与戎。祀有执膰，戎有受脤，神之大节也。今成子惰，弃其命矣，其不反乎？""祀"指祭祀活动，其仪式庄严而隆重。"戎"则是指战争相关的军事行动，对一国而言通常都是在不得已的情况下才会采取的战略举措。由《左传》这句话可知"祭祀与战争"——国家真正的大事，就是两件事，可见祭祀对于周代人有多重要。在周代或周代以前，国与国之间战乱频繁，而鼎就是在祭祀时所用。

《左传》这段记载的起因是，周简王九年（公元前 577 年）时，鲁成公和周简王手下的诸侯接受了王命，到当时的洛邑来晋见天子（洛邑就是毛公鼎发现的地点），要会同几位霸主，一起攻打秦国（麻隧之战）。

出发前，照惯例天子要举行祭祀，祈求战争顺利。仪式完成后，周简王将祭祀所用的肉分赠诸侯。成肃公（子爵，周王同姓）接受天子给的生肉时不够恭敬有礼，在旁边的刘康公（子爵，顷王之子、定王之弟）见到这情景，立即批评了成肃公："祀有执膰，戎有受脤，神之大节也。今成子惰，弃其命矣，其不反乎？"祭祀时接受膰（熟肉），征伐时接受脤（生肉），这是对鬼神的大礼节，今天你成子（成肃公）看起来心不在焉，不是很恭顺的样子，是不要命了吗？

这件事跟鼎有关，因为祭祀时，熟食装在鼎里，所以从这段周简王的相关记载可看出鼎为祭祀之用。

毛公鼎是毛公在接受王命后，恭敬地将鼎铸造出来，然后让"子子孙孙永宝用"。要家族永远记得、珍视这件事，所以非常确定毛公鼎不是一般的饭锅，而是礼器。

是国家重要文书，也是书法练习字帖教材

"晚清四大国宝"的定义与青铜器上的字数多寡有关，四大国宝之首就是毛公鼎。毛公鼎为什么重要？有人曾统计，不管是考古挖掘出土的，或者从以前流传至今的传世周代青铜器，加总起来大约有七千件。而这七千件西周青铜器之中，又以毛公鼎的字数最多，不但字数多，而且字写得雍容大度又极工整，铭文的结构（即文章内容的结构）也很完整，看起来不会颠三倒四难以分辨，所以毛公鼎被认为是研究周代文化的珍贵史料。

甚至有人还说，毛公鼎所记载的五百字内容"抵得过一篇《尚书》"。《尚书》记载的是先秦的史料，而毛公鼎上的铭文就像是《尚书》里的一篇文章，因为它记载的就是周代时的一件重要事件。清代著名书法家李瑞清也曾称赞毛公鼎的重要性："毛公鼎

为周庙堂文字，其文则尚书也，学书不学毛公鼎，犹儒生不读尚书也。"李瑞清是清代晚期当毛公鼎被发现时，为毛公鼎铭文作题跋的人。李瑞清说毛公鼎以内容看来跟《尚书》很类似，毛公鼎的铭文就像《尚书》中的一篇文章一样，记载了周代重要的典章制度。篆书分为大篆和小篆，毛公鼎的字体属于大篆系统，李端清又表示写篆书就要学毛公鼎，因为毛公鼎的字雍容大度、端庄平稳，因此成为书法史的珍贵史料，被认为是学写大篆的基本练习字帖。写书法的人不学毛公鼎，李瑞清说那就好比自称是读书人却没读过《尚书》是一样的意思。

毛公鼎是礼器，又是周宣王颁给毛公的，加总这几个因素来看，如果不把它列为国宝，那什么才叫国宝？但如果你仔细看遍毛公鼎上面的铭文，就会发现，虽然很确定里面有提到毛公，但遍寻全文却也找不出到底是谁颁布了这个册命给毛公，在毛公鼎的铭文中，对周王的称呼都是只有"王"这个字而已。西周时期有这么多王，到底是哪一个天子颁布了这篇册命给毛公？周宣王是西周时期倒数第二位天子，西周宣王的父亲是周厉王，过去还有一派主张毛公鼎里讲的"王"是周厉王，不过一般的看法，大家还是认为应该是周宣王。

为什么说一般认定毛公鼎是周宣王时期所铸？在青铜器的断代研究上，不同的时代有不同的样式，以毛公鼎来说，它作为判断的最重要依据，事实上并不是样式。现有的七千件西周青铜器里，有一部分是带有年款，可直接看出是哪一年铸造的。虽然鼎本身没有铸造年代，但那些有年款的青铜器，上面可能有字，而文字在不同时间点有其不同的写法，文字字形、结字结构都会随着时代而演进。后来大家对照了现存的七千件西周时期有年款的青铜器之后，从书法风格去做推断，一般的看法都认为毛公鼎有可能是在周宣王时期铸造的。当然这个看法其实也不能够百分百确定，这也是为什么有另一批人认为毛公鼎有可能是铸造于周宣王之前的时代。

周宣王的那些年，那些人，那些事

周宣王姓姬，本名靖。靖的写法有两种，一是安静的静，但也有人写成靖。姬靖是西周第十一代君主，他的爸爸是周厉王，他的儿子是西周的亡国之君周幽王，也就是说周宣王的时代已经是西周晚期，快要结束的时代了。

司马迁写《史记》，记载了一篇周宣王的事迹，《史记·周本纪》记载，周厉王时西周已迈入了晚期，周厉王倒行逆施，导致国家腐败，又爆发了几场天灾，当时的百姓是怨声载道、民不聊生。

公元前841年发生"国人暴动"，人民冲进了王宫，试图杀掉周厉王。周厉王吓坏了，当下就抱头逃离镐京（今西安附近），沿着渭水一路逃到彘（今山西霍州）才停下来。民众攻入王宫找不到周厉王，转而去找太子靖。

太子靖当时并没有跟着周厉王一起离开镐京，而是被一个贵族召穆公藏在自己家里。但愤怒的民众没找到天子，又发现太子竟然被召穆公藏了起来，于是包围召穆公的家，要求交出太子。但召穆公不愿交出太子，又被民众逼得没办法，只好用自己的儿子替代太子，交给民众。愤怒的民众杀了召穆公的儿子，才让太子因而幸免于难。

太子靖后来登基即位，是为周宣王，为了感念召穆公的恩情，所以重用召穆公来辅佐国政。同时期，还有另一个贵族周定公也被重用，和召穆公共同辅佐周宣王的国政。据说召穆公和周定公都做得很好，所以在周宣王登基初期，有一小段时间国泰民安，史称"周召之治"或"宣王中兴"。

不过，周宣王在位期间，即便有召穆公和周定公辅佐，但由于国家的根底早已不稳固，加上周边部族频繁入侵，西周的战争其实从没断过。虽然周宣王即位早期，"周召之治"让国家大致上还算平静，但权力使人腐败，周宣王也不例外，在位后期也开始和他父亲周厉王一样，不听人劝，好大喜功，滥杀大臣，听信谗言，屡战屡败后，国家就衰败了。

周宣王三十八年（公元前790年），国家衰败残破，周边部落国家姜戎（西戎的一支部落）进攻西周，甚至还占领了当时的首都镐京周边的皇室专属田产，于是周宣王集结了一些贵族对姜戎开战，但居然众不敌寡，大败。周宣王勉强逃离战场，一路躲藏，最后逃到现在的山西太原暂时避难。这场战役称为"千亩之战"，对西周王朝是非常关键的一场战役，西周的王室精锐丧失殆尽，自此西周一败涂地无力振作，宣王之子周幽王即位后不久，西周便走向衰亡。

尽管历史上对毛公家族没有太多记载，至今我们也无法确认毛公究竟是谁，是毛公歆，抑或是毛公瘖？更无从得知毛公家族的情况。但从毛公鼎内文来推测，周宣王对毛公说："以后我颁出的各式文书、命令，如果没经过你毛公首肯，那么我就是一个坏天子。"

这里我们从周宣王的故事，倒回去推测毛公鼎大致的情况：周宣王对毛公是如此地言听计从，如此地礼贤下士，所以毛公鼎上的铭文很可能是周宣王即位初期时所颁发的册命。当时他任命了毛公来管理国政，同时毛氏家族的成员也是周宣王的禁卫军来源。这样看来，毛公鼎应该是在周宣王初期或中期时候所铸造的。

周宣王有几件有趣的故事，其中有个故事发展为成语"姜后脱簪"。《烈女传》举了周宣王的皇后为例子，记载了一则"姜后脱簪"的故事。姜后是姜姓的家族成员之一，她是齐侯的女儿，周宣王娶她为妻，成为周宣王即位初期的王后。

据说周宣王即位之初，经常早睡又赖床晚起，时常疏于朝政。姜后为了劝诫周宣王，把身上的耳环簪子等饰品都摘掉，穿着一身破烂衣服跑到"永巷"请罪。"永巷"是前任天子过世以后，他的妃子或是宫女的去处，也是关罪犯的地方。姜后跑到永巷去请罪时，还让自己的奶妈转告周宣王，是她让周宣王起了淫逸之心，才使得君王疏于朝政。君王好色将必然引起铺张浪费，长此以往天下就会大乱，这就是她请罪的原因。周宣王听后大为感动，从此勤于朝政。这就是"姜后脱簪"的故事。

《史记》也有一段记载跟周宣王有关系，就是大名鼎鼎的"褒姒亡国"的故事。周幽王时，一位御史大夫伯阳父查了以前的历史记载，在古老的夏朝（夏朝是否存在，现今仍有争议），有两条神龙自称是褒国国君，从天而降，停留在夏王的庭院中，打死不退。夏王请人占卜后得到开示，说无论杀死龙或赶走龙都不好，唯独有收集神龙的唾液封存在盒子里，才不会得罪龙。这盒子收存了龙的涎沫后就没被打开过。一直到了周厉王时代的后期，他实在太好奇了，于是命人打开盒子想看里面到底装了什么，但一打开盒子，原本装在里面的龙唾液突然之间变多了，还溢了出来，直接流到地上，溢满整个皇宫，怎么都清除不了。周厉王吓坏了，于是决定用巫术来对抗盒子里流出来的龙唾液。他命女人赤身裸体对着盒子大声呼叫，涎沫化为黑色的蜥蜴满地乱跑，最后蜥蜴不见了，消失在后宫一名七岁童女身上。

女童长大后，居然未婚怀孕，生了个小女孩不敢养，便将她遗弃在路边。周宣王时期，有一首歌谣是这样唱："檿弧箕服，实亡周国。""檿弧"是弓箭弓士的意思。周宣王听到这谣言，很生气，在街上看到一对夫妇正在卖弓箭，就要处死他们。这对夫妇听到消息连忙逃走，就在逃往褒国的途中看到被丢在路旁的小女孩，起了同情心便收养了她，这个小女孩就是褒姒。后来褒国人褒姁犯罪，因为成年后的褒姒长得很漂亮，褒姁便将她献给周幽王抵罪。周幽王因为宠爱褒姒，导致西周灭亡。各位应该都听过"骊山烽火台传说"，据说褒姒从来不笑，但有次看到人误点了烽火台，她居然哈哈大笑，之后周幽王为了取悦褒姒，就时不时派人去点烽火台。到了幽王晚期周边的部族入侵，周幽王紧急下令点燃烽火台，通知各地诸侯派兵，但没有成功，因为大家早就不信任烽火台了。

这段来自《史记》的记录并不太可信，因为是厉王打翻了装有龙涎的盒子，褒姒才因此诞生，但有人推测后发现有疑点，因为厉王死于公元前828年，而褒姒是在公元前779年进了幽王的后宫，那么褒姒成为幽王之妃时，最少也已四五十岁了，这个年纪的女性，在那个时代应该很难被称为绝世美女，因此龙涎一事应该只是传说。但从褒姒曾经被抛弃并被商人夫妇拾得的记载看来，她可能是一名出身寒微的女性。

一般认为，褒姒姓祁，但也有人说她姓姜，是贵族杜伯和周宣王的爱妾偷情之后所生的私生女。周宣王曾命杜伯访查此事，但杜伯自己（可能）犯案，又自己办案，后来当然不了了之。但最后事迹还是败露，杜伯被杀死，领地也被没收，褒姒被人带走逃到褒国，被抚养长大。周幽王三年时，她以褒姒之名嫁给周幽王，成为周幽王的第二任皇后。

另外有段记载跟书法有关系，也和周宣王有关系。《汉书·艺文志》里说：周宣王曾命太史作了《史籀》十五篇，作为太史教授用的教材，石鼓文是目前仅存最近似《史籀》的文字。秦始皇统一天下后，觉得没有统一的文字，施政起来很麻烦，所以他命令李斯作《仓颉》七章，赵高作《爰历》六章，太史令胡毋敬作《博学》七章，把毛公鼎上的大篆简化以后，成为现在所看到的小篆，作为全国规范字帖。

毛公鼎的坎坷身世：公说公有理，婆说婆有理！

毛公鼎并非清宫文物，而是由农民在种田时被挖掘出来并辗转流传民间好一阵子，最后随着故宫文物一起来到台湾的。在民间流传的毛公鼎，关于发现与流传的过程有不同的说法，公说公有理，婆说婆有理，但大致上内容是相符合的，只有小小的歧异。从这些说法中，我们整理出内容大致比较符合一般认知的毛公鼎流传过程。

据陕西省岐山县周原博物馆研究员贺世明先生的考证，毛公鼎是清道光二十三年（1843 年，也有一说是 1851 年；但一般比较认同的是道光二十三年），在陕西省岐山县的董家村，由村民董春生种田时，在村子西边田里挖出来的。

董家村位于现在陕西省宝鸡市的附近，而现在的宝鸡市就有一座青铜博物馆。宝鸡地区向来都是西周文物出土的大宗地点，一直以来陆续都有挖掘出土大量的窖藏或陪葬青铜器，但西安市长安区才是古代镐京的所在位置，而宝鸡距西安还有一段距离。为何这些文物在宝鸡被发现，而非发现于西安？一般看法都倾向认为，宝鸡可能是周代最主要的祭祀举行地点，在祭祀结束之后，他们会顺手把青铜器埋到土里，也因此宝鸡有各种墓葬，更有"青铜之乡"一说。因此道光二十三年（1843 年），董家村的董春生会挖到毛公鼎并不足为奇。

当年还没有所谓文物法，谁挖到就是谁的。北京永和斋古董商苏兆年、苏亿年兄弟闻讯赶来看货，一看不得了！这鼎虽不大，但是鼎内有着密密麻麻一大篇古文字，虽然当时还不认得鼎里的大篆文字，但他们知道这东西不得了，应是个宝鼎，于是就以白银三百两购得。白银三百两，可是很大的一笔钱啊！在当时只需花十几二十几两银子就可以买个丫鬟，买一间普通的屋子才几十两银子，而一两百银子已经可以买一大间豪宅了。

买下了毛公鼎，古董商苏氏兄弟要把鼎从村子西边运到村南边时，被村民董治官拦下，说是这鼎挖出来的地方位于他和董春生两家相交的地界上，所以坚持自己应该也有一份，凭什么只给董春生银子？双方大吵，僵持不下，买卖于是没做成。

古董商苏氏兄弟岂肯善罢甘休，便出资贿赂了岐山县衙门的县知事。县知事于是就找个罪名把董治官给抓来。据说罗织的罪名有两条，一条是私藏国宝；第二条罪名更荒唐，说你董治官是平民百姓，岂敢取名"治官"，这有犯上作乱之罪。当堂就令董治官改名为"治策"，还把他用铁链吊铐了一个多月，迫令其招供藏鼎之处，再派武装人员将鼎取出，装上单套轿车，披红放炮，运往县衙门。古董商苏氏兄弟立即出重金三百两银子，将毛公鼎悄悄买走，运回北京永和斋的古董店。

苏氏兄弟想找到买家，于是毛公鼎在北京古董店的风声传开了。据说当时名画家张燕昌之子张石瓠见过毛公鼎，觉得真是好东西，于是将鼎里的铭文摹绘成双钩图，寄给当时很重要的一位金石学家徐同柏（金石学是指研究古代的大篆及小篆文字系统，从清代开始备受重视）。徐同柏研究金石文字，正需要样本，收到张石瓠寄来的毛公鼎铭文拓片后，得以写成了《周毛公鼎考释》一文，这是研究毛公鼎的开始。

毛公鼎在道光二十三年（1843年）被发现以后，又过了九年，可能开价过高，据说一直留在北京没被卖出。这一段各家说法不同，但很确定此时毛公鼎已经在苏亿年手上。咸丰二年（1852年），他写信向北京著名金石学家兼收藏家陈介祺告知此事。陈介祺收到信后马上汇来白银一百两，言明以五十两作为货款，五十两作为运费，让苏亿年雇车专程送至北京。陈介祺见到此宝鼎之后，发现价值超出他的预想，极为高兴，又赏苏亿年白银一千两，并把此鼎锁藏于密室。陈介祺根据《周毛公鼎考释》，又经过深入研究毛公鼎的年代、内容，最后写了一篇《铭文考释》的文章和题记。

毛公鼎进了陈家之后的近百年间又屡经变故。据王殿英、王厚宇、魏女勇娥等学者调查，陈介祺病故后，陈家的后代就把毛公鼎卖给清末重臣端方。辛亥革命爆发后端方被革命军所杀，端家家道中落，端方的小妾想把毛公鼎典押给天津华俄道胜银行。但银行听人说这鼎是假的，就派人前往陈介祺的家乡山东潍坊调查，找到了陈介祺当初收到毛公鼎时铸造的仿制品，两相比较后，断定端方家中的毛公鼎确实为真品，就接受典押付款，并把鼎收入仓库秘存。

经过一番曲折，毛公鼎开始引起外国人的注意。英国记者辛浦森，欲出价美金五万元向端家求购，美国人福开森（代表美国大都会美术馆和各大博物馆在中国收购文物的文物贩子）积极从中说合。但由于当时的五万美元仅合四万块银元，端家嫌开价低没有出手。同时，社会舆论也纷纷认为毛公鼎是国宝，反对端家卖给外国人。所以端家没卖成，毛公鼎还是押在华俄道胜银行。

到了1926年，当时北平的大陆银行总经理谈荔孙认为毛公鼎放在外国银行不妥，所以向端家表示，万一有一天外国银行倒了，国宝将可能流落到国外！因此愿以较低的利息质押毛公鼎于大陆银行。在取得端家的同意之后，由谈荔孙代办向天津华俄道胜银行赎出毛公鼎，改存至大陆银行。

不久之后，北京的几个大收藏家，包含了国学馆馆长叶恭绰与郑洪年、冯恕合股集资向端家买下毛公鼎。1930年，郑洪年、冯恕两人让出股份，毛公鼎遂归叶恭绰一人所有，但仍存于大陆银行，后来叶恭绰迁居上海，毛公鼎也一同转移。

1937年抗日战争爆发后，上海沦陷，叶恭绰匆匆前往香港避难，毛公鼎及叶家收藏的书画都未能带走。当时，叶恭绰在上海讨的一个小妾潘氏意欲侵吞叶恭绰在上海的家产，后来就打起了官司，潘氏主张毛公鼎是她的，而叶恭绰说不是。1940年，叶恭绰致电在昆明西南联大任教授的侄子叶公超，让他赴上海代替叶家主持这场诉讼。叶公超从昆明回上海前，先到香港见了叶恭绰，据说叶恭绰当时嘱咐叶公超："美国人和日本人两次出高价要购买毛公鼎，我都没有答应。现在我把毛公鼎托付给你，不得变卖，不得典质，更不能让它出国。有朝一日，可以捐献给国家。"

　　当叶公超到上海应诉之时，潘氏已向日本宪兵队密告叶家藏有国宝毛公鼎及珍贵字画，日本宪兵队马上前去搜查，但万幸的是一开始先搜出一些字画，接着就搜出两支自卫手枪。毛公鼎当时就藏在叶恭绰的床下，可能是国宝有灵吧，竟未被发现。日本宪兵因搜出手枪而注意力转移，对查找毛公鼎之事有所疏忽。但因手枪被查出，叶公超以间谍罪被逮捕，关押在牢狱四十九天，虽多次遭刑囚鞭打，但叶公超始终没有说出毛公鼎的下落。后来为了脱身想出一计，密嘱家人铸造一只假鼎交来给日本宪兵队，并由他的哥哥叶子刚以重金作保才获得假释，但仍受宪兵队监视。后来叶公超终于在1941年带着毛公鼎逃到了香港，并将毛公鼎完好无缺地还给叶恭绰。

　　不久香港被日军攻陷，叶恭绰不得已又带着毛公鼎辗转回到上海，当时他年纪已大又生病，叶家也家道中落了，在万般无奈之下，只好又将毛公鼎押给银行，后来才被上海富商陈咏仁出资买下。1945年抗战胜利后，陈咏仁把毛公鼎捐献给国家。1946年春，毛公鼎由上海运到南京，转由当时的中央博物院收藏。那一年刚好是蒋介石的六十岁生日，由当时还在南京的中央博物院与教育部于1946年10月联合举办"文物还都展览"一个月，这是毛公鼎的第一次对外展出。

　　在1946年时毛公鼎就已成为重点文物、国宝级文物，不过当时还没有所谓的"国宝"之名，因为"国宝"是一种故宫博物院文物分类的等级。但在"酸菜白肉锅"中，毛公鼎确定是最先成名的，在当时便是最受瞩目的文物。1948年蒋介石发现大势已去，下令南京博物院及北京故宫博物院将所藏的珍贵文物迁运台湾时，毛公鼎就包含在预备迁运的文物名单之中。

之后毛公鼎来到了台湾，1957 年 3 月故宫文物在台湾第一次对社会大众开放参观时，与翠玉白菜及肉形石一起公开展出。这次展览不仅有肉、有菜、还有一个大鼎，这就是"酸菜白肉锅"一说的由来。

被看红的肉与菜

台北故宫博物院的翠玉白菜与肉形石，现在的名气很大，可谓是"人气国宝"。"人气国宝"是指人气很旺，但并非故宫博物院文物分类等级的国宝。我个人一直认为，翠玉白菜与肉形石是"被看红"的。

被看红的白菜？被看红的猪肉？其实历史记载里有一个"被看死的帅哥"，可以拿来参照比对。这则小故事在《世说新语·容止》之中："卫玠从豫章至下都，人久闻其名，观者如堵墙。玠先有羸疾，体不堪劳，遂成病而死，时人谓看杀卫玠。"说的是西晋时有个大帅哥卫玠，才华横溢、长相俊美，犹如"璧人"（璧就是玉璧，古人对于玉的标准，基本上色要清白，不能有杂色、白斑，以单色玉为佳，而单色玉中又以白玉最受喜爱）。"人闻其名，观者如堵墙"，无论到哪里都引起众人争相围观，要一睹他的翩翩风采。但卫玠从小就体弱多病，最后"体不堪劳，遂成病而死，时人谓看杀卫玠"。卫玠无法负荷大家的围观，最后被大家看死了，这也就是"看杀卫玠"的来源。

《世说新语》的说法是否夸大我们不得而知，但卫玠因被看而累死，台北故宫博物院则有文物因为被看而红，就是大名鼎鼎的翠玉白菜与肉形石。

"璧"是玉器，从卫玠这位"璧人"，我们回头来看台北故宫博物院两件跟玉有关系的文物，一件是翠玉白菜，另一件是肉形石。翠玉白菜并不大，有点扁扁的，是缅甸的翡翠；而肉形石比翠玉白菜更小，真实材质是来自内蒙古的玛瑙。大家很喜欢这两件玉器，只要进台北故宫博物院一定要去看，它们不但没像卫玠悲惨地被看死，反而被看红了！

翠玉白菜与肉形石，都属玉石类，编制则属于器物处。虽被归在玉石类，但肉形石其实是玛瑙。现代对于"玉"有科学的认定标准，若是以现代标准来说，肉形石根本就不是玉，但古代世界对玉的认定，跟现代不太一样。

从考古资料可知，新石器时代以来的各地文化遗址，都有各式各样的玉制品出土，有时是陪葬品，有时可能是礼器，有时只是装饰品，大大小小形制不一，但材质都是玉。中国南、北两大遗址，如北方的红山文化、南方的良渚文化，都有大宗玉器出土。玉器出现得很早，数量又多，无论以种类还是以出现的频率来看，都可见中华民族是一个爱玉的民族。

商代结束进入周代之后，开始出现一种说法，用"君子如玉"来比喻君子的德行。这并不是说君子像玉一样珍贵，如前面讲的，中国古代对玉的认定标准，要单色玉而且越白越好，越没瑕疵越好。而君子的德行，就如同一块玉，该是纯白无瑕，不容有一点玷污。我们从"君子如玉"，可以看出玉在当时社会的地位，它开始与士大夫文化相联结。

从考古出土文物，可见周代祭祀时的礼器也出现有大量玉器，《周礼·春官·大宗伯》记载，"以苍璧礼天""以黄琮礼地"，是指祭天祭地时用的就是玉器。从考古文化学的角度，也可见当时的贵族，无分男女，身上都佩有各式装饰用的玉串饰，由此可见玉器在周代的上流社会已相当普及。

但古代对玉的认定标准其实很宽松，"石之美者谓之玉"，简而言之，漂亮的石头就是玉。所以若把早期考古出土的各式各样玉器送去鉴定，你会发现，好些"玉"都不是玉，可能只是单色漂亮的石头而已。

从"石之美者谓之玉"来理解古代玉器，就能明白为什么现代的大理石，被拿来做厕所的地板，或用来铺车站的墙壁。虽然现在看起来大理石好像不值什么钱，也没什么特别，但在古代世界里，白色大理石被称为"汉白玉"。出土玉器中，有一大部分看起来像是玉石，但鉴定后发现，是半宝石类的蛇纹石、玉髓、玛瑙居多，其中尤其以蛇纹石更是广泛出现。这也就是为什么，肉形石分明是玛瑙，但在故宫的分类里则属于玉石类。

古代世界里喜欢单色（越白越好）的玉器，这种单色玉大多属于软玉系统，产地很多，但以和田玉为代表。和田玉是传统玉器的典型，因为第一够白，第二单色，第三好的和田玉几乎没有任何瑕疵，看起来就像是一块脂肪，所以也被形容为"羊脂白玉"。另外，台北故宫博物院也收藏有一种清代来自新疆地区的"痕都斯坦玉"（痕都斯坦是清代对北印度地区的通称），这种玉也是单色（通常是青白色）的软玉。

台北故宫博物院里的那棵翠玉白菜，则是翡翠类的硬玉。古代中国不出产翡翠，翡翠大多是来自中南半岛各藩属国的进贡。除了翠玉白菜之外，台北故宫博物院还收藏许多如手镯、项链、配饰、朝珠等各式玉石，你若仔细欣赏这些玉石文物，就会发现，清代的喜好还是以单色玉为主。像翡翠这类玉石，颜色青青白白，有绿有白混杂在一起，有的上面还会斑斑驳驳，有时候里面则会有一些石花、石脉纹，也因此清代人并不是很喜欢这类型的翡翠玉石。

所以，翡翠通常都被琢磨到只留下绿色的部分，再制作成鼻烟壶的盖子，或小配件，或是当作大的白玉项链、白玉坠饰等旁边的配色之用，甚或是朝珠上串珠中的两颗珠子，或者是挂在身上的香楠木配饰上面的小装饰之用。这就是早期翡翠的运用情况，数量并不多。

也因为这原因，常可听到对于翠玉白菜的负面评价，说玉质质地并不好、水头不够，或是颜色不够绿等，但其实现在品评翡翠的水头，指的是玉石看起来的滋润度，这都是现代的审美标准，并不适用于清代或清代以前，这是两套不同的玉器评判标准。翠玉白菜的质地好不好？如果真以翡翠的标准来看，确实并不是很好；至于肉形石呢，则根本就是一块加工过的玛瑙，而玛瑙现在的价格相当便宜。但这类的评价并不适用于古代玉器认定的标准，若以现代玉器标准来评断古玉器，其实并不客观。

我们再回顾"看杀卫玠"。若"好玉的标准"是单色、越白越好、不能有瑕疵，那"翠玉白菜"与"肉形石"，在古代世界来看的确不够好，但为何现在这么受欢迎？因为是上好的巧雕手法，是天工造物和巧匠灵感的完美结合。

世界上最贵的一块五花肉

肉形石就是一块玛瑙而已，但"石之美者谓之玉"，玛瑙也很漂亮，从前许多玉器都是玛瑙，所以肉形石以古代世界的认定标准也算玉器。

肉形石在清宫档案的记录相当简略，唯一的记载，肉形石在

肉形石

清康熙年间，由内蒙古阿拉善左旗的旗主，进贡给康熙作为礼物之用，康熙便收进内府中。所以在清康熙年间，肉形石就已成为紫禁城的收藏。为什么要送礼物给康熙皇帝？在清兵入关之前，其实满、蒙两族向来世代交好，并且还通婚，即便入关之后，蒙古人受的待遇还是比汉人来得好些，蒙古人在清朝任官的人数也不少，所以送礼给皇帝相当合理。

但为什么送一块肉形石？你想想，皇帝需要什么？你要送皇帝没看过的、喜欢的。从故宫的清宫内府档案可看到一些记载，各地大臣在皇帝生日，或是国家节庆时，都送了些什么样的礼物给皇帝：台湾巡抚就曾送皇帝地瓜、竹笋等土产，也送过皇帝在紫禁城没看过的猴子、土狗，无非是希望新奇有趣的礼物，能让皇帝龙心大悦。肉形石，想必也是这般原因送到了康熙手上。

根据《清宫内务府造办处档案总汇》中的活计档的记录，说肉形石虽为天然形成，但这块肉形石刚送到清宫时，可能康熙或是内府的工匠觉得："哇，它真像块肉！"但还是有一些不太相似之处，所以曾经过几个加工步骤，让它看起来更像一块红烧肉。

首先，这块肉形石原本的油润度可能还不太够，所以人工"加工提油"让表面的油润感更好一点。"加工提油"有可能是真拿去浸油，或是打磨、打蜡，现在称之为"抛光"，总之是用各式的方法让"肉的感觉"更好一点。之后又觉得这块石头的颜色依然不那么像肉，所以再"文火烤色"，在这块石头上涂一点色料，再用低温慢火烘烤，让颜料可以渗进玉石里，让它更像肉。最后是这块肉上的毛细孔，还差一些些就很像猪肉了，所以再用巧雕的手法雕出表面的毛细孔。根据活计档记载的三个步骤：首先"加工提油"，之后"文火烤色"，最后再"雕凿肉皮毛孔"，经过了这些加工过程，它看来就完全像一块肉了！

这块肉，经过仪器鉴定，质地已经确定是隐晶质结构石英岩石矿物，一般被称为玛瑙玉髓原石，化学成分为二氧化硅，它百分百就是一块玛瑙而已。现今内蒙古和广西都还有出产长得像肉的玛瑙，各个地方的玉石摊贩、古董摊都有贩售，价钱也不贵，更算不上是珍罕的石头。可是故宫的这一块玛瑙那层层叠叠的结晶，又经过巧雕加工后像极了一块肉，就挺稀罕的了。

在当时的紫禁城里，像乾清宫、御书房这些宫殿的桌上、壁间、柜子里都摆饰有一些文玩（即有趣的小装饰品），这也是为什么文玩类的文物占了台北故宫博物院收藏的很大一部分，而文玩中最著名的代表就属多宝格了。多宝格里放的东西其实都不能用，纯粹就只是有趣好玩，所以有人曾形容多宝格就像是"皇帝的玩具箱"。这块肉形石在清宫里的地位，应该就是用来装点房间的装饰品，是属摆件的文玩，尺寸小巧，放在手上就可把玩，相当符合文玩的基本标准。

清宫向来都很流行这类小巧有趣的小玩意儿，甚至内府就有专门生产这类文物（雕核桃、雕象牙、制造钟表等）的单位，这类文玩通常用来作为宫廷中的装饰，或是皇帝拿来馈赠送礼之用。慈禧太后出殡时，她的陪葬品清单也提到棺木内放置有巧雕"瓜果"（有西瓜、白菜，都是用玉石刻出来的）。所以，原本清宫就流行这样的文玩，于是阿拉善左旗的旗主，投其所好送了这块肉形石给皇帝。

送皇帝一块"猪肉"摆件，即便它形似猪肉很有趣，但怎么看都还是觉得很奇怪。其实这还有另一个原因，就是满族人嗜食猪肉。在清兵入关之前，当时满族人在重要仪式典礼、婚丧喜庆时，主人都会准备一头猪，宰杀清除了内脏之后就用水煮，满族人称这样的白水煮肉叫"大肉"。猪肉是一种重要的食物，对满族人来说是一种美食。主人会自己动刀切大肉，根据来参加宴会宾客的身份地位高低，分给围坐的宾客朋友，这是满族人的生活饮食习惯。即便在清兵入关之后，清宫内还是一直维持有吃大肉的传统。

为什么肉形石会出现在清宫中，而且还很受喜爱？可能正是因为满族人喜欢吃猪肉，而肉形石看起来就像方方的、卤过的一块肉，所以就成为有趣的摆设，也就出现在清宫档案里了。但从仅有寥寥几行字的记载，也可看出这块肉形石就只是个一般的文玩摆件而已，清宫并没有很珍视它。

翠玉白菜是"胖娘娘"的嫁妆？

翠玉白菜也没很大，宽9.1厘米，厚5.7厘米，宽度约是厚度的两倍，可看出这件摆设是扁的。这白菜的质地为缅甸翡翠，内府的玉工利用玉石本身的色泽分布，尽量不浪费石材，把它巧雕成一棵白菜：白的部分是白菜梗，绿的部分是白菜叶，菜叶上面还有两只虫。

翠玉白菜上的两只虫，过去一般都认为是螽斯。《诗经》里有句吉祥话"螽斯衍庆"，在过去是常见的宫廷题材，寓意"百子千孙"，不只翠玉白菜，各式文物也都常用到螽斯题材。早在宋代螽斯就被画进画里了，比较常见的是螽斯与瓜果画在一起，瓜是蔓藤类的植物，是取其"瓜瓞绵绵"来与"螽斯衍庆"对比，这是古人用以祝贺"多子多孙多福气"的吉祥话。

翠玉白菜是两个颜色，有白有绿。白色的翡翠基本上比较不讨喜，但当年的玉工极巧妙地利用了翡翠上的花纹、颜色，把它刻成一棵"青白颜色"的白菜，现在一般都将其解释为女子的"清白"。不过，青白色寓意女子的清白，或者"螽斯衍庆"说是百子千孙，这些都是后加的推测，翠玉白菜到底是否有这样的寓意，我们并不知道，因为典籍中并没有记载。

关于白菜上那两只虫，现在还有说法认为不是螽斯，而是一只鸣虫（蝈蝈或蟋蟀）与一只飞蝗。若真是这样，就不能以"螽斯衍庆"的意涵来解释白菜上刻的两只虫了。所以有此一说，从

翠玉白菜

康熙时期以来，清宫设宴款待宾客劝酒时，会摆设鸣虫在盒子里，利用虫叫声来劝酒。这类的盒子称为鸣虫罐，有瓷桶、紫砂盒或竹筒等，现在台北故宫博物院也存有这类文物。清宫养蟋蟀、斗蟋蟀，其实还挺常见的。翠玉白菜上一只是蟋蟀、一只是蝗虫的说法，是根据它们的形状来推测的，但这说法是否可信？同样的清宫档案里并没有记载，所以这也只是现今的推测而已。

白菜上的那只鸣虫（蝈蝈或蟋蟀），左边的触须断了大约一厘米，但由于这虫实在刻得太小了，即便你到了现场，一时之间也看不出触须断了。文物的触须被弄断了，这可是不得了的大事，因此就有人讲："哇！你搬家把我们的摆设给弄坏了！"但据台北故宫博物院的说法，早在1965年的档案照片里，就已见触须是断的。但1965年之前到底发生什么事，就没有记录了。而根据当年负责文物搬迁的前辈老师的说法，触须早在清宫时期就已经断了。断了的触须到底怎么回事？因为早期根本没有相关记载，所以现在成了罗生门，只是在清宫中就已经断裂的可能性比较高。我认同这种说法，台北故宫博物院大致上也认可这种说法。

其实一般认为，肉形石在清宫中的地位，可能比翠玉白菜还来得高一点，因为这棵白菜在清宫档案中完全找不到半个字的记载。东西明明是从紫禁城搬出来的，可是完全没有任何记录，到现今都还搞不清楚这棵白菜的来龙去脉。

据当年负责文物搬迁的前辈老师的回忆，在1932年日军要入侵华北前夕，因担心日本人到了北京可能会进紫禁城抢东西，故宫准备南迁。这时候意外发现了这棵白菜，在当时看来似乎已被遗忘多年了。发现这棵白菜的地点是在紫禁城东六宫的永和宫，被找到时似乎已在清宫中放了很久，上面积满北京特有的灰尘（当年负责搬迁的故宫博物院前辈老师说，华北地区每年秋冬时节，

断须的鸣虫

大风起兮之时常常尘沙蔽天，即便是皇帝住的紫禁城里，也仍常常沾满灰尘）。前辈老师提及当年发现这棵白菜时，上面布满很多灰尘，插在一个花盆里，旁边还有一根红珊瑚作为配色之用。珊瑚插在花盆里，跟这棵白菜配在一起，白菜是绿白的，珊瑚是红的，红白绿三个颜色配在一起，似乎也挺好看的。

因为没有任何记载，所以也只能从发现地点来推测这棵白菜的身世。永和宫是光绪皇帝的妃子之一瑾妃的居所，她在永和宫住了三十五年，所以一般都说这棵翠玉白菜是瑾妃的嫁妆之一，但这说法也只是推测，并没有任何足以佐证的记录。因为永和宫不只瑾妃住过，在瑾妃之前还有好几位清代妃嫔住过，而且清宫内并不是每个房间里陈设的文物，都有登录记载。有账册记载的，通常是被认定比较重要的东西，对于文玩类摆件（肉形石是摆件，翠玉白菜也是摆件之一），清宫档案并没有记载得这么全面，因为摆件时常会随着赏赐或是装饰而移动位置，因此清宫档案未必都有记录。

曹雪芹的《红楼梦》，故事虽然是虚构的，但有一重点是提到贾府出了一位贾贵妃（贾宝玉的姐姐）。根据《红楼梦》的描述，贾老太太年节时入宫朝贺，去见孙女贵妃时，宫中赏赐朝珠、花瓶这些小摆件给贾老太太和王夫人（贾贵妃的奶奶和妈妈），这就是前面提到的清宫小摆件有时会随着赏赐送到宫外去，所以清宫档案未必有记载。

到底这棵翠玉白菜真是瑾妃的嫁妆，还是在瑾妃住进永和宫之前就已经存在永和宫里作为装饰之用了，其实我们并不知道。不过瑾妃是真的住在永和宫，而且还住到清代灭亡为止，这是确定的。瑾妃在清宫中仅次于慈禧太后及后来的隆裕皇太后，在清晚期的皇宫内廷里排行第三，所以地位还蛮高的。

1899 年，瑾妃与妹妹珍妃一起被选为光绪皇帝的嫔，就被安排住在东六宫的永和宫，珍妃则住在东六宫的景仁宫，六年后两人升格为妃。漂亮的珍妃妹妹后来被逼跳井而香消玉殒，这是个悲剧，不过姐姐瑾妃则命运大不同。光绪二十年（1894 年）时，珍妃得罪了慈禧太后，两人都被降为贵人。一年后瑾妃再升格为妃，继续住在永和宫，维持了她的地位，但是珍妃则被监禁。到了宣统皇帝溥仪登基之后，珍妃虽然死了，但瑾妃被升格为"兼祧皇考瑾贵妃"，溥仪退位时，她再升格为皇贵太妃。隆裕皇太后过世之后，瑾妃成为后宫里的第一号人物，可她一直没搬家，并没有因为成为后宫中的第一号人物就搬去比较好的宫殿，而是一直住在永和宫，直到过世为止。

瑾妃是位蛮有趣的人物，虽不受光绪皇帝的宠爱，但慈禧太后喜欢她，隆裕皇后也不讨厌她。因为瑾妃生性沉稳，向来不太爱讲话，也就不太具有威胁性，在永和宫里安安静静过自己的生活，也因为谨守本分，所以在清宫中的地位一直很稳固。据说瑾妃吃不惯清宫饮食，她原本来自礼部侍郎家族。你可能觉得很奇怪，皇宫中吃的东西，应该会比瑾妃原本的娘家更好，但其实未必，因为清代皇宫中随时喊传膳，所以御厨准备的都以蒸煮的食物为主，如此才可以随时上桌。据说瑾妃吃不惯清宫这种焖煮得软烂的食物，她在永和宫的三十五年时间，经常在永和宫的小厨房自己开小灶，有时甚至还会差遣太监到宫外采买食物。当时北京的天福号有道名菜酱肘子，据说瑾妃很喜欢，经常差人去买。她也常亲自下厨，在永和宫招待清宫成员，把自己做的饭菜送给皇城内的重要人物，有时也会赏赐给大臣，因此大家都很喜欢她。也可能因为爱吃的关系，瑾妃后来吃得胖胖的，还有个绰号叫"胖娘娘"。

1924 年瑾妃在永和宫病逝，享年五十一岁。那一年紫禁城正闹得天翻地覆，溥仪被赶出紫禁城时，瑾妃的棺木还在清宫里。最后是当时的北洋政府，以皇太妃的身份，将瑾妃的棺木下葬到光绪皇帝崇陵的妃嫔陵园中，瑾妃墓至今尚在。之前有人说这棵翠玉白菜可能是瑾妃的嫁妆，也未必是空穴来风，只是目前为止没有任何档案记录。不过瑾妃算是天天面对那棵翠玉白菜看了几十年，这基本上应该是没有问题的。

瑾妃在永和宫住了三十五年。永和宫是紫禁城内廷东六宫之一，位于承乾宫与景阳宫附近，在明代原叫永安宫，后来才改名永和宫，明代时是妃嫔居所，清代时则改成后妃的居所。康熙时期，孝恭仁皇后住在永和宫；到了道光时期，静贵妃住永和宫；咸丰时期，咸丰的妃子丽贵人、班贵人、鑫常在，都住过永和宫；到了光绪年间，瑾妃住进永和宫长达三十五年。所以永和宫前前后后很多妃嫔住过。如此看来，那棵白菜或许可能老早就放在永和宫里了。

永和宫虽然不大，但也是一个完整的清代宫廷小院落，是个坐北朝南的四合院，从永和门进去后，有个小庭院，庭院周遭围绕着一圈屋子，而前院的正殿就是永和宫。永和宫有五个门，东西两侧各有三间配殿，配殿又各有耳房，这是前面的第一个区块。后面还有第二个区块是同顺斋，这是永和宫的后院，同样也是个四合院建筑，一样面阔五间，东西两侧一样有配殿各三间，也各有耳房，而后院的这个四合院建筑里，西南边有一口水井，井上还盖有一个小井亭，这些就是整个永和宫的配置。简单来讲，它是由两个四合院所组成的，大门永和门进去的第一个正殿是永和宫，永和宫后院是同顺斋，就是瑾妃居住的地方。

瑾妃要见朋友，举办交谊活动，原则上都在永和宫举行，而同顺斋则是她自己的生活区。后院的同顺斋是生活区，前院的永和宫属于会客区。根据当年故宫博物院前辈老师的回忆，翠玉白菜是从永和宫里的一个小房间取出来的，这间小房间可能是后院同顺斋的附属建筑，也就是从配殿拿出来的。不过当年负责文物搬迁的前辈老师已经过世多年，他回忆录里描述的小房间到底是什么样的地方，我们已无从确认。虽然当年我也曾亲自问过老师，但他当时的记忆也已经有点模糊了，所以翠玉白菜的真实来历，将永远是一个无解的谜。

爆红的白菜与猪肉

翠玉白菜与肉形石，原本只是清宫中的众多摆件之一，地位并不高，但为什么爆红，突然成为台北故宫博物院的人气国宝？大家进了台北故宫博物院若没看到翠玉白菜，幼小心灵仿佛受到重大创伤。其实在故宫的分类中，它们只是重要文物，是来到台湾之后才突然变得有名。

1932 年，日军进入华北的前夕，故宫担心日本人进了北京后可能会抢夺紫禁城文物，所以开始打包并一路将故宫文物往南搬迁，以躲避战火。这期间，搬迁过好几个地方，在搬往西南之后，曾经又回到南京、上海，1948 年在战乱中开始把文物搬迁到台湾。但当年不是只搬迁故宫文物，还包含南京的中央博物院（毛公鼎当年就是中央博物院的收藏品），以及"中研院"的文物，还有一大批图书、文献、善本古籍、清宫档案等，从 1948

年陆续分批搬到台湾。之所以分批，是因为运送的船只除了载运故宫文物之外，还要载运部队与一些重要物资，所以故宫文物无法独占当时的航运资源。

由于暂放在码头边的文物实在太多，仓促中就先挑选了精品运送。当时故宫的二十一位工作人员，分三批共押运了四千四百八十六箱文物抵达台湾，但这也只占当时在码头边文物的四分之一而已。当初其实是想一次次慢慢搬，可是当第三批搬完之后，海上航线就此断绝，从此再也没有第四批，来不及搬运的剩下的四分之三的文物，都只能暂存码头仓库。

运抵台湾的四千四百八十六箱，并不全是故宫的文物，而且还分为几个不同地点存放，有点杂乱。1950 年 4 月，故宫文物暂存台中雾峰北沟，作为第二个临时存放点。雾峰北沟四面环山，担心可能遭飞机轰炸，因此在山沟边挖掘一个 U 字形防空山洞，把故宫文物暂时存放在洞里，但因为还是放不下，所以又建了四栋库房，用来存放文书档案与一部分善本书籍，同时也新建了简易的职工宿舍等附属设施。

直到 1965 年，台北外双溪的故宫博物院新建筑落成，才把文物再由雾峰北沟搬迁至台北现址。从 1950 年到 1965 年的这十五年期间，那些文物都存放在雾峰北沟，而翠玉白菜与肉形石的爆红，就是在雾峰北沟时期一段有趣的际遇。

雾峰北沟的原始建筑，现今只有库房山洞尚在，但一部分也已崩塌，至于地上建筑则早已全毁。1999 年的"九·二一"大地震，将那些在 20 世纪 50 年代所建的地上库房、仓库、附属建筑全部震塌，所以后来索性就全拆光了。2014 年，台中市政府公告将"北沟故宫文物典藏山洞"登录为历史建筑，永久保存作为历史记忆。

　　其实，雾峰北沟已全毁的地上建筑，与翠玉白菜及肉形石，曾有一段非凡的联系。20 世纪 50 年代，押运文物来雾峰北沟的二十一位官员，当时主要工作是清点登录这四千四百八十六箱文物。原本从北京紫禁城搬家时是有文物清册的，但由于搬来台湾的文物只有原本的四分之一，所以必须另外清点造册作编目。这一清点造册的工作，从 1951 年"两院（台北故宫博物院及'中央博物院'）存台文物清点委员会"成立后，进行简目性质的文物账籍，足足花了三年，直到 1954 年才完成。这次建立了台北故宫博物院最早的清册"两院存台文物点查清册"，成为日后盘点的原始清册。这清册里开始有了这块肉与这棵白菜，这是肉形石及翠玉白菜被记录的开始。

　　据老故宫博物院人的回忆，前几年在雾峰北沟时期，当时并没有对外的展览室，只是挖个山洞设法把文物放里面。这些来自紫禁城的珍贵文物，当时看过的人并不多，台北的官员们一个个都想一窥文物长什么样子。所以经常有上级长官前来参观，三不五时就到雾峰北沟来个一日游，借着清点文物的借口，想来亲自一睹紫禁城文物的样貌。皇帝用的东西，多么具有指标性意义啊！所以长官来时，很多人就得开箱关箱，把文物拿出来给他们看，看完后又得收回去，又得来个包装关箱，挺麻烦的。所以清点完成后不久，1956 年，雾峰北沟干脆整出一个临时性的小型陈列室，让想看的人都可以一次看个够。

　　因此，1956 年 5 月，由台中雾峰的望族林家捐地，在美国自由亚洲协会（亚洲基金会的前身）的援助基金捐助下兴建了"北沟文物陈列室"，并于 1957 年 3 月对外开放，这是故宫博物院文物在台湾第一次对社会大众开放参观。

但这并不是故宫文物第一次对民众开放，其实早在溥仪被赶出紫禁城时，故宫文物都曾对一般民众开放。可是雾峰北沟的文物陈列室很关键，因为它当初对外开展的时间是 1957 年 3 月，当时有一个比较微妙的情况，北沟文物陈列室是临时建筑，不仅没有空调、没有灯光设备，在物资缺乏的时代，能盖一个文物陈列室已经很了不起了，当然就只有一间房子、几个柜子，就这样展出了。在这种环境简陋、设备不足的情况下，要选出哪些文物来展出？故宫人员的想法很简单，尽量选一些不受光害、不受潮湿影响的文物，能满足这些条件的，就是比较不容易损坏的玉石类、青铜类的文物，至于书法或绘画类文物也就不太适合展出。

翠玉白菜、肉形石，与之前提到的毛公鼎就是在这样的条件设定之下雀屏中选了。可当第一次要展出时，才发现翠玉白菜状况很多。因为白菜原本在永和宫被发现时，是插在盆子里的，结果当时盆子找不到了，有可能是搬家的时候，只选精品，所以那个盆儿基本上就没能随同白菜一起来台湾。这可就糟糕了，1957 年 5 月，这白菜原本应该展出的样子，是直挺挺插在盆子里的，但此刻没有盆子，白菜自己又站不稳，放在桌上还会滚来滚去。为了安全起见，后来台北故宫博物院前辈老师跟当时台湾中华商场的古董店家讨论之后，决定帮翠玉白菜配置一个木头架子，设法把白菜临时给架起来，让它呈现四十五度斜角，不但可将白菜固定住避免受损，也因地制宜想办法解决了展览问题。

后来翠玉白菜与肉形石，就这样展出了。肉形石原本就有一个铜架子，所以展出基本上没问题；而白菜这样架起来展出，放着也不会坏，而且还不会受光害及潮湿的影响。没想到展出之后，白菜与肉竟一夕爆红！于是我们现在认为它们是"中国人气国宝"。台北故宫博物院文物这么多，1957年之后，大家突然间都只认识了那棵白菜及那块肉。

1957年时，台湾地区民众平均的教育水准不高，小学毕业就算了不起，能够自己写字就算是文青。台北故宫博物院文物的根基在于乾隆皇帝个人的收藏，乾隆的收藏基本上又是一种文青标准的收藏。肚子里没一点墨水，如何看得懂故宫收藏的那些文青喜爱的诗词歌赋，甚或是王羲之的《快雪时晴帖》？

所以即便位于雾峰北沟的台北故宫博物院文物陈列室已经对外开放展出了，可是大部分的展品文化含量太高，一般民众看不懂，当年没有导览员的设置，也没有语音导览来解释文物，更没有学术著作娓娓道来缘由，也没有《故宫文物月刊》。所以以当年的特展来看，即便把《黄州寒食诗帖》放在现场，一般人也无法理解苏东坡写《黄州寒食诗帖》的意义。但是，白菜与肉就在这种情况之下，突然间爆红了！

因为，那块肉看起来还真像是一块软嫩入味的卤肉，而那棵翠玉白菜看起来也很像是一棵真的白菜！对于当时绝大多数在务农的台湾人而言，这是每天日常饮食之所需啊，在那个大家都吃不太饱的年代里："哇，那块肉长得真像香喷喷的卤肉！那白菜看起来也太好吃了吧！"你看那棵翠玉白菜，跟你家里种的白菜有什么差异？看不出来吧？

所以当其他文物都看不太懂，可唯独看懂了白菜及肉的情况之下，翠玉白菜与肉形石就被大家口耳相传，被大家的眼睛给看红了，它们的超人气可不是今天才刚刚开始，而是从1957年就一直红到了现在。翠玉白菜与肉形石，就这样莫名其妙成为大家口中的"国宝"。

其实，台北故宫博物院文物分类为三个等级：一般文物、重要文物及国宝。翠玉白菜与肉形石都只属于第二级的重要文物，但以实质价值来说，应该是属于一般文物。2009 年，当时的台北故宫博物院院长就曾对外表示，翠玉白菜其实不是"国宝"，但如果大家都同意，她也不反对将白菜升级为"国宝"。这说法其实是对的，确实翠玉白菜与肉形石的文化含量及历史意义并不那么高，只因为它们是台北故宫博物院的超级人气展品，才会如此受到大家的重视。台北故宫博物院的宝物很多，白菜及肉确实还排不到位，不过由于它们从 1957 年一直红到现在，也因此现今大家所认识的台北故宫博物院，都还是以翠玉白菜及肉形石为代表。但这也没什么不好，台北故宫博物院里有大家都喜爱的文物，也算是一件好事吧。

错把国宝当狗盆？乾隆刻字题诗，为真爱洗清白

——北宋汝窑青瓷无纹水仙盆

温润如玉、造型典雅的瓷器精品，就在我们身边

现今全世界不足百件（约七十多件）的汝窑瓷器当中，被认为最好的一件就是台北故宫博物院的北宋汝窑青瓷无纹水仙盆。台北故宫博物院有二十一件清宫旧藏的汝窑瓷器（北京故宫博物院仅有十七件，是由各地征集而来）。台北故宫博物院是全世界最大的汝窑瓷收藏地点！而且这二十一件汝窑瓷都是现存的七十多件当中的上品，无纹水仙盆更是上品中的精品！

瓷器是东方特有的器物，中国的英文名称"China"也是因为瓷器而得名的。欧洲到 18 世纪才发展出瓷器取代陶器，因为他们一直没有学会神秘的高岭土配比，只好加入长石，后来才发展出另一种配方的骨瓷。马可·波罗曾到景德镇想要观察瓷器制作，可惜没有成功。

宋代是瓷器的全盛时期。到底这个无纹水仙盆为什么好？哪里好？原则上有三大特点：一是釉色纯正，通体呈现天青色；其二是釉面没有开片纹路；最后是它的造型典雅。由于汝窑是先烧

素坯，之后再上釉进行二次烧制，因为胎体与釉面的膨胀收缩系数不同，冷却时釉的收缩率大于胎体，导致釉面开裂，称为"开片"。这原本是瓷器烧制过程中的缺点，但人们掌握了开裂的规律性，让开片釉变成了一种装饰。

开片是多数传世汝窑瓷器常见的特征，所以也被认为是汝窑鉴赏的重点之一。但还是会有例外——这件台北故宫博物院收藏的汝窑青瓷无纹水仙盆，就是现存传世汝窑瓷器中，唯一一件通体施釉均匀、只有底部有六处支钉烧痕、完全没有任何开片纹路、釉色沉静自然的绝世精品！

居然有人不识货？把国宝当作狗盆？

古代宫廷中养猫养狗很常见，南宋陆游曾云："猧子解迎门外客，狸奴知护案间书。"猧子是小狗，狸奴是小猫。这件瓷器以前被认为是宫廷内养"猧"的喂养饲料盆，真是有眼不识泰山。乾隆本人为了帮宝盆正名，还为这件水仙盆写了诗，刻在盆底。

> 官窑莫辨宋还唐，火气都无有葆光。
> 便是讹传猧食器，蹊枰却识蓁恩偿。
> 龙脑香薰蜀锦裀，华清无事饲康居。
> 乱棋解释三郎急，谁识黄虬正不如。

除了题诗正名，或说是破坏文物，不过这是乾隆的私人收藏，也不好多说。乾隆皇帝甚至为这件水仙盆制作专门陈设的木座（附抽屉），还有专用的收藏木盒，小抽屉内附有乾隆亲自临写的《乾隆御笔书画合璧册》八开，包含了北宋四家——苏东坡、黄庭坚、米芾、蔡襄的作品。足见这件精品可是与名作一样备受重视。

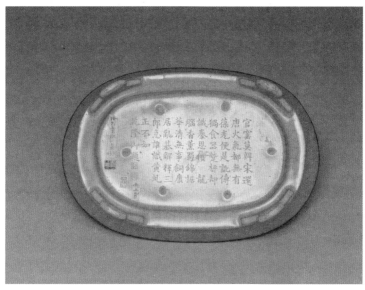

北宋汝窑青瓷无纹水仙盆

雨过天青云破处 —— 绝美的颜色啊！

一般而言，北宋五大名窑"汝钧官哥定"[1]之首就是汝窑。汝窑是来自河南的瓷器，又分为汝官窑、汝民窑两大系统。做得好的被御用指定为官窑；同一地点但不是用来烧官方瓷器的，就是民窑。汝官窑烧制时间很短暂，仅北宋晚期出现，之后因为战乱就停止了，从北宋哲宗元祐元年（1086 年）到徽宗崇宁五年（1106 年），约二十年左右，所以数量极少。官窑烧制的瓷器专供皇室使用，有严格的品质控管，不良品当场敲碎销毁。这从汝官窑遗址中发现有青瓷碎片堆积层约数吨，就可印证当时销毁疵品的状况，以及对于品质的要求。

汝官窑的胎釉特征在于烧制工艺与同时代的其他青瓷不同。胎料的二氧化硅和氧化铝比较高，胎土淘炼细腻，胎骨呈现香灰和浅灰色，胎体内有大小不一的气泡。釉料层厚而润泽，加上汝州当地盛产玛瑙，传说汝官窑以玛瑙作为釉料配方之一，相当高级精致。在阳光下，会发现釉内散布微弱的红斑，这是与其他地区生产的青瓷不同的特征之一。

数量稀少，所以弥足珍贵

南宋时期，汝窑已经是当时的珍稀瓷器。南宋叶寘《坦斋笔衡》记载："本朝以定州白瓷有芒，不堪用，遂命汝州造青窑器，故河北、唐、邓、耀州悉有之，汝窑为魁。"

---

[1] 另有一说是八大窑系，以长江为界，北方的钧汝窑（过去认为汝窑在窑区划分中属钧窑系）、定窑、耀州窑、吉州窑（也有一说是磁州窑），南方的龙泉窑、建窑、景德镇窑、越窑。

　　清雍正时期，紫禁城曾经清点过旧藏的汝窑器，总数三十一件。

　　汝官窑的瓷器，现今传世的数量极为稀少，1987 年，上海博物馆出版有关汝窑的专著，说明当时公私收藏的汝窑瓷器总计有六十五件。但 1987 年后，随着不断地研究与发现，数量逐步提升。现今有各种说法，六十七件、六十九件、七十九件……。总之数量约在七十件上下，这是一般的共识。

　　但最近有人认为，总数远超过此数，因为 1987 至 1988 年，河南宝丰县清凉寺遗址挖掘的过程中，传说曾有一批完整的汝窑瓷器出土被民间收藏。1988 年在清凉寺村附近的蛮子营，曾经出土过一批瓷器，后来被收缴了四十七件，不过大部分都留散民间。

　　台北故宫博物院有二十一件清宫旧藏的汝窑瓷器（北京故宫博物院藏十七件），所以是全世界最大的收藏地点。这二十一件汝窑是现存的七十多件当中的精品，无纹水仙盆更有"汝窑之王"之称。

21 世纪才解开的汝窑身世之谜

　　历史上汝官窑烧制时间很短暂，加上战乱，真正的产地一直是个谜团，过去只知道它位于河南省的某处。传说中的汝窑地点有三个：宝丰县清凉寺、汝州市张公巷、汝州市文庙。

　　现今经由考古挖掘已经知道，汝官窑应该就是河南省宝丰县清凉寺村汝官窑遗址，后两个地点比较可能是汝民窑，但它们是21 世纪初期才真正确认的。

　　还好，有瓷器专家们锲而不舍的努力与坚持。

20 世纪 50 年代，北京故宫博物院陶瓷专家陈万里等人，根据文献资料的记载，确认了北宋晚期汝州的位置，到河南省宝丰县进行调查，但很可惜没有找到汝官窑遗址。不过陈万里还是认为宝丰才是汝官窑的真正地点，因此写了《汝窑之我见》，这是第一次确认汝窑位置的相关记载。但一般人认为汝州因为名字与汝窑接近，所以较有可能，但实际的位置似乎还有争议。

20 世纪 60 年代，叶喆民等人依据陈万里的脚步，又进行了几次小规模的调查，但在宝丰县还是没有找到典型的汝官窑瓷片作为佐证。1977 年，叶喆民再度出发前往宝丰县调查，这次他找到一片足以作为标本的瓷片，并且用仪器验证，与博物馆收藏的汝官窑瓷器相同。但这个发现并没有引起重视，因为只有一片瓷片，并非遗址，证据稍嫌薄弱。

1985 年，叶喆民参加"中国古陶瓷研究年会"演讲时，再度提到 1977 年发现汝窑瓷器碎片。这次，终于引起广泛的讨论，自此汝官窑是否位于宝丰县便成为一个重点研究项目。1985 至 1986 年间，宝丰县开始进行大规模的调查，在十公里的范围内发现了十多座古代窑址。不过，在比对瓷器碎片与现存汝窑瓷器之后，还是没有找到汝官窑存在的确凿证据。

王姓工人眼尖又心好，案情终于水落石出

1985 年，当地陶瓷厂王姓工人听说附近村民无意中挖出一件瓷器，赶过去察看，原来是一只盘子（或称"洗"，是用来洗手的器皿）。由于这个盘子有着奇怪的釉色，王姓工人当即拿出六百块钱买下盘子，虽然有点残缺，他还是拿到上海博物馆与馆藏汝窑对照鉴别。馆方觉得这盘子可能真有来头，因此便努力劝

说王姓工人将该盘子捐献给国家，并且仔细询问他发现的地点。
1987 年 5 月，上海博物馆依据王姓工人的描述，在宝丰县清凉寺
采集到四十六件碎瓷片。汝官窑遗址的发现，在当时引起轰动。

1998 年，河南省考古队再次出发挖掘。此时，清凉寺一个村
民在家挖地窖，挖出了一些瓷片，于是报告给考古队。考古队获
得申请后，在村子的便道和院内进行了试探性挖掘，在不到 70
平方米的区域内，就挖掘出数千片天青釉瓷器碎片，可以复原的
器物约二十余件，瓷片堆积层厚达 10 厘米，而且全部都是天青
釉瓷片。同时还有烧瓷器时所需的工具，例如匣钵、支钉、垫
圈、火照等制瓷工具也同时出土。

2000 年 6 月，村民开始搬迁，之后便展开大规模的挖掘，汝
官窑的烧造区终于真正获得确认：一共发掘窑炉十五座、作坊两
座、澄泥池两个、釉料坑两个，面积 15 万平方米，几乎包括整
个清凉寺村。汝官窑的身世之谜终于解开！

另外，从 1950 年到 2000 年的五十年间，在宝丰县的挖掘过
程中，发现了一件完整的汝官窑瓷器 —— 高 19.6 厘米的汝窑天
蓝釉刻花鹅颈瓶，目前收藏在河南博物院，其余都只是瓷器碎
片，可见当时因为控管严谨，所有不够精美的瓷器均被打破，这
也是完整的瓷器非常稀有的原因。

创下天价的成交纪录

——明成化窑斗彩鸡缸杯

哥成交的不是酒杯，是纪录，是气势！

明成化窑的鸡缸杯不大，是瓷制的酒杯，杯子上彩绘两组子母鸡，有公鸡、母鸡，还有小鸡，并以牡丹及萱草将两组图案分隔，只要将杯子转一圈，就会看到两组子母鸡的图形。2014 年4 月，香港苏富比拍卖一只明成化窑鸡缸杯，最后由上海藏家刘益谦以 2.8 亿港币拍得，创下当时瓷器拍卖的历史纪录，举世哗然（此天价纪录，在 2017 年被北宋汝窑笔洗超越）。这只小巧的斗彩酒杯，一跃成为中国瓷器史里非常著名的一个杯子。但现今存世的鸡缸杯至少有十九个，与成化窑类似的酒杯则至少有一百个。这杯子真这么好、真有这样高的价值吗？

在明宪宗成化年间所烧制的斗彩酒杯，其实有各式各样的图形：画成子母鸡的称为鸡缸杯，画葡萄藤的称为葡萄杯，画人物的称为人物杯，画花卉、蝴蝶的称为花蝶杯。鸡缸杯、人物杯、花蝶杯、葡萄杯，这些在明成化年间所烧制酒杯，只是花纹不一样，现在加起来全世界至少还有一百个，收藏在世界各地的博物馆及私人藏家手中。

鸡缸杯是否画成子母鸡的图像并不重要，重点在于它是一种斗彩瓷器，而这种瓷器产自江西景德镇。自 1 世纪的东汉时期开始，位于江西省浮梁县的景德镇就已经开始烧制瓷器，至今仍是中国制瓷业的重镇，一直有"瓷都"之称。（景德镇有历史记载的第一个地名是新平镇，但历代曾多次易名，如新平、新昌、昌南。到了北宋，真宗皇帝将自己的年号"景德"，赐给昌南镇，从此就以真宗的年号为名至今。）景德镇的陶瓷发展，到了唐代开始进入高峰期，但所烧制的瓷器以青瓷为主。青色的瓷器以铁作为着色剂，若是烧得好，看起来便像玉一般，所以有"假玉"之称。据清代《浮梁县志》记载："（唐高祖）武德四年，镇民陶玉者，载瓷入关中，称为假玉器，献于朝廷。"可见唐代景德镇已经有很高的烧瓷工艺！

景德镇窑，到了北宋成为八大窑系之一。之前在介绍汝窑水仙盆时曾提到，北宋时期中国南北各地的窑址，若是烧得很好，有一部分会被指定为官窑。而景德镇一部分的窑，在宋代就被指定为官窑，为皇室及政府单位烧制瓷器。宋代烧制的官窑瓷器，底部通常写有款识，当时在景德镇烧制的瓷器，底款就是"景德年制"。

景德镇从汉代开始，经历了唐、宋，瓷器烧制的规模越来越大。到了元世祖忽必烈时期，不但将一部分景德镇窑局指定为官窑，还设置了管理单位"浮梁磁（瓷）局""将作院"来管理景德镇。元代时的浮梁磁局是由正九品官员管理，此官员同时兼任陶官正史，并设置两个从九品副史，其中一个专门掌管景德镇瓷器表面要画的花纹。掌管画花纹的单位称为将作院，这也是陶瓷

明成化窑斗彩鸡缸杯

史上第一次设置正式官员负责监造瓷器。另外，当时还借由户籍制度到全国各地严格筛选制瓷工匠，派遣到景德镇来造瓷。所以景德镇不但有正式官员管理，工匠还是来自全国各地最好的人选，因此景德镇在元代发展成为全国最大的窑址。

元末战乱，景德镇窑曾熄火一阵子。到了明代初期，朱元璋继承了元代的制度，在景德镇重新设置正式的政府组织御器厂，专门烧制皇室使用的瓷器，并派遣内廷宦官充任御器厂的陶官，在景德镇管理烧瓷，以作为宫廷祭祀、赏赐、贸易之用。所以景德镇自宋代被指定为官窑后，到元代设立正式管理单位浮梁瓷局，到了明代又设御器厂，一直都是专门负责烧制瓷器给宫廷使用的官窑。

到了明宣宗时期，瓷器需求量更大，御器厂再次扩建，窑位由二十个扩增至四十八个，并严格督促陶官，若烧制的瓷器未达标准，有瑕疵或做得不好，一律现场打碎，不准送出窑厂。在严格的品管下，景德镇的制瓷技术一日千里，成为各地窑址的典范。

清康熙时期，御器厂改称为御窑厂，管理景德镇的官员也从元代的九品官、明代的宦官，改为由五品文官任监陶官（当时一般县官只有七品），专门管理景德镇的御窑厂，并指定景德镇为唯一的官窑，直到清宣统三年（1911年），御窑厂解散。

景德镇历经宋、元、明、清四朝都是官窑，因此对于制瓷工艺的品质要求很高。鸡缸杯就产自景德镇，烧制的年代是明宪宗成化年间，所以一般称为"明成化窑鸡缸杯"。

斗彩是彩瓷的一种，鸡缸杯就是彩瓷，一件瓷器上有多种颜色称为彩瓷。21世纪的现在，彩瓷随处可见，家里随便一个饭碗也都有很多颜色，单色瓷器反倒少见。由于现今都是使用电脑控温来烧制瓷器，要做这种多彩瓷器很容易，但在清代以前想烧制多彩瓷器，技术上难度很高，成品率非常低。彩瓷是一般的通称，明代没有"斗彩"这个名称，当时称为"五彩"，所以叫"斗彩鸡缸杯"或"五彩鸡缸杯"都对，因为斗彩这名称是清代才发明的，但斗彩或五彩，都是指一个瓷器上有多种的颜色。

宋代瓷器原则上都是单色瓷，从原始青瓷一直到宋代的瓷器，无论是白瓷、黑瓷或青瓷，都是单一颜色，也就是说元代以前的瓷器都以单色为主。但也许有人会说："不对啊！宋代的钧窑、建窑，都出现过不同的颜色，并非都是单色瓷器。"但其实钧窑、建窑之所以出现不同颜色，并不是因为在一个瓷器上使用了不同的釉料，而是同一种釉料在不同温度控制下所产生的氧化还原变色现象，这是单色瓷的窑变、结晶现象。建窑基本上是结晶，而钧窑则是因为窑变。但不管是窑变或结晶，并不是多种不同釉料的展现，而是单色釉的一种变化，所以宋代瓷器原则上还是属于单色瓷的系统。

到了元代，瓷器的烧制才真正开始进入多色釉。从成吉思汗开始，帝国的辖区非常辽阔，从东亚沿海一直远到中亚、中东地区，是一个多民族、多文化的国家，各文化之间有着非常强烈的交互影响。当时所引进的外国釉料，首先发展出以钴为着色剂烧制出的青花瓷，因为烧出来的瓷器是蓝色，所以通称为钴蓝釉，也就是我们讲的青花。这种颜料的出现，与未来斗彩的发展有非常重要的关系，成化窑斗彩鸡缸杯，就是从青花发展出来的一种瓷器。

青花釉从元代一直到明、清，由于釉料产地来源不同，分为四种：苏麻离青、回青、平等青、浙料。元代从伊朗、叙利亚引进了苏麻离青（这是波斯语的音译），这种釉料与埃及蓝釉及中东蓝釉有非常密切的血缘关系，是中国最早的青花瓷釉料来源，从元代初期一直使用到明代早期。后来可能因为战争等因素，釉料无法送到中国，所以只好寻找替代的釉料，大约从明代中期就开始使用产自新疆的回青，但到了明代中晚期，回青又断绝了，之后则改用江西产的釉料平等青。到明末清初，也在浙江发现了青花釉料浙料。

江西的平等青、浙江的浙料是属于国产釉料，但回青、苏麻离青在当时都算是进口釉料。虽然不同时代采用不同的釉料，但它就是青花瓷基本的色料来源。青花瓷是以白瓷为基础发展出来

的，就是瓷胚（瓷器的骨架、瓷器的胎体）先做，再将青花釉画
到瓷器上，最外层再罩上一层透明釉，然后入窑烧制，最后烧出
来的青花釉料呈现的是蓝色，所以一般称为青花。在元、明、清
长达七百年期间，青花瓷这类器种大量被制造，所以青花瓷可说
是中国瓷器史上，接续宋代单色瓷之后的下一段很重要的发展。

　　元代开始出现青花瓷之后，景德镇的陶工就尝试结合青花与
釉里红两种不同的釉料，将它烧在同一件瓷器上，这就是多彩瓷
器的起源。所谓的青花釉里红，就是将青花（钴蓝釉，烧制后呈
蓝色）与釉里红（铜红釉的一种，烧制后呈红色）两种不同颜色
的釉料，结合在同一件瓷器上。另也有一说，指青花釉里红在南
宋末年就已经出现了，但一般都认为是元代才开始烧制的。

　　古代用砖、泥堆起来的窑很原始，里面烧煤、炭，温控很是
困难。尤其是结合了钴蓝釉与铜红釉的青花釉里红。不同的釉
料所需的烧制温度不同，青花瓷的烧成温度大约是 1300 摄氏度
左右，而釉里红则只需要约 1250 摄氏度，但这也都只是平均数。
因为不同来源的青花，或是不同釉里红的配方，在烧制时所需的
温度都会有差异，这时完全要靠窑工烧窑的经验来判断及控制。
青花釉里红的烧制由于温控很困难，所以失败率非常高。元代时
即便已经开始出现有青花釉里红，但由于温度控制上的困难，釉
里红难以烧出原本应有的如红宝石一般深红的颜色。我们现今走
进各大博物馆所看到的元代釉里红瓷器都是酱色，是深咖啡色带
点红，这也是元代青花釉里红经常呈现出的样貌——该蓝的不
蓝，该红的不红。

　　元代的青花釉里红，是彩瓷的祖师爷，还处于尝试的阶段。
由于控制温度很困难，此时的青花釉里红的釉料在烧制过程中会

在瓷器表面产生流动的现象，釉料的流淌导致瓷器的花纹糊掉了，这就是早期青花釉里红的尝试结果。到了明代，景德镇改良了青花釉里红的烧制技术，发展出所谓斗彩瓷器。鸡缸杯就是斗彩，它虽建立在元代青花瓷的基础上，但运用了不同的烧制工艺。日本人称这种工法为"二次烧"，是指同一件瓷器不是一次烧制，而是要入窑烧两次，利用入窑烧制次数的不同，将不同温度的釉料结合在同一件瓷器上，简而言之就是要烧两次或两次以上。二次烧的技术发明之后，中国制瓷工艺就正式进入了彩瓷的世界。

斗彩究竟是怎么做出来的？斗彩在第一次入窑烧制时，使用的是釉下彩技术，陶工先将瓷坯做出来，也就是先把瓷土制成所需的器型（例如一个盘子或瓶子）。将瓷坯稍微阴干之后，就直接在瓷坯上画青花（青花的釉料烧制后会变成蓝色的，所以先画青花）。青花画完之后，再罩上一层透明釉，就入窑做第一次的烧制。青花由于是在透明釉下面，所以称釉下彩。第一次烧青花相对比较简单，一个瓷器胎骨的部分，就是拉坯的部分，温度是1300摄氏度，青花釉的温度也是1300摄氏度，而外面罩着的透明釉也大约是1300摄氏度，所以可以一次烧出来。胎骨与外面的透明釉，温度大约都是1300摄氏度，第一次烧成，称为高温釉。

第一次青花烧成之后，等冷却开窑，再把青花瓷拿出来，然后在透明釉的上面再填上第二层的颜色，并入窑做第二次的低温烧制。第二层颜色就有红、黄、蓝、绿等，这些彩色的釉料，原则上只需用800摄氏度来烧制，称为低温釉。最后，同一件瓷器上就会出现不同的颜色，称为彩瓷。采用二次烧是因为，烧青花需 1300 摄氏度，如果直接把不同颜色的釉料都一并画上去一起烧，到了 1300 摄氏度的高温，那些不同颜色的低温釉料就会挥发，不会留下颜色。

明代的斗彩改良为二次入窑烧的方式，能比较准确掌控品质。此后中国就很少做单色瓷器，明代时也正式进入了彩瓷的世界。但彩瓷的诞生绝对是建立在元代青花基础之上的，没有元代的青花瓷器，就不会有后来的斗彩，或是其他五彩瓷器的诞生。

明代斗彩瓷器的发展分为三个阶段：明初的明宣宗宣德时期为发展期，景德镇成功烧制了斗彩瓷器，为日后彩瓷的发展打开了新的途径。现存斗彩最早的样本年代就是宣德时期，当时在景德镇所烧制的一个盘子，现在还收藏在西藏博物馆，据说是明代皇帝赐的礼物。明正统、景泰年间为停滞期，斗彩瓷器的发展似乎没有太大的进步，数量也不多。大量出现斗彩瓷器是在明宪宗成化年间，为高峰期。当时景德镇制作斗彩的技术已完全成熟，技法也更为细致，高温烧制的釉下青花与低温处理的釉上多种颜色釉料，巧妙完美地拼斗在同一件瓷器上，制作出各式斗彩瓷器。走进台北故宫博物院，就会发现许多明成化窑的斗彩 —— 天马罐、龙纹盘、酒杯、酒壶……。因为成化年间烧制了很多，所以讲到斗彩就会以成化窑为代表。

一对鸡缸杯可买三个潘金莲，还找钱噢

斗彩鸡缸杯声名鹊起是因为 2014 年在香港的一场拍卖会，当年这只小杯子拍出了 2.8 亿港币，这不仅是意料之外的天价，在当时更是创下了中国瓷器拍卖的最高纪录！也因此鸡缸杯成为斗彩瓷器的代表。但鸡缸杯究竟是什么？它真能代表明宪宗成化年

间的制瓷工艺及品味吗？

从明宣德开始一直到明代结束，在元代青花瓷的基础上所发展出的彩瓷工艺，就是所谓的斗彩。明代每一位皇帝都制造了很多的斗彩瓷器，但现在这烧制于明成化至万历年间的斗彩鸡缸杯，成了明代斗彩的典型代表。但翻遍明代相关记录，其实对于这个鸡缸杯并没有太多描述。

最早出现这鸡缸杯的记载，是在明神宗万历年间的《神宗实录》（明代每位皇帝都有人跟在身边，记录他每天发生的大小事，就像是日记一样，称为实录）。在《神宗实录》里有一段记载："神宗时尚食，御前有成化彩鸡缸杯一双，值钱十万。"明神宗皇帝吃饭时，桌上就放有鸡缸杯一对，这对酒杯当时价值十万钱。"钱"指的是明代的小铜钱、小平钱，这是明代最小的货币单位。

同样在明万历年间，举人出身的文学家沈德符的笔记小说《万历野获编》写道："成窑酒杯，每对至博银百金。"意思是成化年间所制作的酒杯，一对价值一百两银子。《神宗实录》说它"值钱十万"，《万历野获编》说这杯子"博银百金"，明代时的货币制度，十万钱就是一百两银子。

一对杯子值钱十万，一个杯子就要五十两银子，到底一百两银子或五十两银子在明万历年间是什么样的概念？

我们看一本成书于万历年间的小说《金瓶梅词话》第六十回，提到西门庆当时资助朋友常峙节买房子。常峙节找到了一间临街可做生意的店面，前后四间，只要三十五两银子，西门庆拿了五十两银子交代应伯爵（也是西门庆身边的朋友之一，专为他帮闲抹脚、招揽说事）说："你吃了饭，拿一封五十两银子，今日是个好日子，替他把房子成了来罢。剩下的，教常二哥门面开

个小本铺儿，月间撰（赚）的几钱银子儿，勾（够）他两口儿盘
搅过来就是了。"从《金瓶梅词话》的这段记载，知道五十两银
子当时除了可以买一间房子，剩下的钱还能拿来开一家店。另外
在《金瓶梅词话》里提到，潘金莲十五岁时被卖给张大户。买一
个潘金莲回家，长得漂亮，身材好，又能弹琴刺绣，是个上等丫
鬟。潘金莲卖多少钱？当时她的身价是三十两银子，但这算是贵
的。潘金莲被西门庆纳为妾之后，西门庆为她买了几个丫鬟，其
中有个叫春梅的漂亮丫鬟，买进来的身价是十六两银子，另外
还买了个做粗活的丫鬟秋菊，身价就只有六两银子而已。透过这
几个例子就可看出，一对鸡缸杯当年要价一百两银子，真是挺贵
的吧！

　　前面提过，明宪宗成化年间烧制了很多这种酒杯，杯上画了
母子鸡的就称为鸡缸杯，还有画葡萄的葡萄杯，画人物的人物
杯，画花卉蝴蝶的花蝶杯，这类杯子在当时最少就有四种不同的
花纹，据推测应该是用在皇室宫廷的宴会中。明《神宗实录》记

明成化斗彩花蝶杯

载，万历皇帝吃饭时面前有一对鸡缸杯，我们可以据此推测，或许在后来的明宪宗成化年间所烧制的这四种不同花纹的酒杯，是在宫廷宴会中给不同身份的人所使用的杯子，而鸡缸杯有可能就是皇帝用的酒杯。

这种杯子产自江西景德镇，明代在此设置了御器厂专责管理、烧制专供皇室使用的瓷器，而鸡缸杯就诞生在此处。只是由于历史的记载很少，我们并不很清楚真实情况。明成化年间的斗彩酒杯，无论是人物杯、葡萄杯、花蝶杯、鸡缸杯，现今存世的总数大约有一百多件。其中鸡缸杯则只有十九件，台北故宫博物院就有六件，私人藏家手中有三件，外国各博物馆有十件。能够在外面被买卖的（2014年香港苏富比拍卖的那只鸡缸杯），其实就是私人藏家手中那三件的其中一件。

明代大量生产斗彩瓷器，除了酒杯之外还有酒壶或茶壶，也有盘子、罐子等各式各样的产品，所以鸡缸杯的斗彩并不算是明代的特例，它只是一系列斗彩瓷器当中的一件而已。斗彩瓷器从明宣德时期开始出现，盛期在明成化年间。清代乾隆皇帝虽然曾经下令景德镇窑工仿制鸡缸杯，但成品不佳。我们知道乾隆是个文青皇帝，很喜欢作诗，他的《御制诗文集》里有一首诗《御题仿古鸡缸杯》，其中四句是这样写的："朱明去此弗甚遥，宣成雅具时犹见。寒芒秀采总称珍，就中鸡缸最为冠。"为什么会有仿古鸡缸杯？其实清初不只乾隆，好几位皇帝都曾下令景德镇官窑仿明代鸡缸杯来烧制清代的鸡缸杯，但成品都不是很好。所以乾隆很感慨"朱明去此弗甚遥"，明代离清代也没有很远啊。"宣成雅具时犹见"，明宣德与成化年间，烧制很雅的瓷器，现在（清代）都还看得到。"寒芒秀采总称珍"，描述这东西很漂亮。最后一句说"就中鸡缸最为冠"，乾隆也认为这一系列明代所生产的斗彩瓷器中，鸡缸杯做得最好。鸡缸杯在斗彩瓷器当中这么有名，固然与2014年那次香港苏富比拍卖会把这个鸡缸杯的身价推到顶峰有点关系，但从乾隆皇帝的御题诗可知，其实鸡缸杯在清代就已经被认为是很好的东西了。

至于鸡缸杯上为什么画母子鸡，其实有各派说法。有一说认为鸡是十二生肖之首，取吉祥之意；有一说来自《诗经》的"鸡栖于埘"，是天下太平的概念；也有一说是明宪宗为了讨好属鸡的万贵妃；还有一说是成化元年为鸡年，"鸡"与"吉"谐音。各类说法很多。但这种酒杯其实不只画鸡，也画人物、花蝶、葡萄，因此关于图形的来源，不妨就当成是装饰纹样来看，或许比较恰当。鸡缸杯在台北故宫博物院是常态展出的文物，为了让大家知道鸡缸杯不是只有一种图样，所以把人物杯、花蝶杯、葡萄杯都一并展出。只要走进台北故宫博物院就可以一次看到四种不同的杯子，而这四种杯子，原则上也就是明代宫廷宴会时所使用的杯子。

这是对读者讲的话

　　有件事要对读者说明，这本书的内容来自我上课时的讲义与录音，依据录音整理而成，所以内容的语气比较像讲话时的口吻，而不是写文章的行文方式。由于我上课或说话方式时常东拉西扯、天马行空，陈芝麻烂谷子地讲，故请读者见谅再三。

　　尽信书不如无书，这是因为作者学养不足或是历史时空的限制，导致有错误的认知并因此做出错误的结论。但是吃个烧饼都会掉芝麻，何况是写本书呢？但我始终相信，大至人生态度，小至到巷口小店买个泡面，都可以有容错的空间。圣贤的标准太高，凡人改过就好。所以，这本书应该会有错误的地方需要修正，也请读者海涵。

图书在版编目（CIP）数据

典范与传承：中华国宝级文物背后的艺术史 / 邱建
一著 . -- 福州：海峡书局，2024.1

ISBN 978-7-5567-1149-9

Ⅰ.①典… Ⅱ.①邱… Ⅲ.①故宫博物院—历史文物
—研究—台北 Ⅳ.① K870.4

中国国家版本馆 CIP 数据核字 (2023) 第 169132 号

著作权合同登记号　图字：13-2023-076 号

典范与传承：中华国宝级文物背后的艺术史
DIANFAN YU CHUANCHENG: ZHONGHUA GUOBAOJI WENWU
BEIHOU DE YISHUSHI

作　　者　邱建一		
出 版 人　林　彬	选题策划　**后浪出版公司**	
出版统筹　吴兴元	编辑统筹　梅天明　宋希於	
责任编辑　廖飞琴　魏　芳	特约编辑　田　萍　侠客	
装帧制造　墨白空间·张　萌	营销推广　ONEBOOK	

出版发行　海峡书局		社　　址　福州市白马中路 15 号		
邮　　编　350001		海峡出版发行集团 2 楼		

印　　刷　天津图文方嘉印刷有限公司		开　　本　880 mm × 1194 mm　1/32	
印　　张　11.25		字　　数　252 千字	
版　　次　2024 年 1 月第 1 版		印　　次　2024 年 1 月第 1 次印刷	
书　　号　ISBN 978-7-5567-1149-9		定　　价　108.00 元